베를린 장벽. 이스트 사이드 갤러리
베를린을 동서로 갈라놓았던 장벽은
1989년 철거되었다.

독일 국민의 문화적 감수성이 고스란히 담긴
베를린 벼룩시장 상품들

남편과 직장을 잠시 뒤로 하고 독일로 떠난
연극 전문기자가 독자에게 전하는
위로와 용기의 메시지

"집구석에 틀어박혀 고민만 하면 뭐해."
"앞뒤 생각하지 말고 일단 모험을 감행해 봐."

연극 공부하러 독일 갔다 세상 공부하고 돌아왔다

무작정 독일

글·사진
김세운

민중의소리

사랑하는 남편 김광복에게
이 책을 바칩니다.

고마운 사람들

힘든 시간을 함께 버텨준 남편 김광복에게 고맙다고 말하고 싶다. 그의 응원 덕분에 낯선 세계에서의 삶이 가능했다.

베를린에서 기쁨과 슬픔을 함께한 루이자(Luisa)에게도 고맙다는 말을 전하고 싶다. 루이자는 한·독 문화를 교환하는 일이 매력적이고 경이로운 일이라는 것을 알려줬다. 또한, 베를린 생활에 지칠 때마다 일으켜 세워주고 다독여줬다. 다른 문화를 가진 사람끼리 만날 때 가슴과 가슴을 열고 만나는 법을 알려줬다. 루이자는 나의 독일 생활에 핵심 같은 사람이었다.

독일 이곳저곳을 함께 탐험했던 사랑하는 브루나(Bruna)와 리나(Lina)에게도 감사함을 전한다. 베를린의 모험담 한 편엔 늘 이 친구들이 자리 잡고 있다. 이들이 없었다면 멋진 이야기는 완성될 수 없었다. 같이 엄청나게 울고 웃었던 치사코(Chisako)에게도 감사함을 전하고 싶다.

베를린에서 멋진 자양분을 토대로 꿈을 펼쳐나가고 있는 TU 이태권과 박진우도 정말 잊지 못할 것이다. 베를린의 매력을 알게 해준 친구들이다.

테겔 공항에서 엄마처럼 나를 챙겨준 하이디(Heidi)의 정성도 잊지 않을 것이다. 멋진 엄마이자 늘 도전하는 여자인 하이디는 '나도 멋진 여자가 될 수 있다'고 응원해준 존재였다.

베를린에서 희곡 공부를 같이하면서 많은 자극을 준 박희연, 그리고 이 책을 쓸 때 냉정한 조언과 정신적 힘이 돼준 강예솔에게도 정말 고맙다는 말을 전하고 싶다.

나의 베를린 이야기는 나 혼자가 아닌 이 사람들과 함께 시작됐다. 이들 덕분에 낯선 땅을 친숙한 땅으로 기억할 수 있게 됐다. 그리고 그 땅은 어느덧 가장 사랑하는 땅이 됐다.

마지막으로 사랑하는 양가 부모님께도 깊은 존경과 감사를 표하고 싶다. 네 분의 응원과 기도 덕분에 코로나 팬데믹 기간에도 유럽에서 무사히 살다가 돌아올 수 있었다.

다들 정말 고맙습니다.

일러두기

이 책의 글이나 사진을 쓰고자 할 때는 저자의 허락을 받아야 합니다.
연극 '리처드 3세' 사진은 LG아트센터에서 제공했습니다.

빙고게임

독일에서 겪을 수 있는 일들 빙고 게임으로 확인하기!

- 궁금한 것이 5개 이상이라면, 이제 독일로 떠날 차례 -

열쇠 3개 이상 들고 다니기	Döner[1] 먹기	인종차별인지 아닌지 헷갈릴 때	한국인 만나서 반가웠던 경험	EDEKA랑 ALDI 물건 비교해 보기
팁을 얼마 줄지 고민할 때	0.5유로 내고 화장실 이용한 경험	전철표 한달권/하루권 못 찾을 때	화장실과 싱크대 칼크	기차나 버스 연착에 당황
독일어와 영어 섞어 쓰기	독일 맥주 마시기	겨울에 털 모자 쓰기	겨울에 태양 못 봐서 두통	호수에서 수영
자전거 도로 피해서 걷기	하루에 한 번 이상 엔출디궁[2] 말함	따뜻한 와인[3] 마시기	아파트에서 모르는 주민과 인사	남한, 북한 어디서 왔냐는 질문 듣기
전철서 티켓 검사할 때 괜히 깜짝 놀람	생수인지 알았는데 탄산수	택배 때문에 화난 기억	한국에선 필요 없는 동전 준비하는 내 모습	집 앞에 붙어 있는 필가체 쪽지

1 Döner 되너 케밥   2 엔출디궁 Entschuldigung(실례합니다)   3 따뜻한 와인 Glühwein

새로운 삶을 꿈꾸는
이들을 위한 독일 생활 안내서

유럽 풍경 속에 몸을 담고 있는 나를 본다. 하루하루가 아름답다. 지하철을 탈 때도, 허름한 맥줏집에 있을 때도, 짓궂은 날씨도 다 반가운 손님 같다. 유럽에 내가 있다니 말이다. 이제 그 느끼하고 이해 안 됐던 사랑 고백이 몸소 체감된다. "당신을 보고 있는데도 그리워." 몸은 독일에 있는데 이상하게 독일이 매일 그립다.

유럽에 대한 경이로움으로 몽상가 같은 날들을 보낼 즈음 날카로운 질문이 훅 들어온다. "그러니까 세운, 넌 독일에 왜 왔어?" 이상에서 현실로 매섭게 끌어 내리는 물음에 정신을 차려 본다. 나는 독일에 왜 왔을까. 목표는 거창한 게 아니었다. 공연 예술 공부를 더 해보고 싶은 것, 그것이 다였다.

단순한 목표만 들고 갔을 뿐이다. 그리고 베를린에서 한국과 전혀 다른 예술의 결을 볼 수 있었다. 하지만 그것만이 아니었다. 베를린은 목표를 넘어서 다양한 것들을 주었다. 다양한 국적의 사람을 만나면서 기존에 내가 가지고 있지 않았던 삶의 근육들도 생겼다. 작은 목표에 근육들이 붙으며 부피와 양을 확장해가고 있었다. 독일에서 6개월이 흐른 지금 내 안에 어떤 시선과 세계관들은 크게 달라져 있었다.

그 이야기들을 여기에 담았다. 무엇이 달라졌는지 아주 구체적으로 써 내려갔다.

이 책은 독일을 포함해 새로운 삶을 계획하는 사람들을 위해서 쓰였다. 백과사전식 정보 나열이 아니라, 내가 실제 보고 듣고 체감한 독일에 대한 이야기다. 시작은 환상적이었지만 그 이후 과정은 환상을 벗겨내는 시간이었다. 독일 시스템은 한국과 달랐고 모르는 것 투성이었다. 매일이 처절한 무너짐의 연속이었다. 스트레스받고 다시 웃고 하는 시간을 거치다 보니 진짜 독일이 보였다. 그리고 앞으로 어떻게 살아야 할지도 보였다.

34살 여름. 우리의 여름. 여전히 우리를 만류하는 말들이 많다. 새로운 삶을 찾을 때 만류의 말들은 너무 무거운 짐이다. 잠시 내려놔도 될 것 같다.

나의 이야기는 만류가 아닌 환상에서 출발했다. 가능성이 없는 공상에 살을 붙여나가다 보니 환상은 현실이 됐다. 혹은 현실과 가까워지고 있다. 갈 길을 잃은 사람들에게 베를린에서 겪은 환희와 불안에 관한 이야기가 삶의 근육을 붙이는 데 도움이 되길 바란다.

어느 여름날 김세운

АНТОНЪ ЧЕХОВЪ

ТРИ СЕСТРЫ

ДРАМА

въ 4-хъ дѣйствія.

러시아 사실주의 극작가 안톤 체홉이 쓴 희곡 '세 자매'

차례

독일에서 만난 연극

Frischgemüse-mischung
II

GEMA
Sauerkirschen
mit Stein
Gesamteinwaage 850 g

Tempo-bohnen
nach einem besonderen
Verfahren vorbehandelt
250 g ± 70 d
bei 10% Restfeuchte
10 MINUTEN KOCHZEIT
250g   M985

GEMA
otkohl
hnitten, gewürzt
450 g 230 g EVP 1,40 Mri
VII VIII IX X XI XII

SVK
EBERSWALDER
SCHKLÖSSCHEN
kant, in klarer Brühe

GEMA
Apfelmus
1 80

Leberwurst fein
AUS PASEWALK

DDR박물관에서 만난 물건들

Süße
Plinsen
schmackhaft & knusprig

SSZUCKER

500g
-.85 M

le-
mack

PULVER

Hefe instant
für 500 g Weizenmehl

FIELETTES
250 g

Soljanka-gewürz
40 g 0,90 M

ZIMT
GEMAHLEN
20 g 1,3 g EVP 0.40 M

Kunst
10%
Bienenhonig

독일에서 깨달은 삶

1부 독일 정착기

2부 독일 적응기

체크포인트 찰리 인근에서 파는 분단 관련 기념품

칸트, 헤겔, 마르크스, 니체, 괴테, 헤르만 헤세, 베토벤, 바흐, 멘델스존, 바그너
루벤스, 뒤러, 리히터, 요셉 보이스, 안젤름 키퍼……

독일의 학문과 예술은
인간 문화 향상이라는 공익적 목표를 수행했기에
기라성 같은 위인을 배출할 수 있었다.

독일에서 만난 연극

레닌

죽은 레닌의 얼굴이 말해주는 것

2016년 러시아 모스크바 붉은광장에서의 기억을 잊지 못한다. 붉은 광장을 둘러싼 유명 건축물 때문만은 아니었다. 바로 레닌 때문이었다. 붉은광장 한 편엔 레닌의 묘가 안치돼 있었다. 찾는 일이 어렵지 않았다. 광장 한 편에 길게 줄을 늘어선 사람들을 찾으면 됐기 때문이었다. 죽은 레닌, 살아 생전 레닌의 모습을 보려고 기다리는 사람들이었다.

줄을 따라 묘지 안으로 들어갔다. 아마 그때는 9~10월이었기 때문에 상당히 추운 편이었다. 비도 부슬부슬 내리고 그랬다. 묘지 속으로 들어서자 냉기가 피부를 휘감았다. 깜짝 놀랐다. 죽은 자의 기운을 느껴서 그런 것이 아니었다. 강력한 카리스마가 입구부터 느껴져 나도 모르게 엄숙해졌다. 레닌을 만나러 가는 길엔 군인처럼 보이는 사람들이 무표정으로 관광객들을 주시하고 있었다. 수다를 떠는 사람들을 향해서 그들은 '쉿!' 하고 정숙을 당부했다. 당시 나는 혼자라서 말할 상대가 없기도 했지만, 무덤이 뿜어내는 고요함과 묵직함에 할 말을 잃었다.

그렇게 걷다 보니 거대한 유리관 속에 잠들어 있는 레닌을 만날 수 있었다. 처음 든 생각은 '진짜 레닌이 맞나?' 하는 생각이었다. 생각보다 작아 보였기 때문이다. 거리를 두고 보기도 했지만, 머리·손·몸통 등이 작게 느껴졌다.

그리고 표정을 자세히 살펴봤다. 얼굴은 좋은 꿈을 꾸고 있는 듯 평안해 보였다. 죽은 것이 아니라 잠시 잠들어 있는 것 같았다. 마르크스주의를 발전시켜 새로운 사회를 만들려 했던 분투, 레닌의 정신과 육체를 갉아먹기 시작한 병마, 사람들을 빈곤으로부터 해방하려 고민했던 날들 등 살아생전 그에게 부여됐던 과제를 내려놓은 표정이었다.

하지만 마냥 평안해 보이진 않았다. 무언가 할 일이 남았는데 완수하지 못한 느낌도 들었다. 그의 한 손이 주먹을 쥐고 있었기 때문이었다.

러시아를 대표하는 혁명가. 그랬던 사람을 바로 앞에서 지켜보는 일은 기분을 묘하게 만들었다. 역사적인 증인을 바로 옆에서 바라보는 기분이었다. 동시에 생소했다. 그날 나는 그를 정성 들여 바라봤다. 시간이 흐른 뒤에도 그의 모습을 기억하려 했다.

러시아 여행을 다녀온 후, 어느덧 내 기억 속에도 레닌의 모습은 많이 흐려졌다. 그럴 법도 했다. 그의 세상과 나의 세상은 이렇다 할 만한 직접적인 연결고리가 없었다. 그렇게 시간이 흘렀다.

레닌과 두 번째 만남

레닌을 두 번째로 만나게 된 것은 2019년 독일 베를린이었다. 모스크바의 레닌 묘지처럼 실제 레닌을 본 건 아니었다. 베를린 샤우뷔네 극장 무대에 오른 연극 '레닌'을 보게 된 것이었다. 연극 '레닌'은 내가 독일에서 본 첫

러시아 모스크바 붉은 광장에 위치한 레닌의 묘

연극이었다.

　많은 작품 중에서 왜 레닌을 선택했을까. 이유는 단순했다. 뭘 봐야 할지 몰랐기 때문이었다. 베를린 내 공연장에 정말 많은 공연이 상연된다는 것은 알았지만, 이렇게 많은 작품을 매일매일 바꿔가며 볼 수 있을 거라고 생각하지 못했다. 몰리에르, 헨릭 입센, 셰익스피어, 외된 폰 호르바트, 사라 캐인, 베르톨트 브레히트, 버지니아 울프. 끝이 없었다.

　컴퓨터 화면에 모습을 드러낸 연극 제목들을 정신없이 바라보면서 오히려 혼돈에 휩싸였다. 마음은 다 보고 싶은데, 다 소화해 내고 싶은데, 어떤 걸 봐야 할지 가늠이 안 됐다. 경이로움과 어지러움의 경계 위에서 '정말 미쳐버리겠네'라고 생각하던 와중에 레닌의 이름을 발견했다. 아주 눈에 띄는 이름이었다.

레닌을 선택한 또 다른 이유가 있었다. 한국에서 언제 이런 작품을 볼 수 있을지 알 수 없었기 때문이었다. 한국 공연계에선 마르크스, 소련, 레닌, 분단 독일 등과 관련된 내용을 평소에 쉽게 접할 순 없었다. 그래서 지금, 여기, 독일이 아니면 다시는 볼 수 없을 것 같다는 기분이 들었다. 독일에선 이데올로기를 넘어서서 편식 없이 다채로운 공연 관람이 가능했다.

이윽고 연극 '레닌'이 시작됐다. 모스크바에서 만난 레닌이 평안하게 잠든 모습이었다면 베를린 무대 위에 펼쳐질 레닌의 모습은 어떨지 궁금했다. 레닌의 또 다른 얼굴을 상상해봤다. 노동자를 이끌고 평화와 빵을 외치는 모습일지, 밤새 책을 쓰는 모습일지, 청년 시절 모습일지, 알 수 없었다.

연극은 무대의 시간적 배경을 아침, 점심, 저녁, 밤으로 나눴다. 초반부를 지켜보며, 예상했던 것과 크게 다르지 않게 흘러간다고 생각했다.

하지만 상연 시간이 지나갈수록 전혀 생각하지 못했던 지점들이 모습을 드러냈다. 밀로 라우(Milo Rau) 연출가가 연출한 연극 '레닌'은 시간의 흐름에 따라 변해 가는 레닌의 모습을 포착해 냈다. 한 시대를 뒤흔든 지도자의 모습은 반짝반짝 빛나는 것과는 달랐다. 병든 육체와 흐릿한 정신을 붙들고 치열하게 버티는 한 인간의 사투만 남았을 뿐이었다.

특히 육체는 그의 정신을 집어삼켰다. 그의 영혼은 육체에 잠식됐다. 뻣뻣하게 굳은 몸은 '더 이상 이 몸의 주인은 네가 아니야'라고 말해주는 듯했다. 이미 그의 측근들이 레닌을 돌보고 있었다.

밀로 라우의 연극은 역사도 나이도 건강도 강물처럼 흘러가 버렸지만, 여전히 이글거리는 레닌의 영혼을 포착해 내는데 탁월했다. 상연 시간 내내 인물들을 쫓아다니던 카메라 덕분이었다. 카메라 앵글 덕분에 관객은 혁명을 이야기할 때마다 눈을 번쩍거리는 레닌의 얼굴을 생생하게 감상할 수 있었다.

하지만 생기있는 레닌의 얼굴을 맞닥뜨리는 것은 한순간이었다. 그게 인상적이었다. 레닌을 짓누르는 육체적 한계 때문에 불꽃을 담은 눈빛은 순식간에 사그라들길 반복했다.

그러다가 어느 순간부터 레닌의 상태는 최악이 됐다. 화장실에서 토하다가 쓰러져서 발작이 일어난 듯 덜덜 떨기도 했다. 그리고 잊지 못할 한 장면이 관객을 강타했다. 바로 레닌이 거울을 통해서 자신의 얼굴을 바라보는 장면이었다. 카메라는 레닌의 얼굴을 집요할 정도로 가깝게 비춘다. 거대한 스크린 위에 죽음을 앞둔 레닌의 얼굴이 드러났다. 불편하게 일그러진 얼굴과 주체가 안 돼 흘러내리는 침. 그 장면은 무섭고도 쓸쓸했다. 혁명가의 색채는 흐릿해지고 죽음 앞에 선 헐벗은 인간의 모습이 보였다.

이날 내가 본 레닌과 주변 풍경은 지나가 버린 과거와 죽음 앞에 무력한 인간이었다. 내가 본 두 번째 레닌의 얼굴이었다.

사실 촬영 카메라의 등장은 연극 무대에서 더는 새롭지 않다. 독일 무대뿐만이 아니라 한국 무대에서도 종종 촬영 카메라를 사용하기 때문이다. 하지만 이번 무대에서 카메라는 제2의 주인공이었다. 특별하고 중요한 역할이었다. 그리고 레닌의 얼굴을 강하게 담아내는 데 성공했다. 2년 전 봤던 레닌의 얼굴이 현재에도 생생하게 기억난다. 시간이 흐를수록 이상하게 얼굴이 더 또렷해지는 느낌이다.

혁명가 이름 뒤에 숨겨진 몰랐던 얼굴

카메라가 레닌만 담은 것은 아니었다. 카메라는 주위 풍경도 골고루 담아냈다. 또한, 레닌의 배우자 나데즈다 크룹스카야, 정치인 트로츠키와 스탈린, 아이들 등 주변 인물들도 비췄다. 레닌의 주변 인물들을 바라보는 일은 러시아의 꿈과 혁명, 그리고 쇠락과 짧은 역사를 맞닥뜨리게 만들었다.

스위스 자메단 출신의 배우 우르시나 라르디(Ursina Lardi)가 레닌을 연기했다. 레닌을 본 후, 나는 우르시나 라르디에게 빠져버렸다. 그 배우는 정말 수만 가지의 얼굴을 가지고 있었다. 모국어가 아닌 독일어로 레닌의 삶을 지켜보는 것엔 큰 무리가 없었다. 그녀의 연기 덕분이었다.

지금 돌이켜 생각해보면, 표를 사기 전에 여성 배우가 레닌을 연기한다는 점이 나의 눈길을 사로잡았던 것 같다. 어떻게 보면 내게도 고정관념이 있었던 것 같다. 레닌 역할은 당연히 남성 배우가 할 것이라는 생각 말이다.

우르시나 라르디의 연기를 지켜보면서, 레닌 역할이 남자냐 여자냐는 중요하지 않았다. 그저 한 인간의 이야기였다. 인간과 역사의 향기가 진동하는 연극이었다.

연극 막바지 장면도 선명하게 남아있다. 레닌과 크룹스카야가 대화를 나누는 장면이다. 레닌은 "애들은 어디…. 어디에 있어?"라고 묻는다. 크룹스카야는 "우리는 애들이 없어요."라고 대답한다. 레닌은 다시 묻는다. "애들이 없어?" 덤덤하게 크룹스카야는 다시 확인해 준다. 애들은 없다고 말이

Heute:

153

Mitleid. Die Geschichte des Maschinengewehrs
von Milo Rau
Regie: Milo Rau
Mit: Ursina Lardi, Consolate Sipérius

배우 우르시나 라르디, 극장 앞에 붙어 있는 사진

다.

이 장면은 많은 생각을 불러일으켰다. 아이들이 희망이나 미래를 상징한다면, 무대 위 레닌의 세계 속에서 아이들은 존재했던 걸까, 아니면 사라진 걸까, 아니면 애초에 존재하지 않았던 걸까. 많은 생각이 머리를 스쳐 지나갔다.

연극 '레닌'을 본 후, 10월의 어느 날. 러시아 출신의 친구와 나는 이러한 대화를 나눴다.

"세운, 너 어디에서 왔어? 남한? 아니면 북한?"

"나 남한!"

"세운, 너 저번에 연극 '레닌' 이야기했었잖아. 남한 사람인데 왜 레닌에 관심이 있어?"

"응?"

"내가 남편한테 레닌에 관심 있는 한국인 친구가 있다고 이야기했거든. 그랬더니 남편이 궁금해하더라고. 네가 남쪽에서 왔는지 북쪽에서 왔는지. 그리고 왜 레닌에 관심이 있는지. 너는 남한에서 왔잖아."

친구 질문을 듣자마자 든 생각은 '아니 남한 사람은 레닌을 궁금해하면 안 되나?'였다. 아마 친구 질문은 '민주공화국이자 자본주의 사회에서 사는 사람이 왜 레닌에 관심이 있냐'는 질문으로 요약되는 것 같았다.

나는 단지 궁금했다. 자본주의 사회 속에서 자본에 휘둘리기도 했고 사랑하는 사람이 다치는 상황을 지켜보기도 했다. 자본의 파괴력을 알게 됐고 염증도 느꼈다. 명문대 출신이 아닐수록, 재산이 없을수록, 아파트와 자동

차가 작고 저렴할수록, 평범한 노동자일수록, 나이가 들수록, 퇴보된 사람으로 명명되어가는 나를 지켜보며 자본주의 속에서 살더라도 행복하게 살 방법은 없는지 고민했다. 다른 세계가 궁금했다. 다른 세계의 탐험은 현재 위치를 재확인시켜주고, 앞으로 살길을 모색하도록 만들어줬다. 그 다양한 역사와 문화를 베를린에서 접할 수 있었다는 사실이 기뻤다. 특별한 경험이었다.

러시아 출신 친구는 다시 말했다. "요즘 러시아 사람들은 레닌에 관심이 없어. 젊은 사람에게 레닌은 좀 옛날 사람이랄까?" 그는 자신의 초등학생 아들 역시 레닌에 대해서 배우긴 하지만, 그것은 아주 적은 양이라고도 했다. 반면 자신이 학교 다닐 땐 레닌에 대해서 많이 배웠다고 했다. 설명 분량도 많았다고 기억했다.

레닌에 관해 이야기하는 친구의 목소리를 타고, 우르시나 라르디의 얼굴이 두둥실 떠올랐다. 그 위에 레닌의 얼굴이 포개졌다.

1부
독일 정착기

독일을 선택한 이유와
정착 후 벌어진 일들을 담았다.
베를린 집 문제와 해결 과정은 물론이고,
독일의 느린 시스템을 느낄 수 있는
일화들도 풀어냈다.
정착한 후 얼마 지나지 않아 만난
크리스마스 마켓과
실베스터에 대한 이야기도 만날 수 있다.

독일에 가야 하는 이유와
준비할 것들

얇고 길쭉한 나무들이 빽빽이 들어선 러시아 모스크바 외곽. 시린 공기를 이불 삼아 크고 작은 집들이 옹기종기 숨죽여 잠들어 있다. 그곳은 체홉이 위대한 작품들을 써낸 멜리호보였다. 9월 멜리호보의 밤은 빨리 찾아왔다. 바람의 입김은 식어버린 연인의 사랑처럼 싸늘했다. 견디기 어려울 정도로 추웠다. 허벅지를 비비며 '여기 괜히 왔나' 생각할 때 즈음 야외무대에서 '바냐 삼촌' 무대가 시작됐다.

추위로 인해 코와 귀가 새빨개진 배우들이 거창한 무대 장치 없이 공연을 완성해 냈다. 러시아어를 하나도 모르는 나 역시 추위를 잊고 빠져들었다. 체홉이 실제 살았던 곳에서 펼쳐진 거대한 체홉의 세계. 생생하고 강렬한 기억이었다.

'왜 독일을 선택했냐'는 질문에 러시아에서 본 공연 이야기를 빼놓을 수 없다. 사실 첫 유학 선택지는 독일이 아니었다. 러시아였다. 러시아에서 유학하고 싶다고 생각했을 무렵, 나는 러시아 분위기를 알고 싶어서 여름 휴가지로 러시아를 선택했다. 2016년이었다. 멜리호보에서 체감한 경험은 러시아에서 좀 더 공부하고 싶다는 생각을 불러일으켰다. 문화 예술의 집결지인 러시아로 가야겠다는 확신이 드는 순간이었다.

하지만 현실은 냉혹했다. 가장 현실적인 문제는 금전적인 부분이었다. 고도의 예술 교육을 갖춘 예술 대학의 학비와 생활비를 동시에 감당할 여력이 안 됐다.

비슷한 시기에 나는 프랑스 유학에 대한 정보도 찾아봤다. 프랑스는 연극보다는 영화다, 프랑스는 이론보다는 실기를 중요하게 여긴다, 예술 쪽 분위기가 대충 이렇다 등 친구들과 지인을 통해서 다양한 조언을 들었다. 프랑스 예술이 정말 멋지다고 생각하지만, 이상하게 마음이 동요되지 않았다.

다음이 독일이었다. 독일은 현실과 공부, 둘 다 타협할 수 있는 차선의 선택지였다. 나는 늘 최고의 선택이 있다고 믿었고 늘 최고의 선택을 해왔다고 생각했었다. 하지만 나이가 들고 보니 차선의 선택이 최고의 선택이 되는 것 같다. 계속 현실과 타협해야 하는 상황이 많아져서 그런 것 같다.

독일을 결정한 이유는?

선택은 했는데 뭔가 찜찜했다. 유학을 앞두고 어떤 명확한 목표가 없다는 것이 나를 불안하게 만들었다. 단기 유학을 하게 된다면, 뚜렷하고 구체적인 목표는 필수다. 하지만 나는 그것을 못 찾고 있었다. 영어도 안 되고, 독일어도 안 되고, 독일에 깊은 연고도 없고, 1년 동안 도대체 뭘 해야 할지 알수 없었다. 적극적이고 자발적인 질문 '뭘 해야 하지'라는 생각은 '도대체 뭘 할 수 있을까'라는 고민으로 변해 있었다. 독일 생활에 조금씩 자신감이 붙어가는 시점에도 이 질문은 항상 나를 따라다녔다.

목표가 분명하지 않으니까, 자신감도 잃었다. 정말 자주 고민하고 생각했던 것 같다. 가서 뭐 하지, 가서 뭘 할 수 있지, 압박은 계속됐다.

이런 상황 속에서 나에게 강렬한 인상을 주었던, 독일행에 대한 어떤 확신을 주었던 공연을 보게 됐다. 독일 연출가 토마스 오스터마이어가 내한하여 선보인 연극 '리처드 3세'를 보게 된 것이다. 전 세계적으로 사랑받는 셰익스피어의 캐릭터, 리처드 3세를 무대화한 작품이었다. 극 중 리처드 3세는 하늘 위로 굽은 등과 다리를 저는 왕으로 묘사된다. 그리고 그는 자신의 장애를 가릴 수 있을 만큼의 권세와 왕위를 열렬하게 탐한다. 그는 왕권을 위해서 사랑하는 조카들도 내친다.

배우들의 연기는 나를 놀라게 만들었다. 그들은 맨몸으로 캐릭터를 온전히 설명해 냈다. 강력하게 몰입하고 폭발적으로 표현해냈다. 한국에서도 훌륭한 작품들을 많이 봤지만, 독일 연극은 정말 쇼킹했다. 눈이 맑아지고 머리가 쭈뼛쭈뼛 서는 느낌이었다. 매일 매일 저런 공연을 본다면 얼마나 설렐까. 기분이 좋아졌다. 나는 독일 예술이 더 궁금해졌다. 그리고 어떤 목표가 서서히 자리 잡고 있었다.

그 이후로 독일에 대한 호기심은 날로 커졌다. 특히 독일 연극이 그랬다. 독일 연극의 우수성은 관람객이 증명해 주는 것 같았다. 공연이 승승장구하며 유지될 수 있는 이유는 연극을 지지해주는 관객이 존재하기 때문이다. 동시에 두꺼운 관객층이 존재한다는 것은 그만큼 공연의 질이 훌륭하다는 의미이기도 하다. 또한, 예술을 누리는 것이 얼마나 중요한지 아는 시민의

식이 자리 잡은 것일 수도 있다. 우수한 공연과 시민이 만들어 낸 멋진 콜라보였다.

2019년 12월 31일과 1월 1일 전후로 샤우뷔네 극장표 판매 상황을 살펴봤다. 연말 연초니까 당연히 빈 좌석이 많을 것으로 생각했다. 평소보다 티켓을 구하는 게 쉬울 거라고 예상했다. 하지만 내가 보려고 시도한 공연들은 이미 매진이거나 매진까지는 아니어도 관객으로 붐볐다. 인상적이었다.

어쨌든 이 시기에 나는 가족·친구와 식사 자리를 갖거나, 집에서 휴식을 취했던 것 같다. 공연을 좋아하는 나조차도 이 시기엔 공연 볼 생각을 아예 안 했던 것 같다. 왜냐, 연말 연초니까 말이다. 이렇듯 늘 한국 상황만 지켜보던 나에게 독일 분위기는 신선한 충격이었다. 공연을 좋아하는 사람이 많다는 게 느껴졌다.

독일에서 만난 지인은 내게 이렇게 말했다. "독일도 회전문 관객이 많다. 아마 보는 사람만 볼 거다. 하지만 독일의 회전문 관객이 한국보다 훨씬 많다."

이 이야기를 듣고 씁쓸했다. 동시에 독일이 부러웠다. 빨리 가서 확인해 보고 싶다는 마음이 커졌다.

집, 은행 계좌, 비자만 해결하면 될까?

한국과 다른 문화적 차이는 유학을 앞둔 사람에게 어떤 가능성을 기대하게 만들었다. 여기선 뭔가 다를 것 같고, 더 잘할 수 있을 것 같았다. 여기는 특별할 것이라는 기대감이 있었다.

베를린 유명 관광지인 세계시간 시계와 텔레비전탑
두 명소 모두 알렉산더 광장에서 볼 수 있다.

기대감은 환상으로 둔갑하곤 한다. 나는 이런 환상을 갖는 것이 나쁘지 않다고 생각한다. 미지의 영역은 때론 고루한 현실에 씨앗을 뿌리게 만드는 원동력으로 작동하기도 한다. 나는 모든 환상을 환영한다. 그리고 그 환상이 벗겨지는 것도 환영한다. 어차피 실제 원하던 곳에 가게 되면 환상이 벗겨지는 쓰라린 경험을 하게 된다. 또한, 환상에 어느 정도 가까워졌다는 경이로운 순간도 맛보게 된다. 그 경계에서 조금씩 달라지는 나를 만나게 될 것이다.

꿈, 현실, 환상을 좇아 외국으로 가는 다양한 친구를 만났다. 당연히 독일에 대한 관심도 높았다. 내가 관심을 갖게 된 시점이 약 2~3년 전인데 그 당시에도 독일에 대한 한국인의 관심이 뜨거웠다. 2년이 흐른 지금은 아마 더 관심이 높아졌을 것이다. SNS에서 상당히 큰 규모를 가지고 있는 커뮤니티를 살펴봐도 알 수 있다. 이미 독일 거주 한국인들은 독일로 오기 위해 준비하고 있는 많은 사람에게 도움을 주고 있다. SNS 댓글로 말이다.

나도 그중 하나였다. 독일에 도착하기 전 대형 커뮤니티에 질문도 올리고 도움도 받았다. '한독 종이 사전을 사려고 하는데 어떤 사전이 좋은가요?', '무비자 기간은 90일인데 비행기를 왕복으로 끊는 게 안전할까요?', '언제 비행기 표를 어떻게 구매하는 것이 저렴할까요?', '독일은 물에 석회가 있다고 하는데 다들 찌개를 끓이거나 면을 삶을 때 물을 어떻게 사용하나요?', '어느 어학원을 다녀야 할까요?', '독일에서 유용한 앱은 무엇인가요?', '슈페어콘토에 문제가 생겼는데 어떡할까요?', '집 문에 이런 쪽지가 붙어 있는데 뭐라고 쓴지 모르겠어요', '이삿짐 옮기는 것 도와주실 분 없을까요?' 등 다양하다.

출국 전 이런 것들에 대해 대비하는 것은 정말 중요하다. 또한, 외국인으로서 거주지 신고를 해야 하고, 어학 비자로 1년 이상 살기 위해선 슈페어콘토도 만들어야 한다. 또한, 3개월 이상 거주할 거니까 비자도 발급받아야 한다. 할 일이 참 많다.

하지만 이러한 것들은 '외국인'으로서 해결해야 할 공식적인 사항들일 뿐이다. 6개월이 흐른 지금 생각해 보면, 출국 전 필요한 준비물은 단순히 물질적인 것들이 아니라고 생각한다. 그 뒤에 따라오는 삶의 문제들이 더 많다.

독일에서 뭘 먹고 살아야 하는지, 한국에서 종종 했던 행동이 유럽에서는 무례한 행동으로 오해받지는 않을지, 공용세탁실은 어떻게 이용해야 하는지, 집주인(혹은 관리인)에게 열쇠를 어떻게 받아야 하는지, 집에서 발생한 크고 작은 문제는 어떻게 알려야 하는지, 알아야 할 삶의 범주가 하나둘이 아니다. 심지어 언어가 이런 문제를 해결하려는 나의 손발을 죄다 묶어 버린다. 최악이다.

유학은 여행이 아니다. 여행은 보고 즐기고 다시 고국으로 돌아가면 그만이다. 하지만 유학은 둥지를 만들고 둥지에 정을 붙이며 살아내야 하는 일이다. 정말 말도 안 될 정도로 새로운 삶의 결들이 한꺼번에 불어 닥친다. 특히 나처럼 영어도 독어도 안 되는 사람에겐 하루하루 살아내는 것이 힘겨울 것이다.

신혼 9개월 차 된 신랑을 홀로 한국에 남겨두고 비행기에 몸을 실었다. 그만큼 간절해서 독일에 온 사람도 처음엔 먹을 것도 덮을 것도 없는 텅 빈 방에 남겨지게 되면 극도의 외로움을 느끼게 된다. 이상하게 불안하다. 생각해 보니 독일 계좌도 없고, 당장 주어진 현금도 얼마 없다. 가족과 나를 연결해줄 휴대폰만 덩그러니 놓여 있을 뿐이다. 로밍 데이터 상황이 어떻게 될지 모르니 인터넷 사용을 남용할 수 없다. 그야말로 독일에 도착한 후 일상은 적막이다. 나 혼자 남겨진 느낌이다. 외따로 떨어져 있는 느낌이다. 고집부려서 독일에 왔는데 기분이 우울하다고 징징거리기도 참 그렇다.

이틀간의 적막과 외로움의 시간을 보냈다. 삼 일째 되던 날 적막은 알려줬다. 내가 여기에 온 이유에 대해서 말이다. 거창한 목표를 이뤄내기보단 실패하더라도 작은 계획들을 실행해보자는 생각이 들었다. 독일어를 잘 해내고, 독일의 시스템과 체계를 체감해 보고, 독일에 대한 이야기를 책으로 엮어내는 것. 무엇보다 공연예술의 수도 베를린의 공연들을 마음껏 보는 것. 이러한 계획들이 차츰차츰 떠오르니 두렵지 않고 외롭지 않았다. 이상하게 괜찮아졌다.

내가 독일에 거주하는 중에도 수많은 사람이 독일 거주에 대한 꿈을 꾸며 이곳에 올 계획을 세우고 있다. 또 수많은 사람이 독일로 넘어오고 있다.

모든 사람이 나처럼 지레 겁먹고, 불안해하고, 우울해하는 건 아닐 것이다. 한국보다 더 당차게 살아가는 사람도 많다. 하지만 분명한 것은 있다. 독일 생활을 당차게 시작했든 우울하게 시작했든 독일에 내가 꼭 있어야 하는 이유가 분명했으면 좋겠다. 결과물을 강조하는 한국 사회에서 명분과 목표에 싫증이 났을 수도 있다. 하지만 외국에 덜컥 던져진 상황에서 명백

한 명분과 단단한 목표만큼 나를 견고하게 지켜줄 무기는 없다. 다만 그 명분과 목표가 거창하거나 원대하지 않아도 된다. 문화생활을 싹쓸이하겠다, 독일인 절친 1명을 만나겠다, 독일어를 씹어먹겠다 등 소소하지만 자신의 영혼을 채워줄 이유를 세우는 것이 좋다.

한국이든, 독일이든, 별나라든, 화성이든 사람도 사랑도 간절한 상황은 언제든 발생한다. 외로움과 고독함은 무턱대고 올라온다. 독일에 온 목표가 분명한 사람도 이러한 감정을 쉽게 느끼게 되는데 누군가에 의해 떠밀려서, 그냥 도피성 유학으로 독일에 오는 것은 당사자를 더 힘들게 만들 수 있다. 이유 없이 왔더라도 독일에 살면서 그 이유를 꼭 만들었으면 좋겠다. 이유가 생긴 당신에게 베를린은 분명 보답을 해준다. 반드시.

독일 집 도착,
반드시 해야 했던 아인쪽프로토콜

"여기 왜 이렇게 어두워? 불 켜지는 것도 한 번에 안 켜지고 왜 저 멀리서
부터 하나씩 켜지는 거야 무섭게."

내가 앞으로 살게 될 아파트에 들어선 신랑의 한 마디였다. 아내가 혼자
살게 될 공간이기에 신랑은 전등, 복도, 엘리베이터 모두 꼼꼼하게 챙겨봤
다. 우리는 불을 켜지 않으면 한낮에도 어두운 복도를 지나, 드디어 둔탁한
빨간색 문 앞에 도달했다. 문 앞엔 방 번호가 붙어 있었다. 적어도 내겐 느
낌이 좋은 숫자 같았다. 앞으로 내가 꿈을 펼쳐갈 공간 앞에 나는 서 있었
다.

이제 그 작은 공간이 막 공개될 참이었다. 오스트리아에서 체코로, 체코
에서 독일로 나의 이삿짐을 함께 날라준 신랑은 열쇠를 문구멍에 넣고 막
문을 열 참이었다. 그의 표정은 이미 우울해 보였다. 베를린에 도착했다는
것은 곧 우리가 1년 동안 떨어져 있어야 함을 의미했기 때문이다. 당시 우
리는 결혼한 지 막 8개월이 지난 새내기 부부였다.

신랑이 문을 여는 동안 나는 뒤늦게 생각난 듯 재빨리 휴대전화의 동영상
을 켰다. 독일에서 첫 집을 맞이하게 될 우리의 얼떨떨하고 놀라운 반응을

담기 위해서다. 드디어 빨간 문이 열렸다. 여느 빈집이 그렇듯 첫 느낌은 굉장히 휑하다는 느낌이었고 두 번째 느낌도 휑하다는 느낌이었다. 세 번째론 혼자 살기엔 나쁘지 않은 크기라는 생각이 들었다. 하지만 앞으로 살면서 어떤 문제가 발생할진 아무도 모른다. 조금 더 꼼꼼하게 살펴볼 필요가 있었다.

독일에서 어떤 집을 골라야 하나?
반드시 써야 했던 문서는?

독일 유학이 결정되면 사람들은 자신이 살 집을 구하기 시작한다. 출국 전에 집을 구해 놔야 하는지, 독일에 도착해서 집을 구해야 하는지에 대해 고민하는 사람들이 있다. 여느 일이 그렇듯 두 사례 모두 장단점이 있다.

출국 전에 집을 구해 놓으면, 도착한 후 큰 걱정이 없다. 하지만 출국 후 찾으려고 하면, 집이 언제 구해질지 모르는 막막한 상황에 놓일 수도 있다. 반면 출국 전 집을 구하면 실제 집을 보지 못한다는 단점이 있고 출국 후에 집을 찾으면, 제대로 된 집인지 눈으로 확인을 할 수 있다는 장점이 있다.

그렇다면 언제 어떤 집을 골라야 할까. 나도 궁금했다. 그래서 여기저기 정보를 얻고, 집을 구하는 사이트를 살펴보기도 했다. 생각보다 괜찮아 보이는 사이트도 있었다.

근데 집을 조사하면서 분명히 알게 됐다. 언제 어떤 집을 골라야 할지는 자기 자신이 제일 잘 아는 거였다. 자신의 경제적인 상황이나 시간적인 여유를 고려해서 선택하면 되는 거였다.

동네를 걷다 보면 볼 수 있는 다양한 형태의 집들

나는 독일 거주 기간이 짧았고 그 시간을 효과적으로 이용하고 싶어서 유학원을 이용했다. 즉, 한국에서 집 문제를 해결한 후 독일로 출발했다. 물론 집 문제가 해결됐다고 하더라도 독일에 도착해서 해야 할 일이 정말 많았다. 개인적으로 나는 집을 미리 준비해 간 것이 잘한 일이라고 생각한다.

독일에 장기적으로 거주할 사람, 혹은 시간적인 여유가 있는 사람, 집을 제대로 본 후 계약하고 싶은 사람이라면 직접 현장에 부딪쳐 가면서 눈으로 확인해 가는 과정도 좋다. 독일에 사는 내 친구도 영어와 독일어를 잘하지 못함에도 불구하고 독일 정착 초기부터 현재까지 매번 인터넷 사이트를 통해서 집을 확인해 본 후 잘 살고 있다. 최근에 이사했다는 소식을 들었는데 샤로텐부르크 지역에서 마음에 드는 집을 구했고 한 달 450유로(한화 약

62만 원)를 낸다고 했다. 룸메이트도 함께 산다.

 사람들의 또 다른 고민 중 하나는 주거 형태다. 베를린엔 다양한 주거 형태가 존재한다. 한 공간의 여러 방을 여러 사람이 각각 나누어 쓰는 WG, 독일인(거주민)과 함께 사는 홈스테이, 학교 기숙사, 단독 주택 등이다.

 주거 형태는 자신이 독일에서 가장 중점적으로 추구하는 목표에 따라서 정하면 될 것 같다. 1년간 독일어를 독파하고 다양한 문화권 친구를 사귀고 싶다면, WG나 홈스테이도 좋은 선택이다. 남미 친구 중에는 가정집에 머물면서 베이비시터로 일하는 친구도 있었다. 독일어를 쓰는 가정에서 일했기 때문에 그 친구들은 다른 친구들에 비해 상대적으로 독일어를 접할 기회가 많았다. 독일인이 자주 쓰는 단어나 문장에 대해서도 이미 빠르게 흡수하고 있었다. WG에 사는 다른 친구 역시 타국에서 온 친구들과 친해졌다면서, 이들과 대화하기 위해서는 무조건 영어와 독일어를 사용해야 한다고 했다. 언어적으로도 문화적으로도 빠르게 성장할 수밖에 없는 이유다.

그래서 나도 WG에서 살아보고 싶었다. 다양한 문화권의 친구들을 만나보고 싶었기 때문이다. 시간적인 여유가 많았으면 그렇게 했을 것이다. 하지만 나에겐 주어진 시간이 없었기 때문에 개인적인 작업과 공부에 집중할 수 있는 원룸 형태의 공간을 택했다. 방 하나에 침실, 거실, 부엌, 발코니, 화장실이 모두 들어가 있는 아인첼침머(Einzelzimmer)였다. 다른 사람과 공간을 공유하는 게 아니라 나 혼자 쓰는 방이었다. 조용하게 작업하고 싶거나 독립적인 공간이 필요한 사람에게 적합한 공간이었다.

독일에서 처음 맞닥뜨린 문화적 차이가 있었다. 독일 숙소에 입주한 후 반드시 써야 할 문서 아인쭉프로토콜(Einzugsprotokoll)의 존재였다. 한국에서 분양도 시도해보고, 전셋집에서 살아도 보고, 월세살이도 해봤지만, 아인쭉프로토콜은 없었다.

아인쭉프로토콜이란, 자신이 살게 될 공간과 물품의 상태를 기록하는 문서다. 방에 들어가서 가구, 화장실, 발코니, 바닥과 벽 상태, 수도 등을 확인하고 문제가 있는 부분을 문서에 기록해야 한다. 해당 문서는 관리인에게 받을 수 있었다. 문서와 기록을 중요하게 여기는 독일의 사회적 분위기를 느낄 수 있었다.

그렇다면 이것을 왜 쓰는 것일까.

첫째, 이것은 임차인인 내가 집주인(시설 제공자)에게 집의 현재 상황을 알리는 기능을 했다. 둘째, 집 상태를 알림으로써 임차인이 지지 않을 책임을 자연스럽게 명시하게 됐다. 셋째, 이 집에 필요한 부분(수리 등)에 대해 추후 요청할 수도 있었다. 넷째, 한국으로 돌아갈 때, 시설물을 문제없이 잘 썼음을 알려주는 역할도 했다.

작성을 끝낸 후, 문서를 들고 관리인 사무실을 찾았다. 그리고 서명을 했다. 그 순간이 왜 이렇게 떨렸는지 모르겠다. 서명한다는 것은 제공받은 시설물 상황을 이해했다는 의미이자 책임을 지겠다는 의미였기 때문이었다. 정말 꼼꼼하게 기록하긴 했지만, 문서 내용이 모두 독일어·영어였기 때문에 '뭔가 빠뜨린 게 있지 않았을까' 하는 마음이 나를 떨게 했다.

효과적으로 아인쭉프로토콜 쓰기

아인쭉프로토콜을 효과적으로 쓴다는 것은 별 게 아니다. 그냥 꼼꼼하게 작성하면 된다. 겪어보지 못한 일에 대해서 걱정이 많은 나는 최대한 문서를 꼼꼼하게 쓰려고 애썼다. 외국인으로서 혹시 모를 피해를 피하고 싶었다.

나처럼 겁 많고 걱정 많은 사람들을 위해서, 나는 이 문서를 어떻게 작성했는지 공유하고 싶었다.

나는 도착하자마자 짐을 풀지 않았다. 짐을 풀면 봐야 할 곳을 못 볼 것 같다는 생각 때문이었다. 일단 뜨거운 물과 하이쭝이 제대로 작동하는지 확인했다. 그리고 추후 짐이 들어가게 되면 보이지 않을 곳에 대해 사진을 찍어뒀고 미심쩍거나 이상한 것 같은 곳도 일단 다 찍어뒀다. 그 후 짐을 풀었다.

관리인에게 아인쭉프로토콜 문서를 받고 한숨이 나왔다. 너무 막막한 작업은 자꾸 미루고 싶어진다더니 정말 손도 대고 싶지 않았다. 하지만 시작해야 했다. 다시 종이를 봤다. 독일어와 영어가 빽빽하게 들어서 있었다. 독일어는 모르는 게 당연했다. 한국에선 영어를 쓸 일이 별로 없었다. 혹여 길묻는 외국인을 만나도 짧은 단어와 몸짓을 조합하여 말하면 됐다.

그런데 영어와 독일어가 나의 삶을 이끌어줄 무기가 돼야 하고, 심지어 중요하고 공식적인 문서를 써야 하는 일이 생기니까 정말 속이 울렁거렸다. 깨알 같은 글씨가 까만 점처럼 저 멀리 보였다. 중간중간 아는 단어가 나오면 엄청 반가우면서 긴가민가한 단어는 왜 이렇게 많은지 여태까지 뭐 하고 살았나 자괴감이 밀려왔다.

첫 번째가 언어 문제였다면, 두 번째는 독일의 기준과 물건에 대한 사용법 문제였다. 한국과 구조도 다르고 사용법도 달라서 이게 맞는 건지 틀린건지 알 수 없었던 경우였다.

가령, 어떤 물건의 용도가 원래 이런 것인지, 아니면 고장 난 것인지 이해하기 어려웠다. 독일식 창문이 그랬다. 분명 나와 집 구조가 똑같은 옆집은 창문을 발칵 열어 놓고 있는데 우리 집 창문은 안 열렸다. 열릴 것 같은데 손잡이도 없고 세게 밀치면 고장 날 것 같았다. 그래서 아인쭉프로토콜 창문 부문만 쓰는데도 이걸 고장 났다고 써야 하는지 원래 안 열리는 건지 수차례 고민했다. 나중에 알고 보니 그 창문은 원래 안 열리는 창문이었다.

기준에 대해서도 막막했다. 이전 거주자에 의해서 흠집이 간 부분도 정말 많았고, 자연적으로 마모된 부분도 있었는데, 어느 선부터 어느 선까지 적어야 하는지 애매했다. 이걸 다 적어야 하나 싶었다.

또한, 상처나 흠집을 어떻게 묘사해야 하고, 오염 위치에 대해서는 어떻게 설명해야 하는지 정말 막막했다. 지금 생각해 보면 왜 그렇게 머리를 쥐어짰나 싶지만, 꼼꼼하게 써 내려간 아인쭉프로토콜이 나중에 효자 노릇을 제대로 할 것이라 믿었다. 그리고 나중에 냉장고를 교체할 때 이 문서 덕을 보기도 했다.

나는 이 골치 아픈 과정을 한 번 더 거쳐야 했다. 첫 번째 집에 문제가 생겨서, 두 번째 집으로 이사를 해야 했고 아인쭉프로토콜을 한 번 더 작성했다. 이때는 처음보다 작성이 한결 쉬웠다.

두 번의 문서를 쓰면서 톡톡히 도움을 받았던 아이디어가 있었다. 별것 아닌 아이디어 같지만 이런 부류의 문서를 써본 적이 없는, 심지어 독일어를 모르는 사람에게 유용할 수 있다.

바로 구글 이미지 이용하기다. 독일어 초보자라면 문서에 등장하는 생경한 단어들에 막막함을 느낀다. 사전에서 단어 뜻을 찾을 수 있지만, 단어와 이미지가 연결이 안 되는 경우도 많았다. 화장실 욕조 거름망 같은 이름을 초보 거주자가 어떻게 아냐 말이다. 하지만 구글 검색창에 독일어를 입력한 후, 이미지를 확인해 보니, 문서에서 제시하는 사물을 확인하는데 한결 수월했고 작성에 속도감도 붙었다.

아인쭉프로토콜 때문에 그렇게까지 유난을 떨고 스트레스를 받을 필요가 있냐고 물을 수도 있다. 학원 친구들도 내게 단어장에서 단어를 찾아서 문제 있는 곳만 적으라고 했다. 어떤 사람은 그냥 한번 휙 둘러보고 크게 문제 있어 보이는 부분만 적었다고 했다. 프로토콜을 대하는 반응이 다들 각양각색인 것 같았다.

물론 본인이 집 상황을 가장 잘 이해하고 있을 것이다. 동시에 프로토콜도 어떻게 써야 하는지 잘 알 것이다. 다만 독일에서 공식 문서를 대할 땐 신중하고 꼼꼼한 태도를 가져야 하는 것은 부정할 수 없다. 모든 공식 문서는 중요하지만 독일에서 더 중요한 이유는 당신이 외국인이기 때문이다. 독일 정착을 위해서 터를 닦고 있는 새내기들은 새로운 문화 차이와 분위기에 익숙하지 않다. 그런 상황에서 영어와 독일어도 능통하지 않다면 나를 지켜주는 것은 성심성의껏 기록해 놓은 문서밖에 없다.

바퀴벌레 방,
주거지 문제 해결하기

"음? 저게 뭐야?" 징그러운 다리로 콩만 한 몸체를 지탱한 채 내 쪽을 노려보던 바퀴벌레가 더듬이를 파르르 떨고 있었다. 소름이 돋았다. 언제부터 거기에 서서 나를 지켜보고 있었던 걸까. 독일 아파트에 정착한 뒤 2주도 안 돼서 맞닥뜨린 첫 바퀴벌레였다. 지금도 그날의 쭈뼛함을 잊을 수가 없다.

바퀴벌레 한 마리 때문에 이러는 게 아니다. 해충은 어디에나 있다. 문제는 이날 바퀴벌레를 처음 본 이후, 수많은 바퀴벌레가 정말 쏟아지듯 나왔기 때문이다. 정말 '폭우 내리듯 쏟아진다'라는 표현밖에 쓸 말이 없다.

2019년 9월 17일 본격적으로 바퀴벌레가 나온 후, 10월 9일 새로운 방을 배정받은 3주 기간 동안 30여 마리의 바퀴벌레를 발견했다. 한 달에 한 마리씩 나오는 것도 이상한 일인데, 내 방의 경우 하루에 1~2마리 이상의 바퀴벌레가 꾸준히 나왔다는 소리다. 새끼와 성충이 몰아쳐서 나온 적도 있다. 종류는 다양해 보였다. 물론 대왕 모기나 여타 날파리 등도 있긴 했다. 어쨌든 해당 기간에 바퀴벌레들이 집중해서 등장했다.

직접 눈으로 본 것만 이 정도다. 그러니 외출을 하거나 잠자는 시간엔 더 많은 바퀴벌레가 나타났을 가능성은 충분하다. 또한, 성충이 된 바퀴벌레가 다수 등장한 점으로 미뤄 보아 이미 내가 집에 짐을 풀기 전부터 이 방은 바퀴벌레 소굴이었을 것이다.

한 마리가 아니라 수십 마리가 단기간에 등장했다는 점은 단순히 징그럽고 불쾌한 문제를 넘어서, 나의 거주권을 심각하게 흔드는 문제였다.

내가 사는 아파트는 5층 이상에다가 엘리베이터까지 갖춘 건물이었다. 많은 세대가 함께 사는 구조다. 문득 궁금해졌다. 3동으로 구성된 우리 아파트에 적지 않은 사람들이 살 텐데 1년에 몇 번씩 방역을 할까.

일상을 흔들었던 주거지 문제

어머님 세대 말씀을 들어보면, 내가 어렸을 땐 바퀴벌레 문제로 연막탄 같은 것을 터뜨렸다고 한다. 내가 성장한 후엔, 항상 방역 업체가 주기별로 아파트를 방문해 약 처리를 해줬다. 황토색 튜브 형태의 약도 있었고 스프레이처럼 뿌리는 형태도 있었다. 지금 생각해 보니 독일에 오기 전인 지난해 7~8월경에도 방역 업체가 집 문을 두드렸던 게 생각이 난다.

해충 문제는 나의 정신 건강을 위협하는 수준이 되었다. 바닥에 검은 점만 보여도 나는 얼음이 됐다. 정거장에 앉아 있는데 옆에서 낙엽만 굴러가도 흠칫 놀랐다. 매일 먹는 검은색 비타민 약도 바퀴벌레처럼 보였다. 집안의 사각지대를 유심히 바라보는 버릇도 생겼다. 붕붕 벌레 소리만 들려도 사지에 소름이 돋았다. 당연히 잠을 자는 것도 어려웠다. 바퀴벌레가 많이 등장한 날은 불을 켜고 자느라 숙면을 취하기 어려웠다. 침대 틈을 수건으로 막아두기도 했다.

또한, 학업에 집중하기도 어려웠다. 책상 위 스탠드 불빛이 따뜻해서 그런지, 바퀴벌레가 많이 나왔는데 한동안 나는 스탠드를 정말 병적으로 자주 봤다. 바퀴벌레가 자주 대롱대롱 매달려 있었으니까 말이다. 또한, 책상 아래에 발을 내려놓고 있는 게 어려웠다. 발을 항상 올리고 공부했고 중간중간 바닥과 내 발을 점검했다. 내 몸에 기어 다닐 것 같다는 상상도 했다. 아침에 일어나서 책가방을 싸려고 책을 만지면 책 사이에서 쉬고 있던 바퀴벌레가 놀라서 푸드덕거렸다. 책 사이가 포근했나 보다. 경악할 노릇이었다.

침대 주위 끈끈이엔 이미 4마리 이상의 바퀴벌레와 괴상한 벌레들이 잡혀 있었다. 꼴 보기 싫어서 치우고 싶은데 만지기가 어려워 종이로 덮어뒀다. 모든 외부 활동이 영향을 받았다. 친구들과 잡담을 나누는 시간에도 집 걱정에 한숨이 절로 나왔다. 친구들이 바퀴벌레 문제에 대해 농담을 해도 겉으론 웃었지만 속은 걱정으로 썩어들어 가고 있었다. 그 정도로 트라우마가 생겼다.

바퀴벌레 발생 후 새로운 집으로 이사하게 된 3주 동안 내가 어떤 일을 거쳐야 했는지 언급하고자 한다. 우선 나는 문제를 해결해야 했다. 하지만 해결에 대한 의지보다 두려움이 컸다. 왜냐면 아파트 체계에 대해서 무지한 내가 할 수 있는 일이 많지 않아 보였기 때문이었다. 미지의 영역에서 발생한 낯선 문제는 더 큰 공포와 스트레스를 유발했다.

가령, 독일에선 이 정도 벌레는 아무것도 아닌 것으로 취급해서 이사 가능성을 고려해 주지 않으면 어쩌나 하는 우려가 컸다. 세입자가 방을 옮길 수 있도록 허용하는 기준이 아파트마다 다를 테니 말이다.

또 다른 걱정은 독일 시스템에 대한 걱정이었다. 한국과 비교해서 시스템이 느린 독일 분위기상 집을 옮기는데 한 달 혹은 두 달 이상이 걸리는 건 아닐까, 하는 걱정도 있었다. 왜냐면 나는 당장에라도 이 집에서 나가고 싶었기 때문이었다. 쉴 새 없이 바퀴벌레가 등장하는 이곳에선 정신병에 걸릴 게 뻔했다.

강한 약을 쳐서 바퀴벌레를 박멸한다고 해도 한번 만개한 바퀴벌레가 수그러들겠냐는 의구심이 있었고 다른 집으로 이사를 한다고 해도 걱정이 됐다. 그 집도 심각한 벌레 문제가 있으면 어떡하나 하는 우려 때문이었다.

주거 문제는 어떻게 해결했나?

우선 내가 할 수 있는 일은 증거 남기기였다. 사진과 기록이 그것이었다. 독일에선 차곡차곡 기록해 놓은 문서가 중요하고 힘을 발휘할 수 있다는 이야기를 들었다. 그래서 바퀴벌레가 나타날 때마다 사진을 찍었다. 사실 사진 찍는 것도 힘들었다. 제대로 찍으려고 화면에 등장한 바퀴벌레를 정성 들여 쳐다봐야 했기 때문이다. 사진 상세정보엔 바퀴벌레가 나타난 날짜와 시간이 함께 기록되니 객관적인 증거물이 된다.

처음엔 무섭고 소름 돋아서 바퀴벌레를 잘 때리지도 못했다. 그러다 보니 이 녀석들은 살기 위해 몸부림쳤고 더 빨라졌다. 미칠 노릇이었다. 이렇게 힘겹게 한 마리, 두 마리 죽이고 난 뒤 화장실에서 세수하고 거울을 바라보면 반대편 벽에 바퀴벌레가 또 기어 다니고 있었다. 깜짝 놀라서 사진 찍으려고 거실로 나가면 또 다른 녀석이 더듬이를 파르르 떨며 나를 기다리고 있었다. 정말 이건 영화보다 더 버라이어티했다.

놓치는 것은 어쩔 수 없지만 도망가게 내버려 두는 것은 마음이 내키지 않았다. 어딘가에서 녀석들이 꿈틀거리고 있을 거라고 생각하면 불쾌하고 잠이 안 왔다.

9월 16일 아인쭉프로토콜을 제출하면서, 관리인 사무실에 이 사실을 알렸다. 이때만 해도 벌레 문제에 대해 큰 심각성을 못 느꼈을 때였다. 당시 끈끈이에 잡힌 바퀴벌레는 단 한 마리였기 때문이다. 쏟아지기 시작한 것은 정확히 다음 날인 17일부터였다.

그리고 나는 집 상황을 친구들에게 알렸다. 나보다 독일에서 오래 거주한 친구들의 경험과 조언은 큰 도움이 됐다. 처음에 나는 이런 대량 바퀴벌레 사태가 독일에선 일상적인지에 대한 궁금증이 있었다. 하지만 다른 친구들에게 물어봐도 이렇게 많이 쏟아진 적은 없다고 했다. 그리고 어떤 친구는 나에게 자신이 효과를 봤던 바퀴벌레 퇴치 약을 주기도 했다. 그 친구는 내게 물었다. "세운 너 독일 온 지 2주밖에 안 됐어? 가족들은 모두 한국에 있다며. 너 정말 힘들겠다." 이 소소한 위로가 그 당시 얼마나 큰 힘이 됐는지 모르겠다.

그리고 9월 25일에 내 방이 곧 방역된다는 소리를 들었다. 처음에는 바퀴벌레를 모두 죽게 할 수 있는 연막탄 형식의 방역을 진행할 거라고 전해 들었다. 그래서 준비가 필요할 거라고 했다. 마트에 가서 커다란 봉투를 산 후 옷이나 생활용품 등을 잘 넣어두라고 했다. 연기가 흡수되는 것을 방지하기 위해서다.

마트에 들려 커다란 봉지를 산 후, 그 속에 옷들을 모두 챙겨 넣었다. 두꺼운 겨울 점퍼부터 속옷들까지 꼼꼼히 챙겨 넣으려니 이사를 한 번 더 한다는 생각이 들었다. 참 번거롭고 힘들었다.

하지만 지독한 방역으로 바퀴벌레를 방역할 수 있다면 고생이 헛되지 않을 거라고 생각했다. 병적으로 증가한 바퀴벌레를 종식할 수 있을지에 대한 우려와 완전히 종식됐으면 좋겠다는 희망이 교차했다.

이날 방역을 하게 되면 오후 6시 이후에 들어가야 한다고 했다. 일부러 오후에 일정을 잡은 뒤 집에 늦게 들어가려고 했다. 생각보다 일정이 빨리 끝났다. 이날 왜 이렇게 시간이 안 가던지 모르겠다. 집 주위에서 어슬렁거리다가 6시가 지난 후 집으로 들어갔다.

새로 분양받은 집에 들어가는 것처럼 기대하고 방문을 열었다. 연기 형태의 방역이라는 말과 달리 집에는 연기가 없었다. 누가 왔다 간 건가 하는 궁금증이 들어 집을 살펴보았더니, 바닥에 작은 먼지 조각들이 흩어져 있었고 확실히 누군가가 왔다 간 흔적은 있었다. 바퀴벌레가 붙어 있던 부엌 쪽 끈끈이를 관계자들이 가지고 갔다고 들었다.

이틀 뒤인 27일 얘기를 들어보니 일반 방역만 진행됐다고 한다. 냉장고 뒤쪽에 음식물로 인해서 몇 번 문제가 발생했다고 한다. 집 상태에 대해 방역 직원이 살펴본 후 방역 여부가 결정되는 모양이었다. 문제가 심각하면 우리가 생각하는 연기 형태의 강력한 방역이 진행될 텐데 그 방역을 진행하게 되면 며칠은 집에 못 들어간다고 했다.

집에서 문제가 발생했을 때, 어떻게
해야 할까. 작은 집에서도 참 많은 문
제가 발생하곤 한다.

이사를 하듯 짐을 다시 바리바리 싼 것은 고사하고 이제 문제가 해결될 거라고 생각했는데 또 기다려야 한다. 이 와중에도 계속 바퀴벌레는 등장하고 있었다.

초창기 바퀴벌레 사진만 보내고, 그 이후로 사진을 안 보낸 게 문제였나 싶기도 했다. 또한 '바퀴벌레가 이 정도로 등장하는데 방역을 안 해줄 수도 있나?', '이사를 안 해주기도 하나 독일은?' 하는 생각이 들어서 불안감은 더 커졌던 날들이었다.

다행히 새로운 소식이 들려왔다. 내가 있던 방은 방역이 확정됐다. 강력한 방역을 진행하게 될 모양인지, 방안으로 절대 들어가지 말라고 했다. 그리고 나는 한 층 위로 이사를 할 수 있게 됐다. 그 방을 벗어날 수 있어서 기뻤지만, 또 한 번 이사해야 한다는 생각에 막막했다. 허탈했다. 그 방에 처음 입주하던 날, 신랑이랑 손발 걷어붙이고 쓸고 닦고 털어내고 했던 기억이 떠올라서다. 우리는 곧 무너질 것 같은 작은 침대에서 잘 수 없어서 3일 정도 바닥에서 잤는데, 그날 아마 바퀴벌레가 잠든 우리 곁을 지나갔을 것이다.

새롭게 배정받은 집을 구석구석 청소하고 먼지를 털어낼 생각에 고단함이 밀려왔다. 심지어 고생해서 쓴 아인쭉프로토콜을 새롭게 다시 써야 했다. 이번 방은 정상이길 바랐다. 당분간만이라도 좋은 일만 일어나길 바라며 새로운 방의 묵은 먼지를 빡빡 닦아냈다. 그래 이제 좋은 일만 있을 거다!

출국 전 한국에서 이미 독일 집을 찾았고 주거 문제를 해결했다고 생각했다. 독일에 도착해서 임차인으로서 집을 깔끔하고 소중히 잘 사용하면 된다고만 생각했다. 바퀴벌레 소굴을 만나서 전쟁을 한바탕 치를 것이라곤 생각도 못 했다. 독일에 도착하자마자 신고식 한 번 제대로 치렀다. 한국에서 30년 이상 살면서도 경험해 보지 못한 일이 왜 하필 독일에서 이리 쉽게 발생하는 것인지, 사람의 인생이란 알다가도 알 수가 없다.

은행 계좌와 인터넷 설치 기간,
고난의 3개월

베를린 도보여행 모임에서 한 독일인이 내게 인사를 건넸다. 그 친구는 한국에 가본 경험이 있고 한국어를 공부하고 있다고 했다. 또 우리는 함께 하이킹도 할 수 있을 거라고 이야기했다. 그렇게 우리는 아는 사이가 됐다. 독일에서 가끔 산책도 하고 한국 음식도 함께 먹었다. 이 친구는 나에게 독일 분위기와 문화축제 등에 대해서 상세하고 친절하게 설명을 해줬다. 배려 독일어였다. 그러다 분위기에 물이 오르면 속도가 빨라지기도 했다. 우리 대화의 80%는 독일어였기 때문에 모든 내용을 다 기억할 순 없었지만 그중 인상적인 이야기가 있었다. 독일의 시스템에 관한 이야기였다.

"독일은 많이 느려. 나도 가끔 불편함을 느껴. 속도가 느리긴 하지만 한 번 고치면 잘 고장 나지 않아." 물론 사용자가 얼마나 함부로 사용하느냐에 따라서 재수리 여부가 달라지긴 하겠지만, 그의 말은 사뭇 진지했다.

독일 생활이 정리돼 갈 무렵 나는 이 말의 뜻을 조금씩 이해하게 됐다. 불편하거나 불필요해 보이는 형식 및 절차도 있었지만, 이것들이 어느 정도 정리가 됐을 땐 정말 살기에 좋았다. 물론 1년을 더 살다 보면 미운 점들이 더 보이겠지만 말이다.

독일에서 살면서 가장 힘들었던 일을 묻는다면 정착한 후 3개월 동안이라고 대답하겠다. 이 기간에 벌어진 일들은 나에게 낯선 일이었기 때문이다. 바로 거주지 신고하기(Anmeldung), 은행 계좌 만들기, 인터넷 연결하기 등이었다. 이 굵직한 과업 3개를 중심으로 말초신경처럼 어려운 일들이 존재했다. 일단 은행 계좌를 만들고 인터넷이 집에 연결된 기간만 살펴보니 대략 3개월이라는 시간이 걸렸다. 이 시간은 정말 독일에서 날린 시간이라고 봐야 할 것 같다. 이 기간은 개인마다 차이가 있다. 더 줄어들 수도 더 늘어날 수도 있다.

제일 힘들었던 것, 은행 계좌·인터넷

정착 과정에서 겪은 독일의 시스템은 내가 경험한 빙산의 일각일 수도 있다. 하지만 어느 정도 느낄 수 있었다.

사실 독일에 정착하기 전에 이런 분위기를 대략 알고는 있었다. 만일 내가 3~5년 이상 거주를 계획했다면, 이런 과정들을 몸소 부딪쳐 봤을 것 같다. 직접 몸으로 부딪쳐 체험한 경험은 그 이후의 위기를 더 슬기롭게 극복하도록 도와줄 테니 말이다.

하지만 내게 주어진 시간은 단 1년이었다. 한 달이라도 시간을 아껴서 해야 할 일과 하고 싶은 일을 해야 했다. 그래서 고민할 것도 없이 유학원을 이용했다. 지금 생각해 보면 탁월한 선택이었다. 유학원의 도움을 받아서 빠르고 순조롭게 진행된 편이었음에도 중간에 정말 예상치 못한 변수들이 발생했기 때문이었다.

출국 후 진행될 과정은 이와 같았다. 독일 입국 후 1~2개월 이내에 숙소 입주, 등록해 놓은 어학원 수업 시작, 거주지 신고, 은행 계좌 개설, 보험과 슈페어콘토 신청, 인터넷 신청, 비자 신청 등을 진행할 예정이었다.

독일 도착 후, 은행 계좌·슈페어콘토·인터넷 신청 등이 완료되니 관련 메일이 오기 시작했다. 홈페이지에 들어가서 시키는 대로 작성하고, 꾸역꾸역 어려움을 헤쳐나갔다. 인터넷도 개통 전이라서 노트북을 사용할 수 없었기에, 작은 휴대폰으로 눈과 손가락을 희생해 가며 찾고 두드리고 실패하고 짜증내고 답답한 시간을 보냈다.

홈페이지나 게시 내용이 한국어면 그나마 수월했을 텐데 죄다 영어나 독일어였다. 질문 내용이 뭔 내용인지도 모르겠는, 열 받는 상황이 이어졌다. 일단 모르는 단어와 문장을 해석해 봐야겠다 싶어서, 구글 번역기를 타고 들어가 번역을 하고, 다시 홈페이지를 타고 들어와 필요 내용을 작성했다. 그런데 답변을 이렇게 써넣어도 되는 건지 안 되는 건지 또 모르겠는 상황이 이어졌다. 형식을 찾기 위해 다시 검색 엔진을 두드리고 여기저기에 문의를 해보는, 참으로 길고 지루한 시간이었다.

이러한 과정을 겪으면서 나는 느꼈다. 독일어를 못해서 자괴감을 느낀 것보다 더 큰 좌절감을 느꼈다. 약 10년을 일하면서 정말 일 이외엔 아는 게 아무것도 없는 고리타분한 인간이라는 것을 절절히 깨닫게 됐다. 센스도 없고, 현대문물과 기계에 대해선 아무것도 모르는 백지상태의 인간. 21세기 원시인. 도대체 뭐 하고 살았나 싶었다.

어쨌든 유학원이 명시해준 대로 위의 과정들을 진행해 나갈 무렵이었다.

하지만 터질 게 터졌다. 정말 일어나지 말아 달라고 간절히 기도했던 변수가 발생하기 시작했던 것이다. 하긴 평생 한국에 살면서 매일 가는 출근길에서도 전혀 예상치 못한 일이 발생하는데 독일에서 일어나지 말라는 법은 없었다. 그 문제란 다른 챕터에서 언급하기도 한 바퀴벌레 출몰 사건이었다. 당시 나는 방의 문제점을 보여주기 위해서 보이는 바퀴벌레들을 사진과 동영상 형태로 남겨뒀다. 정말 지금 생각해 봐도 비정상적인 수였다. 어쨌든 같은 아파트, 다른 층으로 이사를 하게 됐다. 방을 옮겼기 때문에 거주지 이전 신고(Ummeldung)를 다시 해야 했다. 신고 과정을 거치느라, 인터넷 신청도 자연스럽게 늦어졌다.

이 예상치 못한 변수들은 앞서 언급한 3개 과업이 진행되는데 방해 요소로 작동했다. 은행 계좌, 슈페어콘토, 그리고 인터넷 신청까지 3개월이나 걸린 이유다. 그렇게 소중한 독일의 삶이 허무하게 흘러가고 있었다.

개념 자체가 다른 여행과 거주

하나의 변수로 이렇게 일정이 느려지는 이유가 있었다. 초창기 기반을 닦는 과정이 유기적으로 연결돼 있다는 느낌을 받았다. 독일에서 나는 외국인이기 때문에 당연히 거주지를 신고해야 했다. 거주지 신고를 했는데, 이사를 해야 해서 거주지 이전 신고를 또 해야 했고, 그렇게 일정이 더뎌졌으며, 인터넷 신청도 늦어졌다. 또 은행 계좌를 신청한 후에 일종의 재정증명 방법 중 하나인 슈페어콘토(Sperrkonto)도 만들었는데, 슈페어콘토가 있어야 비자도 받을 수 있었다.

독일에서 사용했던 인터넷. 인터넷 신청, 신규 가입, 직원 확인 전화, 이메일로 중요정보 받기, 모뎀 기다리기, 기술자 만나기, 개통하기 등 상당히 복잡한 과정을 거쳤다.

더 중요한 건 이런 과정이 전화 한 통, 인터넷 클릭 한 번으로 끝나지 않는다는 점이었다. 한국에선 뭔가 다 빠르게 진행되지만, 독일에선 해당 과정들을 진행하기 위해 보통 '테어민'이라고 불리는 일정(Termin)을 잡아야 했다. 은행 갈 때, 비자 받으러 갈 때 그랬다.

여기에 우편 문제가 일정을 더 늘어지게 만들었다. 나의 경우 은행 계좌를 열기 위해서 4~5개 정도의 우편물을 받아야 했다. 우편물을 한 번에 보내주지도 않았다. 띄엄띄엄 보내줬다. 모든 우편물을 받는데, 대략 어느 정도 기간이 걸린다는 이야기를 듣긴 했다. 하지만 상황은 알 수 없었다. 우편물들을 못 기다리고 새롭게 계좌 신청을 하면, 처음부터 다시 우편물을 기다려야 한다고 해서 꾹 참고 하염없이 기다렸던 기억이 난다.

독일 은행에서 만든 카드. 계좌를 만들기 위해 다양한 우편물들을 차례로 기다려야 했다.

　나 같은 경우엔 이사해야 하는데 계좌를 열기 위한 우편물이 1개인가 2개 정도 오지 않았던 상황이었다. 애가 탔다.

　이외에도 좀 느리고 낯설게 느껴졌던 것은 병원 시스템이었다. 한국에선 감기 기운이 있으면 병원에 바로 들리는 게 가능했다. 정말 사람이 많이 몰리는 일부 병원 혹은 대학 병원을 제외하고 대부분 한국 모든 병원을 예약 없이 이용했다. 독일에선 '케이스 바이 케이스'겠지만 보통 병원을 갈 때 약속을 잡아야 한다고 들었다.

　한국에서도 1년에 한두 번은 꼭 감기몸살로 아팠던 터라, 걱정됐다. 독일에서 분명히 한두 번은 아플 것 같은데 어떡한담 싶었다. 예상대로 2019년 12월 된통 아팠다. 아직도 기억이 나는 게 그날 이른 오후 관리인 아저씨들이 창문을 점검하러 방에 왔다. 독일어로 대화를 나누는 아저씨를 멀뚱멀뚱 쳐다보며 '아 나도 저렇게 독일어 잘하고 싶다'고 생각하고 있었다. '나도 아저씨들이랑 유창하게 말하고 싶다'고도 생각했다. 어쨌든 그때까지만 해도 멀쩡했다.

그런데 늦은 오후부터 몸이 욱신거리기 시작했다. 겁이 나서 일찍 누웠지만, 열이 오르고 몸이 아팠다. 누가 방망이질한 것처럼. 수백 번 뒤척거리고 한숨 쉬고 이불을 걷어차고 낑낑거렸다. 물수건을 적셔서 이마를 식혔지만, 소용없었다. 새벽까지 잠을 못 자고 있었다. 남편을 걱정시키고 싶지 않았다. 절대 알리지 말아야지, 빨리 자야지 했지만, 아픈 몸은 나를 재우지 않았다. 결국, 남편에게 전화가 왔을 때, 나도 모르게 울음을 터뜨렸다. "너무 아파서 계속 잠을 못 자고 있어. 엉엉엉."

사실 이때 병원을 생각하기도 했다. 열이 펄펄 끓던 나는 병원 가는 법을 검색하고 있었다. 하지만 어느 병원에 가야 하는지도 몰랐고, 전화해서 뭐라고 말할지도 걱정이 됐다. 휴대폰을 들고 있을 기력도, 독일어를 집중해서 읽을 힘도 없었다. 그래서 약국을 검색했다. 먼 거리는 아니었지만 걸어갈 엄두가 안 났다. 서 있을 힘도 없었기 때문이다. 새벽과 아침의 어느 시점 즈음, 겨우 잠이 들었다.

둘째 날부터 몸이 호전되기 시작했다. 기분이 그렇게 좋을 수 없었다. 어학원 친구들에게 연락해 아팠다는 이야기를 대수롭지 않게 했다. 그랬더니 친구들이 놀라면서 말했다. "아프면서 왜 연락 안 했어! 네가 말해줬다면 우리가 집에 가서 음식도 만들어주고 그럴 수 있었잖아. 다음엔 꼭 말해줘!"

매일 재밌는 얘기만 하면서 함께 웃었던 친구들이라, 나는 오히려 얼떨떨했다. 친구들은 심각했다. 그리고 그들은 진심이었다. 독일에 사는 외국인으로서 아프고 두려울 때 누군가의 도움이 간절히 필요하다는 것을 그들은 이미 절감하고 있었다. 고마웠다.

친구들도 비슷한 경험이 있었다. 독일 정착 초창기엔 독일어와 영어에 자신이 없어서 병원에 전화 거는 것이 두려웠다고 했다. 그래서 약국을 이용했다고 했다. 하지만 독일 생활에 점점 적응하면서 병원 예약도 가능하게 됐다고 했다. 이어서 그 친구는 이렇게 말했다. "아직 전화로는 자신이 없어서 병원에 직접 가서 예약했어. 다음 주 수요일에 어학원 수업이 끝나고 병원에 가야 해. 그런데 아마 그 전에 나는 감기가 다 나을 것 같아. 하하." 우리는 웃었다.

나중에 알고 보니 독일에도 병원 시스템이 있었다. 친구에게 들어보니 내가 갈지 말지 고민했던 병원은 보통 응급 상황일 때 가는 병원(Krankenhaus)이었다고 한다. 사고가 났을 때, 수술해야 할 때, 출산할 때, 오랜 시간 치료해야 할 때 이용한다고 한다. 당시 나는 단순한 몸살감기였는데 여기 갔으면 더 난리 났을 것 같다. 그러면서 친구는 나중에 혹시 기침 혹은 감기 기운이 있으면, 내가 사는 동네에 있는 의사(Arzt)를 검색해 보고 가라고 했다.

독일의 시스템과 한국의 시스템 중간에 서서 생각해 보게 된다. 독일에선 분명 느리고 불편한 점이 많았다. 뭔가 예약하고 기다리고, 취소하고 기다리고 그랬다. 물론 언어 문제 때문에 더 더뎌지기도 했다.

그렇다고 해서 한국의 신속한 시스템이 좋다고 생각하진 않는다. 자랑으로 생각하지도 않는다. 지금 주문하면 바로 내일 받을 수 있다는 달콤한 광고에 빠져드는 사람이 늘어날수록 분명 그걸 이행해 주기 위해 희생되는 사람들도 늘어난다. 빠른 걸 추구하는 사회는 여가도 휴가도 용납하지 않기 때문이다.

독일 시스템 위에 서본 경험은 인간에게 가장 건전하고 건강한 사회적 시스템이 무엇인지 생각해 볼 기회를 제공했다. 만일 여행자로만 머물렀다면 절대 알 수 없었을 것이다. 그저 베를린을 낭만적인 도시라고만 생각했을 것이다. 산다는 것은 다르더라. 산다는 것은 어려움을 몸으로 꾸역꾸역 삭히고, 생존을 위한 터를 끊임없이 가꿔야 하는 일이었다. 심지어 둥지를 트려는 사회적 시스템이 내가 평생 살아온 시스템과 정반대의 것이라면 더 어려울 수밖에 없다.

독일 정착기인 3개월은 다신 돌아가고 싶지 않을 정도로 힘든 시기였지만, 가장 중요한 독일의 시스템을 경험할 수 있는 시기이기도 했다. 느린 시스템과 언어 장벽을 경험하며 무엇보다 절감한 게 있다. 한국에 돌아가면 한국어로 정말 못할 게 없겠구나, 하는 생각이었다. 다시 독일에 정착하게 된다면 다음엔 더 잘할 수 있겠지?

꼭 봐야 할 연말 최대 축제, 크리스마스 마켓과 실베스터

유럽에서 살아보는 것에 대한 기대감은 누구나 있다. 특히 그것이 독일 베를린이라면 더더욱 그럴 것이다. 나 역시 그랬다. TV에서만 볼 수 있던 예쁜 건물들, 푸른 하늘 아래 펼쳐진 자연, 호수 주변에서 물놀이 하는 사람들, 세계 최고 수준의 공연과 공연장들을 직접 가서 볼 수 있을 거란 생각이 있었다.

하지만 유명 관광지를 가는 것보다 더 놀라운 순간은 아주 사소한 일상에서 발생했다. 그중 하나가 바로 독일의 밤 문화였다. 유흥 문화를 말하는 것이 아니다. 일반 동네, 가정집, 그리고 이들을 감싸고 있는 거리의 문화를 말하는 것이다. 겨울, 베를린, 밤의 문화는 한국의 그것과 달랐다.

내 세포에 34년간 누적된 한국의 밤 문화는 이런 것들을 떠올리게 한다. 화려한 네온사인, 밤새도록 꺼질 줄 모르는 식당가 혹은 유흥가 불빛, 퇴근길 지하철에서 마주한 한강의 쓸쓸한 풍경, 고층 아파트들의 네모나고 각진 불빛들이 대부분이었다. 기억을 조금 더 헤집고 들어가 보니 국내 여행을 갔을 때 아름다운 밤바다 풍경도 건질 수 있었다. 여수와 강원도 밤바다, 그리고 영덕의 이름 모를 강가.

겨울이 되면 밤이 길어진다지만, 독일의 밤은 그보다 몇 배는 긴 느낌이었다. 10~11월 들어서면서부터 알 수 있다. 오후 4시 30분부터 해가 떨어지기 시작한다. 그리고 오후 6시만 되면 칠흑처럼 깜깜해진다. 자정은 된 것 같은 밤하늘. 기분이 진짜 이상했다.

이런 낯선 시차를 경험하면서 나는 억울한 생각이 들었다. 하루가 짧게 느껴지던 차에 밤마저 빨리 찾아오니 하루가 황급하게 종료되는 느낌이 들었다. 오후 4시만 넘어도 어둑어둑해지니까 오후 내에 업무를 빨리 마치고 집에 들어가야 할 것 같은 심리적인 압박도 들었다. 독일에 온 지 한 달밖에 안 됐기 때문에 깜깜한 곳을 돌아다니는 것에 대한 걱정도 좀 있었다.

이 기간에 나는 '베를린의 겨울은 진짜 별로'라고 생각했다. 하지만 하루 이틀 보낼수록 나는 그것이 잘못된 생각이라는 것을 깨닫게 됐다. 겨울에 베를린은 더 아름다워진다. 겨울이 다가올수록 베를린 시내는 더 환해지기 때문이다. 겨울에 베를린에 와야 하는 이유다. 누군가 내게 사계절 중 어느 계절에 다시 독일 여행을 가고 싶냐고 묻는다면, 나는 기꺼이 겨울이라고 대답하겠다.

독일 겨울이 아름다운 이유

나에게 가장 인상 깊었던 것은 동네 길거리였다. 좀 허무하게 들릴 수도 있다. 2019년 9월 4일 처음 독일에 도착해서 10월 중순까지 나도 그 생각을 못 했다. 파란 하늘과 어여쁜 건물들이 들어선 베를린의 낮 풍경은 매 순간 나를 감탄시켰지만, 밤 풍경엔 별 감흥이 없었다. 내가 "와! 독일은 오후 5

시 30분에 벌써 깜깜해?"라고 느낄 무렵 소소한 길거리가 정말 아름답다고 느꼈다.

나는 독일의 유명 성당, 베를린 장벽, 박물관, 공원 등을 오랜 시간 정성스럽게 관찰하는 것 못지않게 우리 동네 풍경도 넋 놓고 바라봤다. 단정한 독일식 건물이 열을 맞춰 도로 쪽으로 내달리고 있었다. 커다란 창문과 발코니에는 알록달록한 불빛들이 빛나고 있었다. 대부분 모든 가정이 자신의 취향과 개성에 맞게 창문을 꾸미고 장식품을 내걸어 놨다. 자신이 직접 그린 그림을 창문에 붙여 놓기도 했고 귀여운 LED 곰 인형이나 크리스마스 별을 세워두기도 했다. 멋진 빛의 향연. 각 가정이 만들어낸 빛의 조화는 비공식적이지만 완벽한 빛의 축제 같았다.

이런 분위기는 독일에 겨울이 상륙했다는 신호이며, 최대 축제인 크리스마스가 얼마 남지 않았다는 뜻이었다.

한국인인 나에게도 크리스마스는 중요한 행사다. 다만 어떤 특별한 의미보다 오랜만에 쉴 수 있다는 의미가 더 강했다. 머리가 굵어지면서 가족끼리 둘러앉아 음식을 만들어 먹보다 친구들과 더 많이 어울리기도 했다.

하지만 독일의 크리스마스 주간을 지켜보면서 이들이 생각하는 크리스마스는 더욱 의미가 깊다는 것을 알게 됐다. 독일에서 열리는 크리스마스 마켓의 규모와 이것을 즐기는 사람들의 태도를 보면 알 수 있다.

가장 대표적인 것은 드레스덴의 크리스마스 마켓이다. 이 마켓은 그 규모와 다양한 볼거리를 자랑한다. 내가 드레스덴을 다녀왔다고 하면, 크리스마스 마켓을 봤냐고 물어보는 친구도 있었다. 독일에서 친해진 독일인들 역

샤로텐부르크 성에서 열린 크리스마스 마켓의 모습

시 크리스마스 마켓 이야기를 꺼내면 꼭 드레스덴을 언급했다. 드레스덴 크
리스마스 마켓의 명성을 알 수 있는 부분이었다.

유감스럽게도 나는 드레스덴의 마켓은 가지 못했다. 대신 베를린에 있는
마켓을 방문해 독일 크리스마스의 분위기를 체감할 수 있었다. 12월 초에
다녀온 곳은 샤로텐부르크 성에서 열린 크리스마스 마켓이었다.

정말 별의별 게 다 있다. 군밤, 피자, 와인, 맥주, 크리스마스 장식품, 인
형, 꿀 등 음식부터 패션까지 장르를 넘나든다. 특히 크리스마스 장식품들
은 세계에서 제일 아기자기한 것들만 모아 놓은 것처럼 눈을 즐겁게 만들었
다. 동화 호두까기 인형에 나오는 병정들이나 러시아 마트료시카 등도 있었
다. 이렇게 거대하게 구성된 크리스마스 마켓 뒤로 아름다운 샤로텐부르크

성이 병풍처럼 놓여 있었다. 장관이었다.

마켓 내에서 겨울 털모자와 두꺼운 잠바를 껴입은 사람들은 한 손에 차가운 맥주를 꼭 쥐고 하얀 입김을 내뿜으며 대화를 나누고 있었다. 정말 독일인들의 맥주 사랑을 다시 한번 느낄 수 있는 광경이었다.

맥주를 먹는 사람들도 있었지만, 아무래도 겨울이다 보니 따뜻한 와인을 먹는 사람들도 많았다. 따뜻한 와인은 크리스마스 마켓에서 빠질 수 없는 대표 음료다. 와인 판매대 직원들은 2019년 크리스마스 마켓 로고가 새겨진 컵에 와인을 따라줬다. 정말 예쁜 빨간 유리컵이었다. 일회용 컵이 아니므로 와인 값을 계산할 땐 컵에 대한 보증 가격도 함께 붙었다. 보증 가격을 받지 않고 기념품으로 가져가는 사람들도 있다길래, 나는 컵을 챙겼다. 함께 간 친구는 컵 모양이 마음에 들지 않는다며 보증금을 돌려받았다.

집으로 돌아가는 길에 친구는 마켓을 둘러싸고 있는 커다란 직사각형 돌덩이를 보며 말했다. 아무래도 이 돌들은 2016년 베를린 크리스마스 마켓(브라이트샤이트 광장) 트럭 테러 사건 이후에 놓이기 시작한 것 같다고 말했다. 커다란 돌들은 정말 사람 이외에 차량이 통과하기 어려운 간격으로 놓여 있었다. 정말일까? 사실인지 아닌지 잘 모르겠다. 나는 돌을 만졌다. 지금은 잊고 있었지만, 생각해 보니 나 역시 베를린에서 발생한 테러에 대한 뉴스를 접한 적이 있었다. 어떻게 이 생기 넘치는 곳에서 그런 충격적인 일이 발생했는지 조용히 생각해 봤다. 내가 서 있는 샤로텐부르크 성과 브라이트샤이트 광장은 그렇게 멀지 않다. 한참 돌을 바라보다가 시끌벅적한 축제 현장을 뒤로하고 집으로 돌아왔다.

특별하고 악명높은 실베스터

그렇게 시간이 흘러 실베스터가 다가오고 있었다. 나는 독일에서 정말 특별하고 악명높은 실베스터를 보냈다. 독일의 실베스터를 한국과 마찬가지로 그저 '새해 전야제' 정도로만 생각했다.

하지만 12월 29~30일경 외국인 친구들과 한국인 친구들에게 실베스터에 관한 이야기를 들은 후 조금 무서운 생각이 들었다. 쓸데없이 걱정이 많은 나는 전야제에 혼자 집에 틀어박혀 있을까, 하는 생각도 했다.

12월부터 사람들은 새해를 기다리며 폭죽을 터뜨린다. 정말 많이 터뜨린다. 정확히 몇월 며칠부터 폭죽을 터뜨리는지는 알 수 없다. 하지만 나는 12

월부터 늦은 밤에 폭죽을 쾅쾅쾅 연달아 터뜨리는 소리를 종종 들었다. 자려고 누웠는데 저 멀리서 대포 소리가 들리는 것이었다. 당시엔 뭔지 몰랐는데 지금 생각해 보니 폭죽이었다.

12월 31일이 가까워질수록 폭죽 소리는 더 자주 들렸다. 12월 30일 알렉산더역 인근을 걷고 있었는데 엄청난 화력과 소리를 자랑하는 폭죽 소리에 놀라기도 했다. 이 시기엔 사람들이 폭죽을 많이 터뜨려서 깜짝 놀라는 사람이 많다는 이야기를 이미 알고 있음에도 나는 길거리를 걸어 다니면서 '엄마야!'하고 놀라곤 했다.

폭죽 문화의 '악명'을 12월 31일에 제대로 느끼게 됐다. 정말 이른 아침부터 사람들이 폭죽을 터뜨린다. 잠깐 터뜨렸다 멈추는 게 아니라 온 동네 방방곡곡에서 우후죽순으로 계속 터뜨린다. 정말 쉬지 않고 폭죽이 계속 올라오는 모습을 볼 수 있다. 소리도 제각각, 크기도 제각각, 불꽃 모양도 제각각이다.

나는 외국인이라 신선하고 새로움을 느낀다지만 일부 독일인은 괴로움을 호소하기도 했다. 한 독일인은 '실베스터는 아름다운 날이지만 무분별하게 폭죽을 터뜨리는 것은 마음에 안 든다'고 했다. 자신이 기르는 강아지는 실베스터 폭죽으로 순간순간을 괴로워해야 하며 그것은 자신도 마찬가지라는 것이었다. 자신의 어머니 역시 24시간 계속되는 폭죽 소리에 힘들어하신다고 했다. 누군가에게 새해를 앞둔 축하의 상징이지만, 어떤 누군가에겐 괴로운 소음으로 다가올 수도 있다. 나도 폭죽 소리를 처음 들었을 땐 1월 1일을 독일에서 맞이한다는 생각에 설레었다. 하지만 하루 종일 들으니까 확실히 귀가 아팠다. 그리고 책이든 공부든 집중하기 힘들었다. 정말 큰 폭죽 소리가 터졌을 땐 앞집 할머니가 '꺅'하고 놀라시기도 했다.

독일에 온 지 얼마 안 된 친구들은 조금 무섭다며 전야제를 조용히 집에서 보내겠다고 했다. 나 역시 분위기를 모르기 때문에 걱정이 됐다. 다른 친구는 큰 소리에 놀라는 성격이라면 그냥 나가지 말라고 당부하기도 했다. 어떤 친구는 너무 지나친 걱정이라며 자신은 가족과 함께 브란덴부르크 문으로 갈 거라고 했다.

내 생각도 후자였다. 단 한 번인 독일의 실베스터를 놓치고 싶지 않았다. 그렇게 겁 보따리를 한가득 안고 저녁 8시경 아파트 문밖을 나섰다. 밖으로 나오자 길거리에 연기가 육안으로 보일 정도였다. 폭죽 소리도 확실히 더 크게 들렸다. 이 동네 저 동네에서 폭죽 소리가 가까이 혹은 크게 들리기도 했다. 첫 느낌은 전쟁터 느낌이었다. 아파트를 빠져나오자 건너편 건물 앞에선 아이들과 부모들이 폭죽을 터뜨리고 있었다. 그 아래쪽에선 10대들이 폭죽을 터뜨리고 있었다. 그래도 그 모습을 보니 좀 마음이 놓이긴 했다.

나는 브란덴부르크 문으로 갔다. 이미 수백 미터 떨어진 곳부터 많은 사람이 불꽃을 보기 위해서 좋은 자리에 대기 중이었다. 폭죽은 계속 터졌다. 길거리에서 폭죽을 쏘는 시민도 많았다. 까만 하늘에 형형색색 폭죽이 쉴 틈 없이 수 놓였다. 아름다웠다. 사람들은 한껏 들떠 있었고 얼굴에는 웃음이 떠나지 않았다.

그리고 2019년의 마지막을 알리는 카운트다운이 시작됐다. 사람들은 약속이라도 한 듯 허공에 휴대폰을 댔다. 베를린 시내를 물들일 대형 폭죽을

12월 31일, 새해를 앞두고 불꽃을 보러 나온 사람들. 실베스터라고 불리는 이날은 하루종일 거리에서 폭죽 소리가 그치지 않는다.

찍기 위해서였다. 10, 9, 8, 7, 6, 5, 4, 3, 2, 1! "해피 뉴 이어!" 한해의 대미를 장식하는 거대한 폭죽이 터졌다. 목마를 탄 사람, 어깨동무 한 사람, 관광객, 연인들 등 모든 사람이 한마음으로 행복한 내년을 기원했다. 껴안고 기뻐했다. 군중 속에서 나는 홀로 서 있었다. 남편과 영상통화를 하고 싶었는데 인파가 많은지 터지지 않았다. 사랑하는 가족이 유독 생각나는 밤이었다. 아마 혼자 온 사람은 나뿐인 것 같았다. 쓸쓸한데 재밌었던 실베스터였다. 새해를 기념하며 함께 웃고 즐기는 이들의 모습은 그리운 추억으로 남아있다. 한국에서 실베스터를 맞이할 때마다 베를린의 폭죽 소리가 떠오를 것 같다.

독일에서 만난 연극

리처드 3세

리처드 3세와 공범이 된 이유

어렸을 때부터 삶과 죽음에 대해 심오하게 생각해보는 편이었다. 그래서였을까. 고등학교 시절부터 철학 과목을 좋아했다. 전혀 다른 것 같지만 사실 하나의 얼굴인 삶과 죽음을 구체적인 언어로 해석하고 이해할 때 해방감 같은 걸 느꼈다. '인생은 원래 그런 거야. 무서워하지 않아도 괜찮아'라고 말이다.

친구들이 재밌는 선생님들을 따를 때, 나는 진지한 윤리 선생님을 좋아했다. 그리고 한 번은 편지를 썼다. "선생님, 저는 선생님 수업이 정말 좋아요. 그리고 동양 철학보다 서양 철학이 재밌는 것 같아요." 그날은 빼빼로데이라서 빼빼로도 함께 드렸다. 10대 제자의 행동에 놀라신 건지, 선생님 역시 작은 쪽지와 함께 '장자' 책을 선물해 주셨다. 선생님은 나의 편지가 정말 큰 힘이 되었다면서 동양 철학에도 관심을 한번 가져보라고 하셨다. 그 쪽지와 책은 약 18년이 흐른 지금도 서재에 소중히 보관 중이다.

앞으로 어떻게 살고 죽어야 할지에 대한 두려움은 10대보다 줄었다. 하지만 여전히 삶과 죽음은 내게 무섭고 어려운 주제다. 한 번 사는 인생, 멋지게 한판 잘 놀다 가고 싶은데 어떻게 사는 것이 잘사는 것일까. 어떻게 죽음을 맞이해야 좋은 걸까. 임종 순간 어떤 말을 하게 될지, 관에 들어가기 전까지 무엇을 할지, 어디에 묻히거나 뿌려지고 싶은지, 나는 종종 고민했다.

생각해봤다. 나는 왜 이렇게 사는 것, 죽는 것을 무서워했을까.

이유는 명확했다. 육체적인 결핍 때문이다. 모든 인간은 태어나면서 신체의 결핍을 갖고 태어난다. 모든 몸은 세월에 부서지고 병든다. 예외가 없다. 하루가 지날수록 약해진다. 이 순리는 한 명도 빠짐없이 모두에게 적용된다. 심지어 지상의 모든 동·식물에게도 마찬가지다. 자연의 섭리다.

여기까진 괜찮다. 문제는 콤플렉스다. 많은 사람은 매우 사적이고 은밀하며 특수한 정신적·신체적 콤플렉스를 가지고 있다. 이 콤플렉스의 범주는 프리즘처럼 다양하다. 누군가에게 가벼워 보이는 콤플렉스도 있고 누가 봐도 가볍지 않은 콤플렉스도 있다. 의학적으로 해결이 가능한 것도 불가능한 것도 있다. 또한, 의학적으로 해결된 줄 알았는데 상흔처럼 남은 콤플렉스도 있다. 일상생활에 지장이 갈 정도의 콤플렉스도 있다. 제2의 습관이 돼버린 콤플렉스도 있다.

리처드는 왜 나를 흔들었나?

나이가 들수록 콤플렉스는 더 단단해질 수도 있고, 삶의 지혜를 흡수하면서 약해질 수도 있다. 다만 세월이 흐를수록 극복되지 못하고 위로받지 못한 콤플렉스는 괴물이 되기도 한다. 그리고 그 괴물은 다그친다. 부재, 불만족, 부족함을 계속 채우라고 말이다. 채우라고, 죽고 싶지 않으면 멈추지 말라고 말한다. 그 결핍들이 나를 밀어붙였다. 괴물과 싸우기 위해 때론 괴물이 되어야 했다. 아래가 보이지 않는 거대한 구멍을 채우듯 무언가를 해야 했다. 콤플렉스를 극복하기 위해서 망가져도 좋다고 생각했다. '몸이 찢어져도 좋아, 죽어도 괜찮아, 잃어도 좋아, 다쳐도 괜찮아, 혼자여도 상관없어'라고 되뇌었다.

사실 그 말을 뒤집어 보면 "난 살고 싶어. 죽고 싶지 않아."라는 뜻이었다. 누군가가 나를 계속 지켜줬으면 좋겠다는, 내 곁에 항상 머물러줬으면 좋겠다는 실현 불가능한 바람이었다. 그래서 살기 위해선 무기를 만들어야 했다. 그것도 아주 뾰족하고 날이 서 있어야 했다. 모두가 나를 떠났을 때, 아무도 나를 지켜주지 않을 때, 예상하지 못한 위급상황이 발생했을 때, 사랑하는 가족을 지켜야 할 때, 나와 나의 사람들을 지키려면 그럴 수밖에 없었다. 그렇게 콤플렉스에 쫓기고 콤플렉스를 장악하는 날들이 이어졌다.

그러다가 비슷한 사람을 만난 것 같았다. 바로 리처드 3세였다. 그의 등은 산처럼 솟은 채 굽어 있었고 다리를 절고 있었다. 그는 왕이 되기 위해서 사랑하는 조카들을 죽음으로 몰아넣었다. 한국에 수양대군이 있다면, 영국에는 그가 있었다.

내가 만난 리처드 3세는 셰익스피어가 창조한 캐릭터 중 하나였다. 그를 만난 것은 독일 토마스 오스터마이어 연출가가 연출한 연극 '리처드 3세'를 통해서였다. 이 무대는 2015년 베를린에서 초연된 이후 2018년 한국 LG아트센터에서도 상연됐다. '리처드 3세'에 대한 한국 관객의 반응은 정말 뜨거웠다.

토마스 오스터마이어의 리처드 3세는 '아주 거침없는 달변의 광대'였다. 왕좌를 위해 그는 능숙하게 주변 인물들을 잠식해 나간다. 능청스럽게 사랑 고백을 하기도 하고, 음모를 꾸미기 위해 주변 사람들을 끌어들이기도 내치기도 한다. 속임수와 이간질도 서슴지 않는다. 그리고 위기에 처할 때마다 살인과 피로 상황을 타파해 나간다. 조카들도 죽게 만든다. 위기에 내몰렸을 때도 당황한 기색 없이 상황을 가지고 노는 광대의 모습을 보여준다.

심지어 이 광대는 객석에 앉아 있는 관객들과 소통을 하는 점에서도 거침 없었다. 자신의 검은 속내를 거리낌 없이 관객에게 까발리고, 동조와 호응을 능청스럽게 촉구했다. 관객마저 쥐락펴락하는 매력적인 광대였다.

이와 관련해 오스터마이어는 2018년 LG아트센터에서 열린 기자간담회를 통해서 이처럼 말했다. "많은 사람이 리처드 3세를 악인이고 독재자라고 말하는데, 저는 리처드 3세가 가지고 있는 엔터테이너적인 면모를 돋보이도록 집중했습니다. 관객들이 리처드 3세를 좋아하도록, 리처드 3세에게 유혹당하도록, 그리고 그의 악마적인 면을 관객들이 스스로에게서 발견할수 있다는 점에 놀라도록 만들었습니다. 리처드 3세를 굳이 악인, 사악한 독재자라고 치부하기보다는 관객을 유혹할 수 있는 광대, 엔터테이너로서의 새로운 모습을 발견할 수 있는 인물로 만들기 위해 노력했습니다."

리처드 3세는 자신이 속하지 못할 세계에 대한 신뢰가 전혀 없었다. 그는 그 세계에 속하지 못할 바에야 아예 없애기로 작정한 듯 보였다. 혹은 그 세계를 지배하는 쪽을 택한 것 같기도 했다. 속할 수 없는 세상과 타협하는 대신, 자신의 견고한 세상을 지키기로 마음먹은 것이었다.

결국, 그는 비뚤어진 신념을 갈고 닦는다. 자신을 지켜 줄 수 있는 존재는 오로지 자신뿐이며, 자신을 지켜줄 수 있는 무기는 왕권뿐이라고 생각하는 것 같았다. 지독한 콤플렉스로부터 그를 해방시켜줄 수 있는 것은 권력뿐이었다. 촉망받는 시선을 느낄 수 있는 것은 권좌뿐이었다.

그래서 그는 반드시 왕이 되어야 했다. 그는 왕이 되는 것에 방해가 되는 것은 모조리 죽여 버렸다. 크게 고민할 것도 없었다. 절친한 관계부터 사랑하는 사람까지 도구화시키며, 사랑하는 이들의 피를 몸에 적셨다.

그는 자신의 야망을 철회하지 않았다. 야망을 철회하는 일은 곧 자신의 위치가 위협당하게 됨을 의미하기 때문이었다. 왕권을 포기하는 것은 그에게 곧 죽음을 의미하는 것과 같았다. 그가 자신의 세계를 더 고집스럽게 건설해 나가는 이유였다.

가족과 주변 사람을 살해한 남자의 최후

리처드 3세는 몰입감이 굉장히 높았다. 이 세상에 존재하는 모든 악행이 거의 다 등장했기 때문이었다. 그것을 지켜보는 일은 마음의 콤플렉스가 악행으로 이어지는 과정을 이해해 보는 일이었다. 그 선상에서 만나는 최선과 최악의 지점들은 분명 인간이라면 공감할 수밖에 없는 것들이었다. 선과 악이 우리 안에 있을 수 있다는 깨달음이었다. 이 연극은 최악과 최선의 선택을 할 수밖에 없는 인간의 내면을 여행하도록 만들어줬다. 관객들이 리처드 3세를 미워할 수 없는, 사랑할 수밖에 없는 이유였다.

리처드 3세를 지켜보면서 많이 울었다. 연극을 보면서 눈물을 흘리게 되

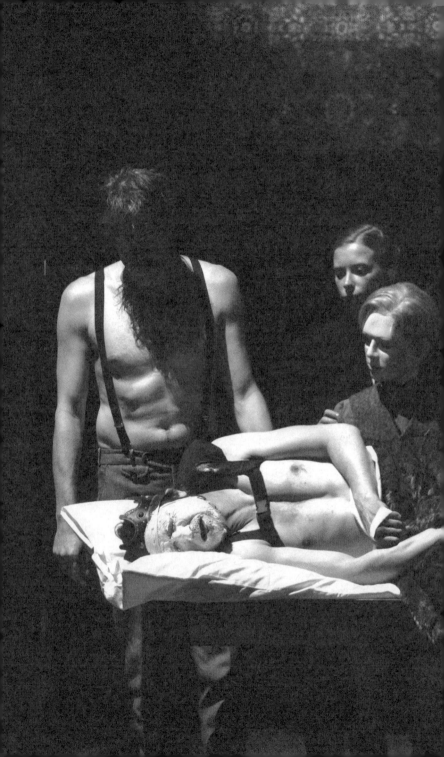

연극 '리처드 3세'의 한 장면 ⓒLG아트센터

는 이유는 분명하다. 주인공을 통해 나를 봤을 때다. 잊고 있던 나, 돌아보지 못했던 나를 돌아볼 수 있게 된 진귀한 경험이었다.

특히, 콤플렉스에서 잉태된 비뚤어진 생각이 마음마저 일그러지게 만드는 과정은 인상 깊었다. 왕권을 위해 주위 사람을 죽음으로 몰아넣었지만, 그것은 결국 자신을 파괴하는 과정이었다. 자신만의 세계를 지키기 위해 행했던 모든 악행의 결말은 처참했다. 오스터마이어는 자신에게만 일방적으로 충성했던 한 광대의 내면세계를 보여줬다. 무수히 많은 거짓말과 죽음의 행렬 이후, 조카들마저 죽음에 몰아넣은 리처드 3세의 세계는 부흥이 아닌 초라한 형상을 보였다. 이와 관련해 그의 세계가 이미 무너졌음을 보여주는 상징적인 부분이 많았다. 그중 가장 인상적인 장면은 리처드 3세가 새하얀 생크림을 얼굴에 덕지덕지 바르는 장면이었다. 비린내 나는 검은 역사와 추악하게 더럽혀진 얼굴을 어떻게 해서든 감춰보려는 시도였을까. 꾸덕꾸덕한 크림을 얼굴에 바른 후 은쟁반에 자신의 얼굴을 비춰보는 리처드 3세의 모습은 볼품없고 서글퍼 보였다. 약동하는 영혼이 결여된 앙상한 인간, 결국 아무것도 가진 게 없는 비루한 인간의 모습이 은쟁반에 모습을 드러냈다.

마지막 장면도 마찬가지다. 결국, 그는 죽음을 택한다. 하지만 그가 선택한 최후의 모습은 온전치 않다. 비뚤어지고 일그러진 그의 역사처럼, 그의 마지막 모습 역시 낯설고 어색해 보인다. 기괴해 보이기도 하는 그의 최후는 아이러니하게도 허망함과 쓸쓸함을 불러일으켰다.

이 장면을 보면서 '꼴 좋다'라는 생각보다 서글픈 생각이 들었던 이유는, 악행이 보여준 결말 때문이었다. 저렇게 해서 남는 것은 무엇인가, 살아남기 위해서 선택할 수 있는 최선은 무엇인지 생각해보게 된다. 최선과 최악에 대해서 탐험해 볼 수 있는 작품이었다.

2018년 한국에서 '리처드 3세'가 관객을 만났을 당시, 비슷한 시기에 국립극단 명동예술극장에서도 '리차드 3세'가 상연됐다. 같은 원작이지만, 제목이 미세하게 다르게 번역됐다. 어쨌든 명동예술극장에 오른 작품은 프랑스 연출가 장 랑베르-빌드와 스위스 연출가 로랑조 말라게라가 공동연출을 맡은 작품이었다.

두 작품은 배우, 상징, 무대 등 모든 것이 달랐지만 비슷한 지점도 존재했다. 바로 리처드 3세의 내면을 담은 풍경이 그랬다.

장 랑베르-빌드와 로랑조 말라게라의 '리차드 3세'는 그의 내면을 무대장치로 풀어냈다. 그만큼 무대장치는 심혈을 기울여 만들어졌다. 전체적인 디자인부터 속을 채우는 구성물까지 엄청났다. 무대 위 각양각색의 커튼이 열릴 때마다 장난감 혹은 마술 상자 속 내용물이 등장해 광대 같은 한 남자의 내면을 설명했다. 장난스럽고 요란스러우며 시끌벅적해 보이지만 아무 의미도 없는 공허의 세계를 만날 수 있었다.

두 작품은 삶과 죽음 사이에 숙명적으로 놓인 인간에게 당신은 진짜 어떤 인간인지 질문을 던진다. 콤플렉스를 안은 채 죽음을 떠받드는 일은 여전히 무섭다. 하지만 리처드 3세는 부유하던 고민을 잠시나마 잊고 현실 속에서 한바탕 웃고 울게 만들어줬다. 어쩌면 그런 것이 인생일지도 모르겠다.

리처드 3세(1452~1485)는 영국 요크 왕조의 마지막 왕이었던 실존 인물이다. 앞으로 여기에 어떤 상상력이 입혀질지 기대된다.

2부
독일 적응기

베를린에 점점 적응해 가면서
느낄 수 있었던
독일의 한 단면을 이야기해 봤다.
통일을 이룬 베를린의 분위기와
중고품을 이용하는 사람들의 모습을
만나볼 수 있다.
또한, 세계 3대 영화제 중 하나인
베를린국제영화제 방문기와
독일에서 만난
한국 영화에 관한 이야기도 풀어냈다.

독일에서 정말 많이 들은 질문들

독일에서 정말 많이 들은 질문이 있다. 외국인이라서 필수적으로 들은 질문이 "너 어느 나라에서 왔어?"였다. 나 역시 독일에서 만난 외국인에게 이 질문을 정말 많이 했다.

하지만 내가 한국인이라고 대답할 경우, 상대방 쪽에서 추가로 질문을 던지는 일이 많았다. 바로 "남한? 아니면 북한?"이라는 질문이었다. 이 질문은 특수한 한국의 상황을 보여주는 상징적인 물음이었다.

그래서 언제부터인가 나는 한국에서 왔다고 답하지 않고 남한에서 왔다고 답하게 됐다. "나는 한국에서 왔어."가 아니고 "나는 남한에서 왔어."라고 말하기 시작한 것이었다. 이 대답이 나의 출신을 더 간단하고 깔끔하게 설명해줄 수 있었다.

그뿐만 아니라 나에게 먼저 한국인이냐고 묻는 사람도 있었고, 남한사람이냐고 묻는 사람도 있었다.

한번은 음료를 마시면서 포켓볼도 칠 수 있는 카페에 갔었는데, 사장님이 내게 "너 한국에서 왔어?"라고 물었다. 내가 "한국인인지 어떻게 알았어?"라고 묻자, 사장님은 내 얼굴을 가리켰다. 이미지나 스타일 때문에 알아차렸다는 의미인지, 어떤 의미인시 모른 채 그냥 그러려니 하고 주문한 차를 받아왔다.

또 한번은 길거리 가판대에 물건을 사러 갔는데, 그 사장님네 놀러 온 것처럼 보이는 한 아저씨가 "한국에서 왔냐, 남한사람이냐."라고 묻기도 했다.

한국에 있을 때 나는 그냥 나였다. 부모님의 딸이자, 한 남자의 아내이자, 친구들의 친구였다. 또 한국 공연에 대해서 글을 쓰는 사람이기도 했다. 이런 것들이 나를 수식해주는 범주들이었다.

하지만 독일에서 출신 국가에 대한 질문을 들을 때마다 내가 발 딛고 살았던 모국에 대해서 생각해 보게 됐다. 그것은 누군가의 딸, 아내, 친구를 넘어선 범주들이었다. 나는 분단국가라는 특수한 곳에 사는 남한 사람, 아시아 대륙 동쪽 끝 한반도에 사는 아시아인, 민주공화국에 사는 여성, 서울에 일터를 두고 있는 한국인이었다.

남·북 이야기에 놀라는 외국인들

사실 독일에 살면서 국가, 인종, 문화의 경계가 흐려졌던 터였다. 그러니까 이런 것들을 따지고 구분하는 것보단, 열려있는 자세를 취하게 됐다. 모든 인종과 문화는 특별하고 멋지며 존재 가치가 있다는 문화 다양성에 젖어 있던 시기였다. 'We are the World' 정신이랄까.

하지만 그 속에서도 여전히 한국인·남한 사람이라는 수식어는 나를 쫓아다녔다. 나의 의지든 타인의 의지든 말이다.

분단 시절 동서 베를린의 경계였던 브란덴부르크 문. 과거엔 분단의 상징이었지만 현재는 통일의 상징이 됐다.

한국에서 살면서 한국인이라는 것은 어떤 의미인지, 남한은 어떤 나라인지, 북한은 우리에게 어떤 존재인지 깊게 고민해 보지 않았다.

마찬가지로 이웃 나라인 중국과 일본, 역사적으로 관계가 있는 러시아와 미국에 대해서도 큰 생각이 없었다. 특히 급변하는 남북·북미 관계는 뉴스로 소모될 뿐이었다.

그렇게 어학원을 다닌 지 한 달 정도 지났을 무렵, 외국인 친구들을 사귀게 됐다. 수업 시간 때 내가 한국에서 왔다고 자기소개를 하자 쉬는 시간에 친구들은 내게 남한 사람인지 북한 사람인지 물어봤다. 러시아에서 온 친구는 "남편에게 네 이야기를 했더니 남편이 궁금해했어. 네가 남한에서 왔는지, 북한에서 왔는지."라고 말했다. 브라질에서 온 친구 역시 자기 남편도 똑같이 궁금해했다면서 맞장구쳤다.

다른 친구들 역시 우리나라 상황에 큰 관심을 보였다. 남북 이야기는 흥미를 안 가질 것 같아서 나는 화제를 돌리려 했지만, 친구들은 대화를 계속 이어나갔다. 분단국가에서 온 한국인을 보고 있는 게 그들 눈에도 신선했나 보다.

나는 분단의 역사를 설명해 줄 수 있는 선에서 설명해 줬다. 2차 세계대전 종결, 일본의 항복과 한국의 해방, 미·소 양군 분할 진주, 같은 민족끼리 전쟁, 유엔군의 반격과 중국의 개입, 휴전선. 그 이후 분단이 되면서 지금까지 같은 민족이 만나지 못하고 있다고 했다.

친구들은 충격을 받았고 질문을 쏟아냈다. "남한 사람과 북한 사람이 전쟁을 했다고? 왜 같은 민족끼리 전쟁을 해?", "남한 사람은 북한에 자유롭게 못 간다고? 도대체 왜?", "지금까지 남·북한 사람들이 가족을 못 만나고 있는 거야?", "그러면 북한에 갈 수 있는 사람은 누구야?", "우리는 외국 사람이니까 북한에 갈 수 있어?" 등의 질문이었다.

특히 한국 국적을 가진 사람이 북한에 가려면 통일부의 허가가 필요하다는 나의 대답에 친구들은 정말 놀랐다. 특수 상황이 아닌 이상, 국경을 접한 나라들은 원활하게 교류하고 여행도 다닐 수 있는데 같은 민족끼리 쉽게 만날 수 없다는 게 그들 관념에선 충격적이었나 보다.

그러다 친구 한 명이 번뜩이는 아이디어가 있다며, 희망의 불을 눈에 담은 채 내게 말했다. "세운! 독일에서 북한 친구를 사귀면 되잖아! 그래! 그러면 되겠다!" 나는 짧은 감탄사와 함께 웃음을 내뱉었다. 독일이라고 해서 북한 사람을 이웃처럼 만날 수 없기 때문이었다.

일단 한국인이 북한 주민을 만나게 될 경우, 사전신고를 해야 한다. 사후 신고를 하게 되는 경우도 있다. 가령 외국에서 북한 사람을 우연히 만나게 됐을 경우가 그렇다. 어떤 방식으로든 의사 교환이 됐다면, 접촉한 것으로 보기 때문에 신고서를 제출해야 한다. 관련 내용들은 통일부 남북교류협력 시스템 '북한주민접촉' 부문에서 자세히 확인해 볼 수 있다. 북한주민접촉 신고 면제 대상, 북한주민접촉 사후신고 대상 등의 내용 확인은 물론이고 사전·사후 신고서도 쓸 수 있다.

외국인들도 잘 알고 있는 김정은 국무위원장

베를린에서 또 많이 들었던 질문은 북한에 대한 것이었다. 베를린엔 정말 다양한 국적의 외국인이 모여 살기 때문에 다양한 친구들을 만날 수 있었는데, 몇몇 친구들은 북한에 대해서 조금 알고 있었다. 또 어떤 친구들은 북한에 대해서 알고 싶어 했다.

남·북한에 관해 이야기하다가 이들은 나를 놀라게 만들었다. 이들은 북한 국무위원장의 이름을 정확하게 알고 있었다. 한국어를 모르는데도 "김, 정, 은."이라고 또박또박 말했다. 캐나다, 영국, 인도, 이란, 슬로베니아, 이스라엘 등 많은 친구가 그랬다. 얘네들이 갑자기 김정은 국무위원장 이름을 말해서 놀랐던 기억이 난다.

그래서 나는 남한 대통령 이름도 아느냐고 물어봤다. 이들은 잘 모른다고 했다. 혹여 알더라도 '대통령 문', '대통령 박' 정도로만 알고 있었다. 물론 박근혜 전 대통령과 촛불 시위에 대해 아는 독일인 친구도 있긴 했지만 그런 경우는 극소수에 불과했다.

보통 그들이 생각하는 북한은 긍정적이지 않았다. 혹은 아예 몰랐다. 화합과 평화를 이룰 수 있는 담론보다는 북한을 어떤 특정한 이미지로 상징화시키는 것도 불편했다. 분단 전후로 쌓아온 어떤 관계와 맥락을 한 단어로 요약할 수 있는 것은 아니기 때문이었다.

조금 우려됐던 점은 이들이 알고 있는 정보가 특정 매체, 확인된 정보인지 아닌지 불투명한 유튜브 영상, 단순한 서술 등에 기대고 있다는 점이었다. 조금 답답했다.

그래서 어느 날 슬로베니아 친구와 이야기하다가 "네가 북한에 대해서 잘 알고 싶으면, 직접 가서 보고 느껴봐. 넌 갈 수 있잖아. 직접 가봐."라고 말했다. 언어로 설명은 안 되고 마음은 답답해서 한 말이었다. 그 친구는 "나보고 직접 북한에 가보라고?"라고 말하더니 한참을 웃었다.

남·북·미 관계가 롤러코스터를 타듯 변동해 왔지만, 2018~2019년엔 남북정상회담과 북미정상회담이 열리며 전 세계의 주목을 받았다. 특히 북한과 남한이 함께 마련한 문화 예술 화합의 장은 유례없는 역사의 현장을 쓰기도 했다.

하지만 도널드 트럼프에서 조 바이든으로 미국 대통령이 교체되면서, 북미 관계의 방향이 추후 어떤 모양새를 갖추게 될지 예상하기 어려워졌다. 게다가 2022년엔 한국에서 대통령 선거도 있다. 불투명은 더 가중됐다. 희뿌연 시간이 지속될수록, 평화와 화합에 대한 담론이 멀어질수록 외국 친구

독일 베를린의 전자제품 판매점 자툰. 에스컬레이터와 천장이 삼성 광고로 가득하다.

들 속에 존재하는 물음표 역시 오래 남아있을 것이다.

　분단국가 이외에 자주 들었던 이야기는 한국 기업 삼성에 대한 것이었다. 사실 외국인 친구들에게 삼성 이야기를 자주 들을 것이라고 생각을 못 했다. 하지만 독일에 오니 많은 친구들이 내게 휴대폰을 보여주며 "나 휴대폰 삼성이다. 삼성이 한국 기업이지?"라고 말하기도 했다. 어떤 모임을 가든 삼성 휴대폰을 쓰는 친구들은 내게 삼성에 관한 이야기를 했다.

　또한, 베를린의 전자제품 판매점 자툰(Saturn)에서 삼성전자 코너가 나오면 친구는 내게 "여기 삼성도 있어!"라고 반응하기도 했다. 자툰에서 큼직한 삼성 광고를 정말 자주 본 것 같다. '광고를 엄청나게 하는구나!' 하고 생각했던 기억이 난다.

어학원에선 이런 일도 있었다. 한 친구가 충전기를 찾자 다른 친구가 내 이름 대신 "헤이, 삼성, 혹시 충전기 있니?"라고 묻기도 했다. 재밌었던 것은 그 친구가 나를 삼성이라고 불렀을 때 내가 반응하고 쳐다봤다는 점이었다. 더 웃겼던 건 다른 친구들도 나를 쳐다봤다는 점이었다.

친구들에게 분단국가와 삼성에 대한 질문을 듣는 시간은, 나를 어떤 경계에 서게 만들었다. 현대화를 이룬 한국과 민족 반쪽을 잃은 남한에 서 있는 모습이었다. 경계에 서 있다 보니 한국의 위치와 그 아래에서 타들어 가는 잿빛 존엄이 외려 더 잘 보였다. 고도의 성장을 이룬 표면 뒤에서 피로 물들인 역사를 다시 한번 생각해 보게 됐다. 통일의 과제가 평화 담론으로 이어지지 않고 정치적 다툼의 소재로 역이용되는 분위기도 곱씹어보게 됐다.

독일 친구에게 통일 전 동독과 서독에 대해 종종 물어봤었다. 그 친구는 분단 당시 동전이나 말투에 관해서 이야기해줬다. 모든 부분을 이해할 순 없어도 분단과 통일에 대해 자유롭고 진지하게 이야기 나누는 게 좋았다. 전문가나 교수가 아니라, 아주 보편의 사람들도 분단과 통일에 관해서 이야기하는 모습이 참 인상 깊었다.

특히 통일 전 독일과 한국은 비슷한 점이 있었다고 설명해주는 부분은 마음을 찡하게 만들었다. 독일은 통일했는데, 왜 우리는 못 하는 걸까. 자꾸 그런 생각이 들었다. 독일의 분단과 통일의 역사가 더 궁금해졌다. 그 과정을 추적하다 보면, 어떤 방책이 있지 않을까 싶다. 한국에 돌아가자마자 더 공부해 봐야겠다는 생각이 든다.

시내에서 쉽게 발견할 수 있는 베를린 장벽 앞에 섰다. 멀쩡한 부분도 있지만, 흉측하게 철골이 드러나고 구멍이 뻥뻥 뚫린 부분도 많았다. 부서진 틈새를 바라보며 상상해봤다. 민족을 나눴던 음울의 시대를 보낸 사람들의 얼굴을 말이다. 그 얼굴은 한국의 얼굴과 닮아 있었다.

분단 시절에도 이 거리는 아름다웠을까. 베를린의 거리는 마냥 눈부시기만 하다. 이제 분단은 과거 이야기라는 듯 말이다. 여기는 자유의 도시라고 말해주는 것 같다. 독일인에게 분단은 과거 이야기지만, 우리에겐 현재 이야기다. 그렇지만 우리는 긴 분단의 시간 만큼 북한을 잊었다. 그리고 그들에 대해서 더는 말하지 않는다. 대화는 닫히고 있고, 이산가족의 연결고리는 점점 줄어들고 있다. 슬프게도 그 단절 속에서 통한의 역사는 계속 이어지고 있다.

외국 친구들이 어디 출신이냐고 물을 때, 남한이 아닌 한국이라고 답하는 날이 올까.

한국엔 없고 독일엔 있는 것

2018년 5월 일산 호수공원 인근에서 꽃구경을 마친 후 집으로 돌아가는 길에 시어머니가 내게 물으셨다. 북한과 가까운 파주에 대해서 이야기를 하고 있었나. 어떻게 하다가 그 주제가 나왔는지 기억이 잘 안 난다. 하지만 분명하게 떠오르는 질문은 "어떻게 될 것 같니, 통일이 될 것 같으니?"라는 물음이셨다.

나는 통일이 돼야 한다는 입장이다. 하지만 실현 가능성에 대해선 비관적이다. 통일할 필요 없다, 통일은 될 수 없다, 통일이 되면 안 된다 등 부정적인 의견이 내세우는 모든 근거에도 불구하고 통일은 반드시 되어야 한다. 이유는 단순하다. 우리는 한민족이기 때문이다.

하지만 비관적이라고 생각하는 이유는, 분단 시간이 너무 많이 흘렀기 때문이다. 시간이 흐를수록 북한과 남한 사이에 존재하는 혈연, 친구 관계가 소멸되고 있다. 지금은 그 수가 더 많이 줄었다. 젊은 세대는 북한과의 연결 고리를 더 찾기 어려워졌다. 분단과 통일이 실제 나의 생활에 큰 영향을 주는 것 같지도 않다. 통일에 대해서 말할 이유가 없고 필요성에 대해서도 절감하지 않게 되는 이유다.

떠올려 보면 그렇다. 업무 할 때를 제외하고 친구, 지인, 가족 등과 통일에 대해서 이야기해본 적이 없다. 아주 가까운 친구하고도 이야기하지 않는다. 통일과 젊은 세대의 거리감을 보여주는 지점이다. 나 역시 거리감을 줄여야 한다고 머리론 주장하면서, 통일의 불가능성에 어느 정도 동조하고 있었다.

브란덴부르크 문에서 느낀 낯설고 반가웠던 경험

그랬던 나는 1년 뒤 독일의 분단과 통일을 상징하는 브란덴부르크 문 아래에 서게 됐다. 브란덴부르크 문이 분단과 통일을 상징하는 이유는, 분단 시절 동·서 베를린을 나누는 경계였기 때문이다. 통일 후에 이 문은 독일의 상징, 통일의 상징이 됐다. 지금은 당연히 완전히 뚫려 있다.

예전엔 이곳이 같은 국가를 나누는 경계였다니 기분이 이상했다. 아무렇지 않게 사람들은 문 사이를 통과했다. 시민들의 표정은 밝았고 청소년들은 들떠 있었다. 아이들은 깔깔 웃으며 뛰어다녔다. 수많은 여행객이 브란덴부르크 문 앞에서 기념사진을 찍었다. 분단의 아픔을 품은 채 브란덴부르크 문은 평화와 통일의 기운을 열렬히 뽐내고 있었다.

당시 이 문은 형형색색의 빛을 휘장처럼 입고 있었다. 이 문에서 아름다운 빛이 쏟아졌던 이유가 있었다. 베를린 빛의 축제가 열리고 있었기 때문이다. 베를린 빛의 축제는 매해 진행되는 현지 유명 예술행사 중 하나다. 내가 있었던 2019년 10월에도 열렸다. 어둠이 쏟아지는 저녁이 되면 베를린 일대 주요 건물 외벽에 앙증맞은 이미지, 감각적인 문양, 예술작품이 수 놓인다.

브란덴부르크 문 역 일대와 포츠담 광장 역 인근 고층 건물에도 멋진 예술작품이 출력됐다. 단연 으뜸은 브란덴부르크 문이었다. 문 위에 다양한 이미지들이 드러났는데 가장 기억에 남는 것은 각국의 언어로 쓴 '자유'라는 단어였다. 프랑스어, 중국어, 스페인어, 영어, 폴란드어, 러시아어 등 이외에도 많았다. 그리고 수많은 외국어 속에서 단박에 시선을 사로잡은 언어가 있었다. 바로 한국어였다. 매일 쓰는 모국어, 가장 자신 있는 언어, 익숙해서 새로울 것도 없었던 이 언어가 이렇게 반가울 수가 없었다.

브란덴부르크 문 위에 새겨진 한국어는 수많은 외국어 중의 하나일 뿐이지만 저 통일의 문과 가장 잘 어울리는, 가장 긴밀한 연관이 있는 특수 문자 같았다. 적어도 내 눈에는 말이다.

순간 그런 생각이 들었다. '통일을 맞이한 한국 광화문에서 이런 행사가 열리면 얼마나 멋질까'하는 생각도 들었다. 북한 사람, 남한 사람, 혹은 남·북한 사람이라는 수식어를 떨쳐버린 우리가 함께 예술을 지켜보며 축제를 즐기는 현장 말이다. 물론 외국인도 함께하면 더 좋을 것 같았다. 아니면 북한과 근접한 파주에서 이런 행사가 열려도 정말 멋질 것 같다는 상상을 잠시 했었다. 독일에서 가능했던 이 풍경이 과연 한국에서도 가능할지에 대한 회의감이 살짝 스치긴 했다. 하지만 생각만으로 경이로운 풍경이었다.

나는 브라질 출신 친구들 몇몇과 통일의 문을 상당히 오랜 시간 쳐다봤다. 그러다가 가브리엘이 나에게 말을 걸었다. 그는 내게 한국 드라마에 관해 물어봤다. 그는 한국 드라마를 좋아한다고 했다. 조승우가 나오는 드라

베를린 빛의 축제. 포츠담 광장 역, 브란덴부르크 문 등 베를린 일대 건축물이 형형색색 빛으로 물든다.

마였던 것 같은데 제목은 잘 기억이 안 난다. 한국 문화를 좋아해 주는 마음에 기쁘고 감사했다. 한국의 역사와 문화는 점점 세계화가 되고 있는데 분단과 통일 문제에 관해서는 점점 퇴보하고 있는 것은 아닐까, 하는 생각도 들었다.

우리는 포츠담 광장 역과 그 일대를 걸으며 빛의 축제를 관람했다. 브란덴부르크 문에 새겨진 자유라는 글씨처럼 사람들은 자유롭게 베를린의 아름다움을 누리고 즐겼다.

통일 국가가 가진 특별한 축제

베를린 빛의 축제 전에 만난 독일의 축제가 하나 더 있었다. 바로 1990년

10월 3일 독일 통일을 기념해 열리는 독일 통일의 날(Tag der Deutschen Einheit) 축제였다. 행사라고 말하기엔 부족하다. 정말 브란덴부르크 문 일대가 거대한 축제의 장으로 변한다.

당시 나는 독일에 온 지 채 한 달이 되지 않았기 때문에 통일의 날이 무엇인지 몰랐다. 당연히 브란덴부르크 문 일대에서 이런 축제가 열리는지도 몰랐다. 친구도 없어서 혼자 가는 게 부담스러웠지만 언제 이런 축제를 볼 수 있을까, 하는 마음에 집 문을 나섰다.

지하철에서 내린 후, 브란덴부르크 문 역사를 빠져나왔다. 평소보다 사람이 많은 느낌이었다. 그리고 문 앞으로 걸어갈수록 전혀 다른 풍경들이 펼쳐졌다. 브란덴부르크 문 사이로 저 멀리 대관람차가 빛을 뿜어내고 있었다. 뭔가 문 너머로 왁자지껄한 축제가 펼쳐지고 있음을 감지할 수 있었다. 그렇게 축제 공간으로 들어서기 전 문 앞에 당도했다. 입구에는 폭죽, 무기, 유리병, 다른 위험한 것, 날카로운 것들을 갖고 들어가면 안 된다는 경고문이 적혀 있었다. 나는 순도 100%의 비무장 민간인임에도 겁을 먹었다. 나한테 문제가 될 만한 게 없나, 자기 검열을 했다. 문제 될 게 뭐가 있었겠나. 없었다.

그리고 브란덴부르크 문을 통과했다. 나는 문 사이를 일부러 천천히 걸었다. 분단국가에서 평생 살아서 그런가, 이 문은 통과할 때마다 기분이 이상했다. 상상해봤다. 통일 전, 동·서쪽 사람들은 이 문을 통과하면서 무슨 생각을 했을까. 왜 이 문이 있어야 할까, 문이 없다면 어떨까. 나랑 똑같은 생각을 하지 않았을까.

1990년 10월 3일 독일이 통일된 것을 기념하는 사람들. 2019년 10월 3일 독일 통일의 날을 맞이해 브란덴부르크 문에서 축제가 열렸다. '독일 통일의 날 축제'라고 쓰인 간판 앞에서 사람들이 사진을 찍고 있다.

Fest zum Tag
der Deutschen Einh

1990년 10월 3일 독일이 통일된 것을 기념하는 사람들. 2019년 10월 3일 독일 통일의 날을 맞이해 브란덴부르크 문에서 축제가 열렸다.

축제는 브란덴부르크 문 방향에서 승전탑 방향으로 쭉 펼쳐져 있다. 물론 축제 부스가 승전탑까지 채워진 것은 아니지만, 가본 사람은 안다. 축제 규모가 정말 엄청나다.

일단 들어서자마자 눈에 띈 것은 그네형 놀이기구였다. 곳곳에 다른 놀이기구도 들어서 있었다. 아이들이 탈 수 있는 자동차 놀이기구부터 인형 뽑기 코너까지 다양했다. 승전탑 방향, 그러니까 축제 공간의 말미에는 거대한 대관람차도 위용을 뽐내고 있었다. 저 끝자락에서 강한 불빛을 내뿜는 대관람차의 모습은 장관이었다. 저녁 시간대라서 놀이기구들은 모두 휘황찬란한 불빛을 토해내고 있었다. 어둠을 뚫고 나오는 불빛 위에 사람들의 미소가 번져나갔다. 모두가 웃고 떠들고 먹고 즐기는 모습이었다. 이곳이

정말 분단됐던 곳이라고 믿기 어려울 정도로 평화와 행복만이 보였다.

다양한 민족이 어우러져 사는 만큼, 축제에는 정말 다양한 음식이 판매되고 있었다. 독일 음식, 아시아 음식, 인도 음식 등 여기가 정말 독일인지 의심하게 될 정도였다. 독일 맥주는 당연히 널려 있었다. 특히 겨울철 독일 하면 빼놓을 수 없는 따뜻한 와인(Glühwein)도 마실 수 있었다. 독일 통일을 기념하며, 한국 통일을 기원하며, 나는 이곳에서 생애 첫 독일 와인을 마셨다. 독일에 왔다는 충만감과 그 뒤를 귀신같이 따라붙었던 외로움에 형용할 수 없었던 기분을 느끼고 있던 때였다. 내장을 서서히 적시던 와인은 충만함만 남겨두고 외로움을 날려주었다. 위장이 따뜻해지자 기분이 서서히 좋아졌고, 축제의 분위기에 젖어 들기 시작했다.

양쪽에 음식점이 쭉 늘어서 있었다면 그 중앙엔 일부 식사 자리가 마련돼 있었다. 사람들은 그곳에 앉아 맥주와 와인, 그리고 각종 음식을 먹으며 대화를 하고 있었다. 그 주위엔 싱어송라이터들이 무대에 올라 노래를 부르고 기타를 쳤다.

맨 끝에 위치한 대관람차 아래엔 '독일 통일의 날 축제(Fest zum Tag der Deutschen Einheit)'라고 크게 쓰여 있었다. 몇몇 사람들은 그 글씨 옆에 서서 기념사진을 찍었다.

이번 축제를 통해서 통일을 일궈낸 후 자유를 누리는 사람들의 모습을 봤다. 독일은 통일을 이뤄낸 성과들에 대해서 자축하면서도, 독일 사회가 여전히 결속력을 강화하기 위해 노력해야 한다고 강조하고 있다. 동시에 현재 누리는 자유에 관해서도 '책임을 질 줄 아는 자유'여야 함을 이야기하고 있다. 분단을 극복하고 통일을 이뤘지만, 과거의 영광과 아픔을 상기하고, 계속 사회 통합을 위해 노력해야 한다는 의미가 느껴졌다. 하나의 나라로 통합되는 것이 얼마나 어려운 일인지 다시 한번 생각하게 됐다.

독일 통일의 날 축제 이후, 베를린에서 서서히 보이기 시작했다. 베를린엔 분단과 통일의 흔적이 정말 많다는 것을 말이다. 가장 대표적으로 베를린 장벽이 있다. 베를린에선 1961년에 설치된 베를린 장벽을 여전히 볼 수 있다. 물론 1989년 장벽이 무너지긴 했지만, 이스트 사이드 갤러리, 테러의 토포그래피 박물관 등 곳곳에서 장벽의 흔적을 만날 수 있다. 장벽뿐만이 아니라 체크포인트 찰리도 분단을 상징하는 장소 중 하나다. 분단 시절 검문소로 역할 했던 곳이다. 지금은 관광 명소로 남아있다. 남겨진 작은 부스 앞에서 관광객들은 기념사진을 찍는다.

같은 해 참가했던 '2019 베를린 청년컨퍼런스'에서 베를린자유대학교 김상국 교수가 했던 말이 기억난다. "제가 독일에서 생활하면서 가장 크게 느낀 것은, 독일은 역사적인 연구를 하면서 통일이 되기 전에 통일에 대해서 많이 이야기하지 않았어요. 그렇지만 통일을 몸으로 했습니다. 통일은 목표였지만, 그것을 이야기하지 않았지만, 통일로 가는 구체적인 과정을 실천했습니다. 교류를 확대했고, 사람들 마음속에서 그 민족적 또는 단일국가로서의 공동체를 잊지 않으려는 노력들을 지속했습니다. 물론 여기 나와 계신 통일부 관계자께서 최선을 다하고 계시지만, 독일에서 가장 많이 듣는 질문은 한국 사람들은 통일을 이야기하는데 몸은 따르지 않는다는 것이었습니다. 그래서 실천이 필요하다는 것입니다. 통일은 말로 하는 것이 아니라 몸으로 하는 것입니다. 행위로, 행동으로 하는 것입니다."

내가 독일에 있었던 2019년과 2020년은 각각 베를린 장벽 붕괴 30주년, 독일 통일 30주년인 해였다. 일부러 시기를 맞춘 건 아니었다. 베를린에서 지내면서 그렇다는 것을 알게 됐다. 시린 분단의 아픔과 뜨거운 통일의 기운을 느끼면서 통일의 어려움과 당위성을 새기게 됐다. 늦었지만 행동이 필요할 때다. 한 명 한 명 실천하는 몸들이 늘어가는 상상을 하자 통일이 그렇게 멀다는 생각이 들지 않았다. 우리나라에도 한국 통일의 날이 생기지 말란 법은 없다. 글뤼바인을 마시며 통일을 축하하는 독일인처럼, 소주 한잔 기울이며 통일을 기념하는 우리의 모습을 꿈꿔 본다.

독일 날씨가 우리에게 미치는 영향

사계절 적응형 인간으로서, 날씨의 특수성은 일상에 불편함을 간혹 느끼게 할 뿐 기분에 영향을 미치지 않았다. 가령 비가 오면 짐이 하나 더 늘었구나 싶었고, 눈이 오면 오늘 길이 밀릴 수 있으니 일찍 출근해야겠구나, 정도였다. 날씨의 못된 변덕 때문에 짜증이 나거나 예민해질 일이 없었다. 우울해질 일은 더더욱 없었다.

그래서였을까. 독일 날씨는 나에게 큰 관심거리가 아니었다. 어디 가서든 잡초처럼 뿌리내리고 살아갈 자신이 있었다. 날씨든 뭐든 다 씹어먹어 주자는 마음이었다. 가끔 좌절하고 우울한 날도 오겠지만 그것이 날씨 때문만은 아니리라, 생각했다.

그런 마음으로 2019년 9월 4일에 독일 베를린에 도착했다. 9월 초만 해도 해를 자주 볼 수 있었다. 햇빛은 찬란했고 바람은 아기 살결처럼 보드라웠다. 하지만 셋째 주와 넷째 주 이후부터 두꺼운 구름층이 하늘을 가리기 시작했다. 해가 없는 날도 정말 자주 있었다. 이래서 독일의 많은 건물이 발코니를 심어두고 있구나 싶었다. 해가 잠깐 났을 때 발코니에 나와서 해를 만끽하는 주민들의 모습도 볼 수 있었다.

황사와 미세먼지로 야외 활동에 제약이 자주 생기는 한국에서 이런 모습은 다소 낯설고 의아했다. 밖으로 나와서 해를 쪼이는 게 그렇게 좋은가 싶었다.

하지만 한 달이 다 되어갈 무렵 정말 해가 나오면 그렇게 반가울 수가 없었다. 학원이 끝나고 집으로 돌아가는 길에 해가 잠깐 나오면 집에 안 들어가고 아파트 입구에서 해를 쬐는 나의 모습을 발견했다. 해가 반짝 등장하면 햇살 속에 손을 밀어 넣었다. 손이 따뜻해졌다. 기분도 덩달아 좋아졌다. 해가 뜨는 날은 햇빛 샤워하는 날이었다. 겨울을 앞둔 독일의 햇살은 한국의 햇살과 또 달랐다.

한국인이 독일의 10월에 놀라는 이유

10월의 어느 날. 토요일 아침부터 일요일 저녁까지 심혈을 기울여 쓴 아인쭉프로토콜을 관리인에게 제출하러 나가는 길이었다. 아직 잔잔하고 따스한 해의 기운이 남아있었다. 두꺼운 구름층은 없었고 하늘은 예뻤다. 자연이 주는 감동, 아드레날린이 솟았다.

생각해 보니 아인쭉프로토콜을 쓰느라 집에만 있던 날과 이삿짐을 옮기느라 건물에만 있었던 주말의 해님은 정말 환상적이었구나 싶었다. 이런 날 집에만 있다니, 이건 정말 유죄다 싶었다. 심지어 오늘도 집에서 이사 준비를 하느라 해를 포기해야 했다. 해에 집착하기 시작하면서 비로소 베를리너의 길에 한 발자국 들어섰구나 싶었다.

10월 후반엔 낮과 밤의 길이가 버라이어티하게 달라졌음을 체감하기 시작했다. 4시 반부터 어둑어둑해지기 시작하더니 5시 반에서 6시 정도에 이미 칠흑처럼 깜깜해졌다. 한국의 겨울도 밤이 빨리 찾아오지만, 이 정도는 아니었다. 기분이 묘했다. 낮과 밤의 변화를 강하게 체감할 때 즈음, 어학원에서 친구들과 그런 이야기를 했다. "요즘에 진짜 빨리 어두워지지 않니?", "맞아! 4시 반? 5시도 안 됐는데 벌써 어두워!", "신기해!" 독일살이를 하는 외국 신입들에게도 독일 날씨는 특별했다.

동시에 머리가 아프다는 친구들이 생겼다. 친구들은 내게 말해줬다. 해가 짧아지면서 하루에 흡수해야 할 일조량이 부족해서 그런 거라고 했다. 비타민 D였나, 암튼 그게 부족해서 그런 거란다.

나는 독일에 도착한 지 얼마 안 돼서 머리가 많이 아프지는 않았다. 하지만 12월엔 이따금 머리가 띵하거나 멍해졌다. 이게 일조량 부족 현상일까. 한국에선 전혀 이러지 않았었는데 말이다. 그래서 나도 친구들처럼 비타민을 사서 3개월 정도 먹었다. 사람마다 일조량 감소에 따른 몸의 변화는 다를 것이다. 크게 아프지 않은 사람도 있겠지만 두통으로 일상이 흔들리는 사람도 있을 것이다.

오전 8시 20분 어학원을 나설 때 이미 해는 매우 낮게 중천에 떠 있었다. 아직 이른 아침인데 해가 중천에 떠 있다니, 기분이 묘했다. 4시 30분경 해는 붉은 빛을 토해내며, 이미 대지와 입맞춤 하기 직전이었다.

결여는 욕망을 눈뜨게 만들었다. 부재는 갈망을 부추겼다. 일조량 부족은 태양을 고대하게 만들었다. 하루가 극단적으로 짧아지다 보니 하루가 소중해졌다. 그리고 저녁 6시면 이미 풍경이 깜깜해져서 빨리 퇴근해야 할 것 같은 기분도 들었다. 야근하고 있는 느낌도 들었다. 꾸벅꾸벅 졸다가 시간을 확인해 보니 저녁 6시 정도였다. 이런 현상 때문에 나는 종종 놀랐다. 나의 생체 감각이 '어두워졌으니 지금 너는 잘 시간'이라고 신호를 보내고 있는 것 같았다. 몸의 감각이 독일 날씨를 예민하게 받아들이고 있음을 느꼈던 경험이었다.

날씨와 빼놓을 수 없는 것은 패션이었다. 독일 사람들은 옷을 못 입는다, 혹은 패션에 관심이 많지 않다는 이야기를 자주 들었다. 어떤 기준으로 그렇게 이야기하는지 모르겠다. 예전 오스트리아 출신의 독일어 선생님도 오스트리아 사람 중에 패션에 관심이 있는 사람도 있지만, 보통은 옷을 잘 못입는 것 같다고 다분히 개인적인 생각을 밝혔다.

글쎄. 나는 그렇게 생각하지 않는다. 독일은 한국처럼 유행하는 옷을 다같이 소화하는 경향이 더 적은 것 같다. 그게 더 좋다. 자신만의 개성에 뾰족뾰족 각을 세운 그들의 패션 철학이 더 멋지다고 생각한다. 오래돼 보이는 니트도 멋스럽게 소화한다. 하케셔 마켓(Hackescher Markt) 인근에서 '힙'하게 입고 거리를 활보하는 젊은이도 많이 봤다. 유행하는 스타일을 쫓아가는 것보단 오히려 잣대를 자신에게 들이대고 가장 어울릴만한 스타일이 무엇인지 촉수를 예민하게 세운다. 그게 더 쿨해 보인다. 삭발한 여성, 즐겨 입는 탱크톱, 코걸이, 긴 머리 남자, 강렬한 문신, 형형색색 염색 머리 등 다양한 패션이 베를린 거리 위에서 춤을 춘다.

특히, 한국과 다른 점은 겨울 패션이다. 날씨가 슬슬 추워지기 시작하면 사람들이 약속이라도 한 듯 털모자를 쓰고 나온다. 각양각색의 털모자를 깊게 눌러쓴 사람들을 쉽게 볼 수 있다. 정말 많이 쓴다. 심지어 아이들도 많이 쓴다. 그리고 겨울용 머리밴드를 착용하는 여자들도 자주 봤다. 털모자를 쓴 사람들이 속속들이 등장하면 알게 될 거다. 곧 베를린의 겨울이 찾아올 거란 걸.

꾸민 듯 꾸미지 않은 듯, 거창한 듯 소박한 듯, 무심하게 눌러쓴 털모자가 좋다. 베를린에 겨울이 왔음을 알려주는 털모자가 좋다. 낡은 빛깔의 털모자부터 형형색색 털모자까지, 베를린의 거리를 따스하게 물들인다. 의외로 패션 감각까지 살려주는 털 밴드는 덤이다. 소탈하게 털모자를 푹 눌러쓴 사람들을 보면 '내가 진짜 베를린에 있구나' 싶다. 습관처럼 몸에 밴 고향 문화가 붕괴될 때, 우리는 낯선 해외의 기분 좋은 이질감을 맛보게 된다.

한국에서 못 봤던 풍경 중 하나는 실내 난방 장치인 하이쭝(Heizung)이다. 독일 겨울이 한국만큼 춥지 않아도 춥긴 춥다. 털모자도 쓰고 잠바도 입어야 한다. 하지만 실내는 보통 따뜻하다. 하이쭝을 끄지 않는 이상 따뜻한 온기가 공간을 꽉 채워주기 때문이다. 그 따뜻하고 묵직한 공기의 느낌이 아직도 기억이 난다. 아늑하고 졸리다. 건조하다. 유럽식 창문을 달칵 열었을 때, 실내로 들어오는 공기의 질감이란!

어쨌든 실내는 굉장히 따뜻한 편이라서 학원 친구 중에는 스웨터를 벗는 친구들이 있었다. 그러면 거의 바로 반팔티가 나온다. 나 역시 한국에서 5겹 정도 껴입었는데 독일에선 그렇게 못 입었다. 아마 그렇게 입었다간 실내에서 땀을 줄줄 흘렸을 것이다. 그래서 나도 독일에서 반팔 위에 스웨터를 입었다. 더우면 스웨터를 바로 벗었다. 추우면 다시 입었다. 더위와 추위에 예민한 몸뚱이라서 이 패션은 독일 겨울을 맞이한 나에게 유용했다. 물론 체질에 따라 아닌 친구도 있었을 것이다.

목폴라를 정말 많이 가져갔는데, 몇 번 빼고 거의 입지 않았다. 더울 때 벗기 어려웠기 때문이다. 한국에선 잘 입었는데 이상하게 독일에서 안 맞았다.

날씨의 질감이 만들어낸 우리의 추억

날씨의 심술은 외려 추억을 선명하게 만든다. 시간이 추억의 잔상을 지워나갈 때, 날씨는 추억의 오감을 재생시킨다. 특히 날씨가 거칠수록 감각이 되살아난다. 온종일 내린 비로 눅눅해진 베를린 거리, 구름이 가득해 암울했던 감정의 결, 모래바람 속에서 식사, 터져 나오는 짜증과 웃음, 그 속에서 나눴던 대화, 그 모든 것들이 더 선명해진다.

"콜롬비아에 오면 나의 친척과 가족이 널 재워줄 거야. 언제든 연락해."

콜롬비아 출신 리나의 말이다. 리나는 독일에서 살고 있어서 당분간 콜롬비아에 없다. 그런데도 내가 만일 콜롬비아로 여행을 가게 된다면, 자신의 가족이 나를 돌봐줄 거라고 이야기했다.

한국에선 그렇게 하는 게 일반적인 분위기가 아니다. 나 역시 그렇게 말하기 쉽지 않다. "강원도로 가, 우리 부모님이 널 돌봐주실 거야. 부산으로 가, 우리 이모가 재워줄 거야." 그런데 그런 말을 '당연하다는 듯' 해주는 리나가 참 고마웠다.

그런 리나가 어느 날 나에게 만나자고 했다. 리나가 아파서 약속이 한 차례 미뤄진 참이었다. 나는 브루나도 못 만난 지 좀 됐으니 함께 만나자고 제안했다. 그래서 우리는 셋이 만났다. 브루나는 브라질 출신이다.

이날 구글 날씨엔 구름과 해가 있는 날씨라고 예보됐다. 약간의 비는 그냥 봐줄 만했었다. 그런데 이날은 정말 날씨가 미쳤다고밖에 할 말이 없었다. 우리가 12시 30분경에 만났을 때 해가 쨍쨍했다. 브루나는 오전에 해를 보고 어머님이 정성스럽게 수를 놓아준 얇은 옷을 입고 나왔다. 완벽히 여름옷으로 재질도 얇고 어깨선이 훤하게 드러나는 옷이었다. 우리는 햇살을 맞으며 어학원 뒤편 거리에 있는 레스토랑에서 점심을 먹었다. 나는 작은 사이즈의 맥주도 곁들었다.

식사하는 내내 두꺼운 구름층이 종종 해를 가려서 그늘이 생기기도 했다. 이 와중에 바람이 엄청 심해졌다. 조용한 골목 위에 자리 잡은 야외 테이블을 돌풍이 종종 때렸다. 문득문득 모래바람이 일었고 음식에 들어갈 것 같았다. 우리는 꺅 놀래면서 냅킨을 숟가락으로 다급히 눌렀다. 왜 저런 순간마저도 행복하고 재밌었는지 모르겠다.

식사를 끝내고 이동하는 와중에도 날씨는 심술을 부렸다. 갑자기 많은 비가 한꺼번에 퍼부었다가, 갰다. 그러다가 다시 보슬비가 내리다가, 갰다. 잠잠해 질 듯하더니 강풍이 젖은 몸을 때렸다. 지금은 분명 7월인데 우리는 너무 추웠다. 정말 말도 안 되게 떨었다. 턱이 떨렸다.

다행히 리나가 가지고 있던 여분의 옷이 있어서 겨우 추위에서 벗어날 수 있었다. 그래도 쌀쌀한 느낌이었다. 티어가르텐(Tiergarten) 안에 있는 야외 맥줏집에서 맥주를 먹고 낄낄거리는 동안에도 날씨의 변덕은 계속됐다.

날씨에 된통 혼났던 날, 사랑하는 친구들과. 나, 부루나, 리나

야외에서 맥주를 먹던 사람들도 갑작스러운 비에 나무 아래로 잠시 피했다. 그러다가 또 해가 나오면 숨어 있던 사람들이 물가로 우르르 나왔다. 재밌는 풍경이었다.

우리는 이날 분명 점심 먹고 저녁에 맥주만 먹기로 했었다. 그런데 못된 날씨 덕분에 예상치 못한 모험을 했다. 너무 추워서 중간에 따뜻한 커피도 마셨다. 브루나는 에스프레소를 시켰다가 좀 놀랜 것 같았다. 내 생각엔 에스프레소를 처음 먹어본 것 같았다. 이렇게 쓸 줄 몰랐을 것이다.

날씨의 변덕은 정말 예상치 못한 추억을 만들어준다. 시간이 흘러도 선명해지는 추억이다. 그날 사진 속에서 홀딱 젖은 우리는 세상 걱정 없이 환하게 웃고 있었다.

벼룩시장과 후마나에서 보물찾기

늘 예쁜 사람보다 근사한 사람이 되고 싶었다. 시대의 근사치에 맞는 사람이 아니라 시대를 넘나들며 어디든 어울릴 수 있는 사람이 되고 싶었다. 낡은 술집에 가도, 유명 미술관에 가도, 테크노를 들어도, 클래식을 들어도, 내 친구를 만나도, 네 친구를 만나도 어디든 근사하게 어울릴 수 있는 사람. 그런 사람을 꿈꿨다.

태생부터 타고난 신체적 한계를 잘 알고 있어서 그랬을 것이다. 살수록 죽음과 가까워지는 것, 쓸수록 닳는 것. 그것들은 몸부림친다고 해서 재생시킬 수 있는 것이 아니었다. 소멸되는 것들이 싫었다. 무서웠다. 죽음을 덕지덕지 몸에 붙인 채 홀로 남는 것이 두려웠다. 무력하게 죽음을 기다리는 것보다, 자신 있게 죽음을 선택하는 게 나았다.

이러한 분투는 죽어서도 살아있는 것들을 열망하게 만들었다. 시대를 관통하는 예술, 불멸하는 이야기, 봉인된 추억, 휘발되지 않는 기록, 가치 있는 것 등에 더 집중하게 된 건 그래서다. 그런 작은 알맹이들을 수집해 내 안에 봉인시키는 작업은 근사한 사람이 돼가는 하나의 과정이었다. 내 나름대로는.

그런 의미에서 독일은 무궁무진한 알맹이들을 품고 있었다. 문화, 예술, 정치, 사회 등 셀 수 없이 많았다. 익숙하지 않은 예술이나 난해한 정치가 아니더라도, 일상 속에서 독일의 분위기, 역사, 음악, 책, 이야기 등을 채취할 수 있었다. 그런 곳이 베를린에 널렸다. 그중 하나가 바로 벼룩시장(Flohmarkt)이었다. 독일의 벼룩시장엔 멋스럽게 낡은 물건과 소멸되지 않는 이야기들이 가득했다. 베를리너가 아니더라도 벼룩시장엔 꼭 가봐야 하는 이유다.

사실 벼룩시장에 대한 편견이 있었다. 품질에 대한 편견이 아니다. '벼룩시장이 다 거기서 거기지 뭐'라는 편견이었다. 그래서 여행 블로그나 책자에서 벼룩시장에 대한 정보를 읽었을 때도 굳이 가지 않겠다는 마음이었다.

그 시간에 더 재밌는 것들을 찾아봐야지 생각했다. 그 시간에 박물관에 한 번 더 가야지, 그 시간에 독일어를 더 공부해야지 싶었다. 근데 벼룩시장 자체가 살아있는 박물관이자 독일을 공부할 수 있는 공간이었다.

지금 생각해 보면 벼룩시장을 의도해서 간 것인지, 아니면 자연스럽게 방문하게 된 것인지 잘 기억나지 않는다. 하지만 분명하게 말 할 수 있다. 벼룩시장을 아예 방문하지 않는 사람은 있어도 한 번 방문한 사람은 없을 것이라는 점이다.

베를리너의 소소하고 습관적인 인사법

나 역시 한 번 방문한 이래로 시간을 내어서 여러 번 방문했다. 코로나 팬데믹으로 원하던 벼룩시장이 문을 닫았을 때, 홈페이지에 여러 번 방문해

벼룩시장의 모습. 진귀하고 특별한 물건들이 정말 많다.

오픈 날짜를 하염없이 기다리기도 했다. 벼룩시장은 보통 주말에 문을 열었는데, 그때마다 나와 친구들을 이렇게 말했다. "야 뭐해, 벼룩시장 갈래?" 이 말은 우리 베를리너의 아주 일상적인 인사말이 됐다. 소소하고 습관적인 그리고 사랑스러운 베를린의 인사법. 독일에서 갓 건져낸 언어였다.

실제 가본 벼룩시장 및 예술마켓은 장벽공원 벼룩시장(Flohmarkt im Mauerpark/ Flohmarkt am Mauerpark Südseite), 보데 박물관 벼룩시장(Flohmarkt am Bode Museum), 박물관 섬 베를린 예술마켓(Berliner Kunstmarkt an der Museumsinsel) 등이었다.

이곳만이 아니다. 베를린엔 정말 다양한 벼룩시장이 있다. 구글 지도에서 검색하면 상당히 많은 시장을 찾아볼 수 있다. 모든 벼룩시장을 가본 건 아

니지만 방문했던 곳마다 규모나 파는 품목들이 미묘하게 달랐다.

예술가가 직접 그린 그림, 어느 시대 유물인가 싶을 정도로 독특한 분위기를 내는 장신구, 세상에 딱 하나밖에 없을 것 같은 그릇들, 누군가의 체취가 남아있을 구제 옷들, 개성이 넘쳐흐르는 모자와 액세서리, 닳고 닳은 누런 종이책 등 작은 단추 하나도 같은 게 없다. '설마 이것도 판다고?' 할 정도로 별나고 희한한 것들이 넘쳐난다. 벼룩시장은 하나의 거대한 세계다. 갈 때마다 새롭고 갈 때마다 새로운 이야기가 생긴다. 그래서 여긴 한번 들어가면 정말 빠져나오기 쉽지 않다. 후회된다. 돈 아끼겠다고 안 산 것들이 자꾸 떠오른다. 평소 쇼핑을 좋아하지 않고, 끝내 못 산 물건에 후회가 없는 편인데도, 벼룩시장의 잔상들은 평생 내 뒤통수를 쫓아다닐 것 같다.

다만 벼룩시장이라는 이름답지 않게 장벽공원(Mauerpark)과 보데 박물관(Bode Museum)의 벼룩시장은 저렴하지 않은 물건도 많았다. 외국인 관광객도 많아서 그런 것 같다.

아테네, 산토리니, 프라하, 빈, 베른, 브로츠와프 등 여행지에서 만난 기념품들은 특별하다. 한국으로 돌아왔을 때 그것들은 여행지의 기억을 반추시키기 때문이다. 시간은 추억을 갉아먹지만, 기념품은 추억을 지켜준다. 생경한 곳을 만났을 때의 감정의 결이 기념품에 담겨 있다.

벼룩시장에서 산 물건들은 좀 다른 느낌이 있다. 타인의 사연과 추억, 독일과 유럽의 역사 등도 얻는 느낌이랄까. 즉, 벼룩시장에서 물건을 산다는 것은 단순히 물리적인 물건을 사는 것을 넘어서서 독일의 문화를 사는 것이다. 독일의 정서와 분위기를 갖게 되는 것이다.

기억나는 것 중 하나가 우표 수집함이었다. 어렸을 때 외할머니 집에서 이모가 모아둔 우표 수집함을 본 적이 있지만, 독일에서 이렇게 많은 우표를 본 건 처음이었다. 백과사전처럼 두꺼운 책자에 자그마한 우표가 빽빽하게 들어서 있었다. 심지어 이런 책자가 한 권이 아니었다. 한 사람의 것인지 여러 사람의 것인지 알 순 없었다. 도장이 찍힌, 사용된 우표도 있었지만 새 우표도 있었다. 1969년, 1968년, 1967년. 우표 위에 적힌 연도를 보면서 편지 속에 흘러갔을 많은 이야기를 떠올려 본다. 이젠 구하기 어려워진 예쁜 우표들을 왜 버렸을까 생각해 본다. 인터넷과 휴대전화에 명성을 빼앗긴 걸까. 독일에 있을 때 우체부로 일하는 독일 친구를 만난 적이 있는데, 그 친구가 말하길 배달하는 문서 중 60%는 광고고 중요한 문서는 40% 정도라고

말했던 게 생각났다. 생각해 보면 독일 정착 초창기 때 받았던 중요 우편물을 제외하고, 나의 우편함엔 거의 식료품 광고 전단이 가득 차 있었다. 친구 집 우편함에서도 종종 "광고 넣지 마세요!"라는 문구를 볼 수 있었다.

물론 우편 사용량이 과거보다 줄었어도, 여전히 독일은 중요한 문서를 우편에 실어 보내기도 한다. 나 역시 독일 생활에서 가장 중요한 독일은행(Deutsche Bank) 계좌를 만들 때 관련 문서들을 우편으로 받기도 했다. 한국으로 치자면 은행 계좌를 만들려고 할 때 계좌를 열기 위한 서류를 우편으로 받는 식일 것이다. 독일어 어학원에서 공식적인 서류나 문서(편지)를 쓸 때 어떤 형식을 갖춰야 하는지 배우기도 했었다. 선생님이 비·공식적으로 편지를 쓸 때 정말 중요한 형식이라고 여러 차례 강조했던 기억이 난다. 한국인인 나는 어렸을 때 그냥 썼던 것 같다. 특별한 형식 없이 말이다.

벼룩시장에 점점 빠져들었다. 이곳이 점점 좋아졌던 이유는 한국에선 상상하지도, 만나보지도 못할 물건들이 있었기 때문이다.

러시아 출신 친구가 자신의 어린 시절과 소련 시절에 대해 이야기하면서, 당대 배지 사진들을 보여준 적이 있었는데, 그 배지 중 하나를 벼룩시장에서 우연히 발견했다. 하나에 1.5유로였던 걸로 기억한다. 나는 그 역사를 사들였다.

이것만이 아니다. 독일 한 가정의 흑백 사진도 있었다. 정원에서 우산을 쓰고 활짝 웃는 여자아이들, 두 중년 남자가 호수에서 수영하다가 찍은 사진, 단정하게 차려입은 독일 여성의 모습 등 별의별 게 다 있다. 일하고, 아이를 기르고, 여가를 보내는 독일인의 삶을 살펴보면서 8,000km 이상 떨어져 있는 한국의 일상을 만났다. 비슷한 삶의 냄새가 났다. 벼룩시장에 올 때마다 이런 낯선 친숙함이 좋았다.

이 밖에도 구동독 배지, 동독과 서독 동전(1978년도/1979년도), 비틀스와 루치아노 파바로티 LP, 체홉 희곡 2편 등도 구매했다. 은목걸이 2개, 오버바움 다리와 텔레비전 탑이 담긴 그림 액자도 하나 구매했다.

세컨 핸드의 재발견, 멋스러운 낡음

독일에 살면서 좋아하는 길들이 생겼다. 그중 하나가 바로 벼룩시장 가는 길이었다. 프리드리히스트라세(Friedrichstraße)역에서 나와 텔레비전 탑이 보이는 방향으로 쭉 걸어가는 길이었는데, 이곳은 걸을 때마다 다르게 아름다웠다. 왼편에 이색적이고 분위기 있는 레스토랑과 다채로운 가게들이 쭉 늘어서 있다. 중간중간 트램이 풍경을 뚫고 지나갔다. 척하면 척하고 가게 됐다. 자연스럽게 동네 슈퍼 가듯 말이다. 여러 번 가다 보니 그렇게 됐다.

몸은 한국에 있어도 베를린에서 여전히 살아 숨 쉴 나의 장터 가는 길. 눈을 감으면 떠오른다. 베를린에서 산다는 것은 매일 아름다운 길을 찾고 그 멋진 길을 나의 길로 만드는 것이었다.

벼룩시장만이 아니라, 베를린에선 세컨 핸드를 이용하는 분위기를 조금 더 적극적으로 느낄 수 있었다. 물론 '독일 사람은 검소하다'고 일반화시키긴 어렵지만, 세컨 핸드를 나누고 이용하는 분위기는 한국보다 더 자주 볼 수 있었다. 집 앞에 자신의 물건을 내놓고선 가져가서 사용하라고 하는 것도 그런 분위기 중 하나였다. 박스에 'Zu verschenken!'이라고 적혀 있는 것을 볼 수 있을 것이다. 베를린에서 3~4번 정도 봤다.

또 하나는 바로 '후마나'라는 세컨 핸드 가게였다. 후마나는 베를린 곳곳에서 찾을 수 있었다. 굳이 비교하자면 한국의 아름다운 가게 같은 느낌이랄까. 내가 간 후마나는 프랑크푸르트 문(Frankfurter Tor)역 인근에 위치한 곳으로 규모가 정말 컸다.

패션 철학은 제각각이기 때문에 이곳 스타일이 어떻다고 말하기엔 조심스럽다. 하지만 정말 많은 구제와 액세서리들이 선택의 폭을 넓혀 주고 있었다. 이 세상에 정말 다양한 스타일의 옷이 있다는 생각이 들 정도로 개성 넘치는 의상이 가득했다. 가격도 천차만별이지만 잘만 뒤지면 원하는 옷을 저렴한 가격에 살 수 있었다. 나는 거의 새것에 가까운 등산 점퍼를 8유로(한화 약 1만 원)에 구매했다. 색깔도 디자인도 질감도 100% 내 스타일인 옷을 단돈 1만 원대에 구매하다니 이보다 큰 충만감은 없었다. 심지어 이것은 두께가 있는 늦가을용 점퍼였다. 이 점퍼를 손에 꼭 쥔 나를 지켜보던 친구는 8유로도 좀 비싼 것 같다고 했다. 그 친구는 정말 꼼꼼하게 옷들을 살펴보곤 티셔츠를 구매했다. 2유로였다. 친구의 티셔츠는 거의 새것 같았다.

아껴 쓰고 나누어 쓰고 돌려쓰는 문화와 관련해서 인상 깊은 일화도 있었다. 독일어 모임에서 알게 된 이탈리아 친구와 나는 삼성 휴대폰에 대해서 이야기한 적이 있다. 자신은 한국에 대해서 많이 모르지만, 삼성이 한국 기업이라는 것은 안다고 했다. 자신도 삼성 휴대폰을 쓴다고 했다. 그 친구의 모델명은 기억이 안 나지만, 상당히 오래된 모델이었다. 그 친구는 지금

세컨 핸드와 빈티지를 판매하는 후마나

쓰는 휴대폰은 원래 아빠가 쓰던 거고, 아빠가 쓰던 걸, 자신의 동생이 쓰다가, 지금은 자신이 쓰고 있다고 했다.

환경 보호, 낭비 방지, 경제적 이유 등으로 세컨 핸드를 찾아다니고 휴대폰을 물려 쓰는 일은 대수롭지 않은 일일지도 모른다. 하지만 이 감각들은 한국에서 34년을 살면서 잊고 있었던, 중요성을 절감하지 못했던 감각들이었다. 사용하지 않는 중요한 물건이 다른 사람에게 더 잘 쓰이길 바라는 마음이랄까. 한국에도 아나바다 운동이나 중고장터 같은 것들이 있는데 내게 너무 먼 실천들이었다. 한국에 돌아가도 세컨 핸드를 찾게 될 것 같다. 멋스럽게 나이 든 정서들이 너무 좋다.

베를린에서 만난 홍상수와 김민희

베를린국제영화제. 그 중심에 서 있었다. 심장이 두근거릴 법도 한데 전혀 아니었다. 비현실적인 상황에 놓여 있다는 생각 때문일까. 붉은 카펫이 깔리고, 영화배우와 관객들의 출입을 위해서 바리케이드가 세워지고, 형광색 옷을 입은 관계자들이 주변을 정리하는데에도 얼떨떨했다. 이탈리아 베니스, 프랑스 칸, 그리고 독일 베를린. 여기가 그 세계 3대 영화제 중 하나인 베를린국제영화제란 말인가. 멍을 때리며 주위를 구경하다가 비로소 입구 위에 거대하게 놓인 붉은 곰 형상을 바라봤다. 그 아래에 노란 글씨로 적혀 있는 'Berlinale Palast'. 조금씩 실감이 됐다. 여기가 제70회 베를린국제영화제 현장이구나.

제70회 베를린국제영화제가 개최된 것은 2020년 2월이었다. 사실 이맘때 나는 독일어에 푹 빠져 있었다. 도보 여행 클럽에 들어가서 현지인들과 포츠담 여행을 가기도 했고, 독일에 사는 외국인들과 맥주를 마시고 수다를 떨었다. 일주일에 두 번 혹은 세 번은 낯선 사람을 만났다. 그런데도 정말 재밌었다. 모국어가 아닌 언어로 낯선 외국인들과 통할 수 있다는 쾌감이 나를 사로잡고 있었다. 전에 없던 경험들이었다.

동시에 난 느끼고 있었다. 독일에 온 본래의 목적을 상실하고 있다는 것을 말이다. 연극을 보기 위해 베를린에 온 것인데 사실 연극보다 사람들을 만나 대화를 나누고 문화를 공유하는 게 더 재밌었다. 뭐 뜻대로 생각하는 대로 흘러가지 않는 것이 인생이니까. 뭘 하든 행복하고 즐기는 것만큼은 무죄라는 생각으로 나를 위로하며 그렇게 하루하루를 보냈다. "아 모르겠다! 지금 나를 제일 행복하게 해주는 걸 하자!"라고 생각하면서 말이다.

사실 베를린에 가면 베를린국제영화제도 챙겨보고 싶다고 생각했었다. 하지만 베를린 생활 자체에 푹 빠져서 이 계획마저 잊고 있었다. 다행히 독일에서 알고 지낸 한국 유학생 친구들이 먼저 영화제에 대해 이야기를 해줬다. 표도 구해줬다. 홍상수 감독이 연출한 영화 '도망친 여자'였다. 이 영화는 독일어로 'Die Frau, die rannte'라는 제목으로 관객을 만났다. 출연진은 배우 김민희, 서영화, 송선미, 김새벽, 권해효 등이었다. 이렇게 이 작품을 보기 위해 2020년 2월 25일 제70회 베를린국제영화제 한복판에 서게 된 것이었다.

홍상수 영화를 본 관객들 현지 반응

우리는 영화 '도망친 여자'를 보기 전에 현장 구경을 조금 하고 영화관으로 들어갔다. 한층 올라가니 배우들이 걸어들어오는 레드카펫과 홀이 훤하게 보였다.

영화가 시작되기 전, 홍상수 감독과 김민희 배우의 모습이 보였다. 두 사람은 따로 또 함께였다. 레드카펫 양쪽에 서 있는 취재진, 관계자로 추정되는 사람들과 각자 이야기를 나누다가 영화관 안으로 들어서자 익숙한 듯 서로 손을 잡았다. 김민희는 흰색 원피스를 입고 있었고 홍 감독은 깔끔하면서도 소탈해 보이는 차림이었다. 셔츠 위에 편안한 니트를 입고 있었다.

베를린에서 한국 배우와 감독을 보면 왠지 낯설 것 같았다. 한국에 있는 국제영화제에서도 배우들을 보면 뭔가 신기했기 때문에 베를린에서 보면 더 그렇지 않을까 생각했다. 또 두 사람은 국내에서 다른 이유로 화제를 모으기도 했으니까. 처음엔 레드카펫 위에 서 있는 두 사람을 보고 신기했다. 하지만 시간이 조금씩 흐를수록 그냥 영화인 두 사람으로 보였다. 영화제 분위기가 어떤 경계를 모두 지워준 것 같았다.

곧이어 영화 '도망친 여자'가 상영됐다. 이 영화는 남편과 5년간 한 번도 떨어진 적 없이 지낸 감희가 남편이 출장을 간 후 친구들을 만나면서 벌어지는 이야기를 담고 있다. 감희는 영순, 수영, 우진 등을 차례로 만난다. 그리고 카메라는 감희와 여자들 사이에서 벌어지는 미니멀한 순간들을 포착해 낸다. 감희가 방문하자 친구들은 과일을 깎기도 하고, 막걸리를 한잔하며 대화를 나누기도 한다. 또 그들은 음식을 해 먹으며, 사는 이야기를 나누기도 한다.

촘촘하게 쌓여가는 감희와 타인의 미니멀리즘이 복잡하고 다단한 세계를 그려나간다. 영화 제목과 달리, 감희가 무엇으로부터 왜 도망쳤는지 직접적으로 언급되지 않는다. 하지만 어딘가 엇나간 듯한 대화를 통해서 관객은 그녀가 무엇으로부터 도망쳤는지 이해하게 된다. 짧은 상영시간 동안 감희의 세계는 해석의 여지와 폭을 넓혀간다. 영화 속 에피소드는 정말 담백

제70회 베를린국제영화제 당시 공연예술 극장 벽에 홍상수 감독과 서영화·김민희 배우의 사진이 걸렸다.

하고 소소했지만, 한편으론 시적이고 철학적이었다.

인상적이었던 것은 외국 관객들의 반응이었다. 영화의 언어는 한국어였기 때문에 외국어 자막이 제공됐었다. 영어만 있었는지, 독일어만 있었는지, 둘 다 있었는지 확실히 기억이 안 난다. 번역은 정확했겠지만, 한국어의 '결'과 '뉘앙스'가 외국어로 번역이 되니까 조금 다른 느낌을 받았다. 한국어로 표현되는 질감이 외국어로 다 표현될 수 있을까, 하는 생각도 들었다.

어쨌든 감희의 친구와 이웃이 장난 같은 말싸움을 하는 장면에서 많은 관객이 웃음을 터뜨렸다. 카메라가 고양이를 진지하게 비출 때도 다 함께 웃었다. 이런 몇몇 순간이 있었다. 물론 단순한 유머 코드의 차이일 수도 있다. 어쨌든 극장 안에서 웃음이 퍼진다는 것은 청신호다.

영화가 끝난 후 박수갈채가 쏟아졌다. 카메라 촬영팀이 김민희, 홍상수, 서영화의 모습을 비추자 대형 스크린에 그들의 모습이 나타났다. 세 사람은 일어나 활짝 웃으며 관객에게 인사를 한 후 자리를 떠났다. 홍 감독은 이 작품으로 은곰상(감독상)을 받았다. 2021년에 개최된 제71회 베를린국제영화제에서 홍 감독은 영화 '인트로덕션'으로 은곰상(각본상)을 수상하기도 했다. 2년 연속 수상이었다.

사실 제70회 베를린국제영화제에서 볼 수 있었던 한국 영화가 한 편 더 있었다. 윤성현 감독의 영화 '사냥의 시간'(Time to Hunt) 역시 베를리날레 스페셜 갈라 섹션에 초청돼 관객을 만났다. 윤성현 감독은 2011년 개봉된 영화 '파수꾼'으로 주목받은 바 있다. '파수꾼'에 출연했던 배우 이제훈과 박정민은 영화 '사냥의 시간'에도 출연했다. 이 밖에 최우식, 안재홍 등 주목받는 배우들도 함께했다.

친구 몇몇은 영화제로 이 영화를 본 것 같은데 나는 시간이 안 맞아서 보지 못했다. 대신 넷플릭스로 공개됐을 때 봤다. 영화 속엔 젊은 세대가 '헬조선'이라고 부르는 어떤 세계가 구축돼 있다. 디스토피아스러운 느낌과 현실 세계의 느낌이 동시에 담겨 있다. 그 속에서 네 청춘은 더 나은 인생을 설계하기 위해 도박장을 털기로 하다가 추격자에게 오히려 사냥당하는 신세가 된다. 출구 없는 미로에서 출구를 찾아야 하는 것처럼, 답 없는 시험지에서 답을 찾아야 하는 것처럼, '사냥의 시간' 주인공들은 오늘날 청춘의 자화상과 닮았다. 문득문득 우리의 얼굴을 마주하는 순간들은 쓰리기도 아련하기도 했다.

다만 데자뷔를 보듯 예상 가능한 추격전과 결말은 아쉬웠다. 감독 속에 있는 특색있는 내러티브를 좀 더 과감하게 꺼내났다면 어땠을까, 생각해 본다. 배우들의 호흡은 정말 강력했다.

베를린 두스만에서 만난 영화 '기생충'

베를린국제영화제의 시작점이 인상 깊었다. 이 영화제는 1951년에 시작됐다. 앞서 1949년 독일이 동독과 서독으로 분단됐으니까, 이 영화제는 독일이 분단 상태에 있을 때도 개최되어 온 거다. 이 영화제는 평화, 화합, 통일을 기원하는 바람을 담아 관객을 만나왔다. 1990년 독일이 통일을 이룬 후에도 매해 진행되고 있다. 독일에서 일어난 거친 풍파와 분단의 아픔을 이겨낸 이 영화제는 세계 3대 영화제 중 하나로 자리 잡았다. 이런 국제영화제에 한국 감독과 배우들이 자주 소개된다는 일은 정말 기쁜 일이다. 2020년 홍상수·윤성현 감독 이외에도 이미 많은 한국의 영화인이 베를린국제영화제를 다녀갔다.

사실 한국 영화의 인기를 느낄 수 있었던 것은 베를린국제영화제처럼 공식적인 행사에서만은 아니었다. 일상 속에서 시민들의 관심과 애정을 더 느낄 수 있었다. 이런 것들이 나를 더 기쁘게 만들었다. 좋은 작품이 독일인을 포함해 외국인들에게 관심을 받고 있을 때 더더욱 그랬다.

특히 내가 독일에 있던 시기는, 봉준호 감독의 영화 '기생충(PARASITE)'이 해외 영화제에서 수상 쾌거를 이루며 한국 영화사에 새로운 획을 그었던 시기였다. '기생충'은 한국 영화 최초로 2019년 제72회 칸 국제영화제 최고

제70회 베를린국제영화제

상인 황금종려상을 받았다. 또한, 2020년 제92회 아카데미 시상식에서 작품상·감독상·각본상·국제장편영화상 등을 휩쓸기도 했다. 2019년과 2020년은 정말 봉준호 감독의 해였다.

정말 놀랐던 점은 어학원에서 벌어졌다. 2020년 초였을 것이다. 당시 수업 주제는 '재밌게 본 영화 제목을 독일어로 찾아보고 영화 내용을 설명하기'였다. 나는 재밌게 본 영화를 찾기보다 독일어로 쉽게 설명할 수 있는 영화를 찾고 있었다. 그러다가 영화 '국가대표'를 찾았다. 그리고 열심히 설명했다.

이후 쉬는 시간에 일본 친구가 나에게 물었다. "세운! '기생충'이 한국 영화 맞지? 봤어?"라고 먼저 물어본 것이다. 같은 날은 아니었지만 비슷한 기

베를린에서 최대 규모를 자랑하는 서점 두스만의 모습. 베스트셀러 영화 부문 1위 자리에 봉준호 감독의 영화 '기생충'이 놓여 있다.

간에 이스라엘 친구도 내게 "'기생충'을 알고 있다."고 말했다. 한국 영화 '기생충'에 관심을 보이는 외국인 친구들을 실제로 만난 건 그때가 처음이었다.

사실 한국에서 왔다고 하면 "오! 너 한국 사람이야? 나 삼성 알아!", "BTS 알아? 나 BTS 좋아해!"라고 말하는 경우가 더 많았기 때문이다.

여기만이 아니었다. 베를린에서 최대 규모를 자랑하는 서점 두스만 (Dussmann)에서도 영화 '기생충'에 대한 기쁜 장면을 목도했다. 2020년 6월 5일 이곳 베스트셀러 영화 코너 1위에 '기생충'이 꽂혀 있었다. 비슷한 시기에 거리 광고판에서 '기생충' 출연 배우 조여정을 내세운 포스터를 보기도 했다.

일상 속에서 만난 기생충이라는 이름은 한국 영화의 힘이 국제 사회에서 인정받고 있음을 직접적으로 느끼게 만들어줬다.

그러던 가운데 2021년 4월, 또 하나의 기쁜 소식이 전해졌다. 배우 윤여정이 제93회 아카데미 시상식에서 영화 '미나리'로 여우조연상을 수상했다는 소식이었다. 한국인 최초 수상이었다.

봉준호 감독도 윤여정 배우도 '최초'라는 타이틀로 한국 영화의 새로운 시작점을 찍었다. 여기서 멈추지 말고 두 번째, 세 번째도 계속 나오길 바라는 마음이다.

베를린국제영화제 현장을 보면서 느낀 것은, 국내에서 열리는 국제영화제 풍경과 크게 다르지 않았다는 점이었다. 주목받는 국내외 영화를 만날 수 있다는 사람들의 열의와 설렘 가득한 모습은 비슷했다. 영화 시간표를 신중하게 바라보는 모습, 영화제 기념품 가게에서 물건을 사는 사람들의 모습, 영화에 대해서 즐겁게 이야기를 나누는 모습 등이 그랬다.

내게 베를린국제영화제는 아쉬움 투성이다. 언제 다시 여기에 올 수 있을까, 하는 생각이 들어서다. 서글펐다.

또 언어의 한계성을 절감했다. 연극은 소품, 조명, 음향 등 무대의 전체적인 움직임을 통해서 언어 한계 없이 감상이 가능한 편이었다. 언어를 몰라도 특정 소품이나 몸짓이 분위기를 설명해 줬다.

하지만 영화는 조금 달랐다. 단편적이고 평면적인 화면을 통해서 상황과 분위기를 모두 이해해야 했기 때문이었다. 영어나 독일어를 잘했다면, 영화제의 감동은 배가 됐을 것이다. 공부를 멈춰선 안 되겠다는 생각이 덩달아 들었다. 3~5년 후, 베를린국제영화제에서 독일어로 영화를 즐겁게 감상하는 내 모습을 상상해 본다.

독일에서 만난 연극

세자매

기괴한 가면 쓴 세 자매가 전해준 메시지

"뭐야, 이 자매들 얼굴 왜 이래?"

베를린 도이체스 테아터 앞에 붙어 있는 포스터를 보고 놀랐다. 러시아 대문호 안톤 체홉의 4대 장막 중 하나인 연극 '세 자매' 포스터 속 모습이었다. 인상적이었다. 얇은 스킨 커버 느낌의 가면을 쓴 세 자매의 모습은 기괴해 보였다. 어딘가 불편해 보이는, 무언가 경직돼 보이는 세 자매는 한 곳을 응시하고 있었다. 보나 마나 그들은 속으로 이렇게 외치고 있었을 것이다. "모스크바로! 모스크바로 가고 싶어!"

'세 자매'는 안톤 체홉의 또 다른 장막 '갈매기', '벚꽃 동산', '바냐 삼촌'과 함께 세계적인 고전으로 평가받는 작품이다.

줄거리는 단순하다. 군인이었던 아버지가 돌아가신 후, 모스크바를 떠나 지방 소도시에서 살게 된 세 자매가 모스크바를 그리워하면서 삶을 살아간다는 내용이다. 이야기 흐름은 굉장히 간소해 보이지만, 사실 그렇지 않다.

4막으로 구성된 이 작품은 인류사의 서사를 온전히 담아내고 있다. 행복할 수 있는 곳에서 살고 싶은 욕망, 사랑하는 배우자를 찾고 싶은 욕심, 결혼에 대한 후회, 바람을 피우는 배우자, 노동의 필요성, 사랑하는 여자를 얻기 위한 남자들의 경쟁, 취직 실패, 부모님 꿈 이뤄드리기, 노름과 재산 탕진, 직장 생활의 무료함, 노동에 대한 피로감, 무기력한 지식인 등 과거의 인류든 현재의 인류든 모든 인류가 거쳐봤던 삶의 나이테가 극 안에 모두 들어가 있다.

이 작품을 한 번, 두 번, 세 번, 네 번 봐도 계속 충격을 받는 이유다. 체홉은 시대를 관통하는 대사를 적은 것뿐만 아니라, 그것을 예술이라는 그릇에 담아 아름답게 포장까지 했다.

그래서 1900년에 집필된 이 희곡을 2019년 독일에서 만나도 고개를 끄덕거리게 될 수밖에 없었다. 물론 원작이 연출가에 의해 어떻게 해석되는지에 따라 감동은 또 달라지겠지만 말이다.

그간 체홉의 다양한 작품을 읽었고, 연극으로도 접해왔다. 4대 장막을 볼 때마다 좋아하는 작품이 달라졌다. 어떤 때는 벚꽃 동산이 좋았다가 어떤 때는 갈매기에 끌렸다. 어떤 때는 체홉 단편을 읽고, 그 짧고 굵은 한방에 놀라기도 했다. 그러다가 언제부턴가 가장 좋아하는 작품은 세 자매가 됐다.

모스크바로 돌아가려 했던 세 여인의 사정

세 자매가 좋았던 이유는 이 작품이 품고 있는 메시지 때문이었다. 유독 내게 와닿았던 부분은 시간에 대한 부분이었다. '무엇이 시간인가'에 대한 물음이 상연 시간 내내 마음을 때렸다.

"모스크바로!"라는 대사는 세 자매의 현재를 극명하게 보여줬다. 우선, 그

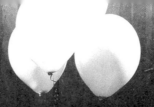

DEUTSCHES
THEATER
BERLIN

DREI
SCHWESTERN

ach Anton Tschechow

연극 '세 자매' 포스터

lit: Felix Goeser, Michael Goldberg,
enjamin Lillie, Bernd Moss, Angela Winkler

egie: Karin Henkel

들이 지금 모스크바에 있지 않다는 점, 둘째 모스크바로 돌아가고 싶어 한다는 점, 마지막으로 현실에 만족하고 있지 못한다는 점이었다. 현실에 만족하지 못한다는 점은 그들이 현실의 시간을 어떻게 보내고 있는지 단적으로 보여줬다.

사실 이 시간에 대한 논의는 "모스크바로!"라는 대사를 더 확장했을 때 드러났다. 막이 내릴 때까지 세 자매는 "모스크바로!"라는 희망을 놓지 못하는데, 관객은 알고 있다. 세 자매는 그들이 꿈꾸던 모스크바로 돌아갈 수 없다는 것을 말이다.

설령 모스크바로 돌아간다고 하더라도, 그들이 말했던 과거의 모스크바와 현재의 모스크바는 같을 수 없다. 그들이 외쳤던 모스크바에 대한 시간은 이미 지나가 버린 시간이며, 그들이 그리워했던 것은 모스크바 자체가 아니라 모스크바에서 행복했던 '시간' 혹은 '추억'을 의미하는 것이다. 그렇기에 그들은 모스크바로 다시 돌아갈 수 없다. 시간이 가지고 있는 아름다운 비극성이 잔인하고도 매력적으로 느껴지는 부분이었다.

시간에 대한 감상은 이 작품이 가진 메시지 중 빙산의 일각일 뿐이다. 작품이 품은 여러 의미 중 딱 한 조각만 떼어냈을 뿐인데도, 이 이야기는 21세기를 관통한다. 100~200년 후에도 영원할 작품의 가치를 확신하며 도이체스 테아터로 향했다.

베를린에 밤이 내리면, 극장들은 하나씩 불을 켜고 관객을 맞이할 준비를 했다. 수많은 극장이 들어오라고 손짓하는 것 같았다. 그중 도이체스 테아터로 가는 길은 내가 정말 좋아하는 길이였다. 프리드리히스트라세

(Friedrichstraße) 역에서 내려서 슈프레(Spree)강을 관통하는 길을 특히 좋아했다.

슈프레 강을 끼고 서 있는 건물들은 형형색색의 불빛을 강 위에 토해냈다. 그래서 강물은 보석을 한가득 안고 있는 것처럼 반짝반짝 빛났다. 그 아래 자리를 잡고 앉은 사람들은 술과 식사를 하며 하루의 고단함을 강물에 내려놓는다. 그들을 바라보는 일은 내게 멋진 풍경화 한 편을 감상하는 일과 마찬가지였다. 연극을 보러 가는 길에 미술 작품을 한 편 더 볼 수 있는 최고의 사치였다. 도이체스 테아터를 갈 때마다 나는 거의 40분에서 1시간 가량 여유를 두고 출발했다. 이 풍경을 보기 위해서였다.

또 다른 이유도 있었다. 시간을 들여 무대를 보기 위해서였다. 무대 위에 배우와 소품이 채워지는 시간 만큼 채워지기 전의 시간도 좋아했다. 텅 빈 무대를 바라보면서 저 위에 어떤 이야기가 채워질지 상상하는 일은 즐거웠다. 이번에 볼 연극 '세 자매'는 카린 헨켈(Karin Henkel)이 연출한 작품이었다.

극장 문은 이미 열려 있었고 자리를 찾아 들어갔다. 딱히 좋은 자리도 나쁜 자리도 아니었다. 무대를 바라보고 왼쪽 제일 끝자리였다. 어둠 속에 숨겨진 무대장치 모서리가 보일랑 말랑 보이지 않았다. 시작되면 보이겠거니 생각하며 무대를 조용히 탐색했다. 객석을 채운 관객들도 흥미로운 표정을 지었고 기대감을 내비쳤다.

이윽고 세 자매의 세계가 모습을 드러냈다. 막이 오르자, 무대 위에 또 다른 무대가 두둥실 모습을 드러냈다. 무대 속 무대는 다름 아닌 집 내부였다.

집 내부는 다채로운 공간으로 채워져 있었다. 찬장, 테이블, 누울 곳 등이 있었다. 중간에 계단이 위치해서 1층과 2층으로 구분되기도 했다.

다만 집 내부는 어딘가 불균형해 보여서 불안해 보였다. 불균형의 미학이 돋보이는 장소였다. 심지어 구석구석에서 무언가 터져 나올 것들을 암시하는 듯했다. 굉장했다. 무대 자체가 또 하나의 주인공이었다.

무대는 불안함의 세계를 표현했다. 그 속에 세 자매와 안드레이가 있었다. 시작부터 집은 평행을 유지하지 못하고 옆으로 누워 버렸다. 중력을 이기지 못하고 각가지 식기와 의자, 물건들이 옆으로 우르르 쏟아졌다. 등장인물들도 옆으로 휘청거리거나 일부는 쓰러졌다.

세 자매의 세계는 외관상 문제가 없어 보였지만, 언제든 부서지고 쓰러질 것 같았다. 아버지의 죽음 이후, 추억이 녹아 있는 모스크바를 떠나야 했던 세 자매의 심리와 지방 소도시에서 피로감을 맨몸으로 견뎌내야 했던 심리를 무대 하나로 표현해냈다. 동시에 낯선 세계에 적응해야 하는 세 자매의 무기력함과 암울함도 드러났다.

더 나아가 무대는 좀 더 심오한 이야기들을 펼쳐냈다. 인류사의 구체적인 삶을 확대해서 보여주고 있었다. 즉, 세상사 자체가 불완전하고 불만족스러운 곳임을, 예측 불가능하며 지루함이 반복되는 곳임을, 꿈은 존재하나 이루는 것은 불가능한 곳임을, 언제든 비극이 쉽게 발생하는 곳임을, 비극 속에서도 희망을 꿈꾸는 곳임을, 작품은 끊임없이 이야기했다.

이러한 풍경은 곳곳에서 발견된다. 자신의 신세를 토로하던 이리나는 모스크바로 가고 싶어 했지만, 결국 가지 못한다. 마샤는 자신의 결혼을 포함해 인생에 관한 깊은 매너리즘을 느낀다. 그는 정말 부서질 것 같은 상태로 보였지만, 또 어떻게 해서든 버티며 살아간다. 그러던 어느 날 갑자기 화재가 발생하기도 하고, 관계들은 뒤틀리고 꼬인다. 대부분 모든 것들이 세 자매가 원하는 방향으로 흘러가지 않는다.

생각해보니, 상대적으로 짧은 상연 시간이었지만 많은 장면이 지나갔구나 싶었다. 가족의 큰 기대를 받았던 안드레이의 결혼부터 새로운 삶을 꿈꿨던 이리나까지 사건이랄 것도 없는 인생이 흘러갔다. 그 덧없는 시간 속에서 "모스크바로!"라는 외침은 그칠 새가 없었다. 물론 그 외침은 이 불안함의 세계에서 맴돌다 사라질 뿐이었다.

세 자매가 진짜 하려고 했던 말

왜 이들은 모스크바로 가려고 했을까. 모스크바로 간다면 이들은 이 불안함과 노곤함을 벗어나 행복해질 수 있을까. 좀 더 나은 생활이 펼쳐질까. 과거나 지금이나 내 생각은 같다. 인간은 존재하는 한 불안하다. 꿈꾸던 이상에 몸을 담아도, 똑같은 실수를 반복하고 불안함을 느낀다.

결국, 행복은 존재하는 것이 아니라 평생 찾아 헤매야 하는 어떤 것이다. 세 자매는 모스크바에 다시 갈 수 없으며, 또 다른 모스크바를 꿈꿔야 할 임무만 갖고 있을 뿐이다. 아마 그들은 그것을 잘 알고 있을 것이다.

세 자매로 나오는 배우들이 스킨 커버처럼 얇은 가면을 쓰고 나온 것도 인상적이었다. 이 가면 때문에 세 자매의 모습이 다소 기괴해 보이고 암울해 보이기도 했다. 또 마스크 때문에 세 자매의 표정은 모두 비슷해 보였다.

이런 장치는 작품이 목표로 하는 분위기를 배가시켰다. 불안함, 답답함, 피로감, 공포감 등이었다. 극 초반에 이리나는 목에 풍선을 달고 나오는데, 이 풍선은 그녀의 목을 옥죄고 있는 것처럼 보이기도 했다.

세 자매를 연기한 배우들은 베르쉬닌, 쿨르이긴, 투젠바흐 등을 맡아 1인 2역을 소화했다. 세 자매가 남성 캐릭터를 연기할 때 가면을 벗곤 했는데 나중엔 누가 여자들인지, 남자들인지 분간이 안 되는 지점이 등장했다. 이 분간 안 되는 인간들은 또다시 현재를 한탄하며 모스크바에 관해 이야기했다. 이 장면을 통해서 현실에 고통받고 사는 것은 세 자매뿐만이 아니라 모든 인간에게 관통되는 정서임을 깨닫게 됐다. 등장인물들이 모두 하나로 중첩되는 듯한 이 장면 역시 좋았다.

세 자매가 맞이하게 될 결말에 눈물을 흘리는 사람도 있었을 것이다. 세 자매의 처지와 우리의 처지가 겹쳐 보였기 때문이다.

하지만 체홉의 이야기는 사람들을 슬프게 만드는 게 목적은 아니다. 눈물을 흘리게 하려는 것도 아니다. 그렇다고 해서 모스크바로 갈 수 있다고 막연한 희망을 던져주는 것도 아니다. 다만 체홉의 세 자매는 이야기해주고 있다. '여러분, 인생은 반복되고 지루한 겁니다. 그걸 좀 이해해 보세요! 그러면 더 다른 더 나은 인생을 가꿀 수 있을 거예요!'

과학 기술의 발전과 유전 공학의 성장 등 문명은 상상할 수 없을 만큼 빠르게 성장하고 있다. 비정상적인 성장 속도를 보이고 있다. 하지만 인생이 무엇인지, 인생을 어떻게 살아야 할지에 대한 고민은 뒤처지고 있다. 옳은 과정일까. 인류가 없다면 문명도 없다. 어떻게 살아야 할지에 대한 고민이 점점 더 중요해지고 있는 요즘, 베를린 무대에 오른 세 자매의 이야기는 오늘날에도 유효하고 중차대한 메시지를 던져주고 있다.

3부
독일 활동기

독일 적응 완료.
베를린 생활에 익숙해졌을 무렵
집회나 현장에서 겪은 일들을 담아봤다.
세월호 참사를 기억하고 연대하는 독일 교민들,
조지 플로이드의 죽음을 지켜본
독일 사람들의 반응 등을 기록해 봤다.
베를린에서 본 양육 분위기와
극장에 대한 이야기도 있다.

독일 교민들과 함께한 세월호 6주기

베를린을 향해 미친 듯이 카메라 셔터를 눌렀던 날들. 4천 개의 사진. 용량이 가득 차서 휴대전화 활용이 원활하지 않을 수도 있다는 경고 메시지가 계속 뜬다. 용량 비워내는 속도가 새로운 사진의 누적 속도를 따라가지 못한다. 과거 사진 몇 장을 지우고 동영상 몇 개 지우니 새로운 사진이 찍힌다. 사진첩은 다음에 정리하자며 이런 식으로 거의 2개월을 버렸다. 코로나 19로 집에만 있을 이때, 이제 정말 사진첩을 정리할 시간이다.

표정만 미묘하게 다르고 똑같이 중복되는 사진들, 유치해 보이는 사진들, 왜 찍었는지 의미조차 기억 못 하는 사진들 등 평범한 일상이 나의 기억을 소환시킨다. 나의 기억에서 걸러진 사진들은 둘 중 하나의 길을 걷게 된다. 휴지통으로 가거나 보존되거나.

많은 사진이 삭제되고 또 삭제됐다. 손가락이 휴지통 단추를 바쁘게 클릭하던 중 나의 손길을 멈추게 만든 사진이 있었다. 바로 세월호 참사로 아들 영만이를 잃은 이미경 씨가 주인공으로 나오는 연극을 보러 갔을 때 찍은 사진이었다. 2018년 연극 '배우에 관한 역설'이라는 작품이었다.

이 연극이 끝난 후, 분장실을 통과해서 바깥으로 나가는 길에 영만이가 쓴 일기장과 사진이 전시돼 있었다. 어린 영만이가 쓴 글 속에는 엄마에 대한 사랑과 추억이 가득 녹아 있었다. 그리고 영만이가 생각하는 엄마의 모습도 느낄 수 있었다. 일기 속에서 영만이는 말했다.

"우리 엄마는 잘하는 게 너무 많다. 학교 다닐 때 우리 엄마 꿈은 성악가였다고 한다. 그래서 노래도 잘하신다. (중략) 엄마는 운동하는 모습도 아프로디테 여신처럼 화려하게 빛나서 눈물이 찔끔 났다. 우리 엄마는 책도 재밌게 잘 읽어주시고 공부도 잘 돌봐 주신다. 나는 우리 엄마가 자랑스럽다. 그래서 난 엄마께 세상에서 제일 예쁘다고 애교를 부린다. 엄마 사랑해요. 쪽쪽."

또 다른 사진 속에서 세월호 엄마들은 4.16가족극단 노란리본의 김태현 연출가와 함께 연극 연습을 하고 있었다. 사진 속에서 어머님들은 캐릭터들의 대사로 세월호를 말하고 있었다. 캐릭터로 변신한 엄마들은 화내고 우울해하고 활짝 웃으며 작품을 완성해 나가고 있었다. 공연 후 관객과 대화를 하는 사진도 있었다. 총 네 장의 사진은 2017년 사진이었다.

세월호 참사 이후 사진첩을 정리할 시간이 있었지만, 이 사진들은 계속 남겨뒀다. 지우면 안 될 것 같았다. 오래된 사진으로 누적될지라도 둬야 할 것 같았다. 언제라도 사진첩을 넘겨보다가 이 사진들을 발견할 수 있도록 말이다.

노트북, 책상, 가방 등에 세월호 리본을 달고 다니면서 느꼈다. 어느 순간부터 어머님들에게 오히려 힘을 얻고 있는 것 같다는 생각이 들었다. 세월호를 포함한 모든 아픈 이야기를 쓰고 말해야 할 때 힘든 순간이 참 많았다.

그럴 때마다 노란 리본과 어머님들은 힘내라고, 함께 일어서자고 토닥여 주시는 것 같았다.

독일 교민도 세월호 진상 규명 촉구 "연대!"

4월 16일 정오, 화상 캠 속에서 노란 팻말을 든 시민들이 하나둘씩 모이기 시작했다. 어느새 줌(Zoom) 화면은 노란 물결로 가득찼다. 베를린 교민과 예술가들을 중심으로 만들어진 '세월호를 기억하는 베를린 행동'(이하 베를린 행동)이 진행한 세월호 6주기 온라인 추모 집회 현장이었다.

베를린 행동은 세월호 참사 이후 베를린에서 열린 세월호 추모제를 계기로 탄생됐다. 이들은 정기집회 및 예술프로젝트를 진행하며 세월호 진상 규명에 연대하고 있다. 세월호 6주기였던 2020년엔 코로나19로 오프라인 모임이 불가능해지자 온라인 추모집회를 기획하고 기억과 연대의 마음을 이어나갔다.

이날 추모회엔 약 42명의 교민이 참가했다. 베를린, 슈투트가르트, 뒤셀도르프, 오펜바흐, 본, 함부르크, 드레스덴, 쾰른, 바인하임 등 다양한 지역의 사람들이 노란 팻말을 들고 촛불을 들었다. 교민들의 웃는 얼굴은 온기를 더했다. 세월호를 기억하고 응원하는 마음은 한국에서도 독일에서도 같았다.

이날 진행을 맡은 임다혜 씨는 "세월호 6주기, 6년이 지났습니다. 우리는 아직도 왜 구출하지 않았는지 알지 못합니다. 그 수많은 질문 중 적어도 이것 하나만이라도 알고 싶습니다. 진상규명, 책임자 처벌. 벌써 6년째 외치

2019년 겨울 베를린 PG 갤러리에서 열린 세월호 전시

고 있는 같은 구호입니다. 공소시효까지 1년 이제 더는 지체할 수 없습니다. 세월호 참사에 책임이 있는 자들을 처벌하지 않으면 우리는 같은 일을 당하게 될 것입니다. 세월호를 절대 잊어서는 안 됩니다."라고 말했다.

교민들은 노란 종이에 하고 싶은 말을 준비했다. '잊지 않겠습니다', '진상규명의 날까지 함께 하겠습니다', '그 자리를 늘 기억하겠습니다', '단원의 별들아, 잊지 않을게. 꼭 기억할게. 사랑해', '빈 약속보다 행동으로'라는 문구로 연대했다.

그중 한 분이 눈에 들어왔다. 분홍 벽지로 둘러싸인, 교과서로 가득한 예은이 방에 앉아 있던 예은 엄마 박은희 씨였다. 어머님 뒤엔, 별이 된 예은이가 활짝 웃고 있었다. '성역 없는 진상규명!'이라는 팻말을 들고 미소를 띤

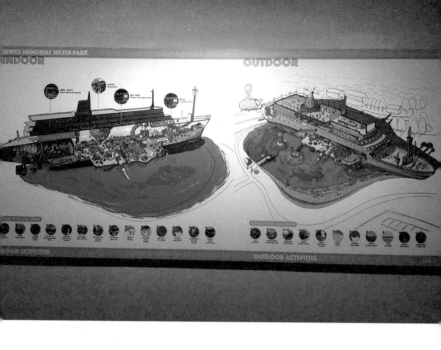

채 앉아 계시던 어머님은 교민들과 인사를 나눴다.

어머님은 "저희가 믿기지 않는 6년을 버틴 건 함께해 주신 여러분들 덕분이었어요."라며 교민들에게 고마움을 표현했다. 이어서 어머님은 한국 상황을 잘 알지 못하는 독일 교민들을 위해 세월호 6주기와 관련된 소식도 전달해주셨다. 세월호 6주기 바로 전날(15일)은 제21대 국회의원 선거가 진행됐던 날인데 선거 기간 때마다 공격 대상이 돼야만 했던 세월호와 해마다 진척되지 않는 진상규명에 대한 답답함도 털어놓으셨다. 교민들도 분노하며 '진상규명 촉구'와 '당선자들 지켜본다!' 피켓을 흔들었다. 어머님은 "앞으로도 반대하는 사람들이 있을 것 같아요. 하지만 우리 가족들 모두 기죽지 않고 걸어갈 거고요. 이것은 저희가 아니라 아이들이 이룬 거라고 생각해요. 앞으로 힘내서 계속 걸어가겠습니다."라고 말씀하셨다. 온라인상에서 소리를 낼 수 없었기 때문에 사람들은 손을 반짝거리며 박수쳤다.

이어진 발언에서 한 교민은 "세월호 참사 이후 6년이 지난 지금, 진상규명과 책임자 처벌을 해줄 줄 알았던 정부조차 아직 제대로 된 조사를 하지 않고 있다는 게 화가 나고, 실망스럽고, 절망스러워요."라면서 "저희의 존재가 가족들에게 조금이라도 힘이 되었으면 좋겠어요. 가족들이 계셔서 저희도 정말 많은 힘을 얻고 있기 때문이에요."라고 말했다.

화상 속 수많은 얼굴들은 '우리 마음도 그렇다', '연대한다', '잊지 않겠다'는 미소로 가득했다. 눈물을 훔치는 사람들도 보였다. 6년간 쌓아온 다짐을 되새기며 묵직한 표정을 짓는 사람들도 있었다. 다양한 표정들이 모여 세월호를 함께 기억하는, 에너지와 온기가 느껴지는 시간이었다. 행사는 1시간으로 예정돼 있었지만, 사람들은 온라인 공간에 좀 더 함께 머물렀다.

이 밖에도 베를린 국립극장(Berlin Staatsoper Unter den Linden) 합창단에서 테너로 활동 중인 목진학 씨가 '내 영혼 바람되어'를 부르며 촛불에 열기를 더했다. 목진학 씨는 6년간 추모 행동에 함께하며 노래로 힘을 보태왔던 것으로 전해졌다. 이어서 진성은·박현정 씨가 핸드팬·가야금 공연으로 세월호를 추모했다. 두 사람의 연주는 바람을 타고 아이들이 있는 하늘에 가닿을 것 같았다.

베를린에서 만난 놀이동산

세월호 참사 이후 나는 노란 리본을 가방에 달고 다녔다. 잃어버리면 구해서 달고, 스티커도 노트북에 붙여 놓고 그랬다.

이날 세월호 6주기 온라인 집회에서 나는 처음으로 노란 종이 위에 구호를 써봤다. 항상 누군가가 써서 외치는 구호만 듣고, 누군가가 전하는 메시지만 봐왔던 나였다.

그래서 먼 타국땅 변두리에서 노란 종이 위에 '잊지 않겠습니다' 구호를 적을 때 이상한 기분이 들기도 했다. 하지만 화상 추모회에서 피켓을 들고 구호를 외쳐보니, 그때나 지금이나 마음은 똑같았다. 계속 이어지길, 잊히지 말길 바라는 마음이었다.

매일 한국에 갇혀 바쁜 일상에 쫓기다 보니, 이렇게 멀리 떨어진 곳에서도 연대의 목소리가 따뜻하게 울려 퍼지고 있다는 것을 모르고 있었다. 그래서 한번 상상해 봤다. 세계 곳곳에서 세월호 연대 목소리가 하나로 이어져 진실을 끌어내는 모습을 말이다. 힘겹게 건져낸 진실로 더 단단하고 안전한 대한민국이 건설되어 가는 생각을 해본다.

사실 이번 추모 영상을 접하기 전에 또 다른 곳에서 세월호를 기억하는 사람들을 만난 적이 있다. 2019년 겨울에 베를린에서 진행된 세월호 전시를 통해서였다. 강동환 작가와 권재욱 디자이너가 함께 진행한 전시였다.

전시 기간 막바지에 권 디자이너를 만날 수 있었다. 그는 전업 작가가 아닌 놀이터 디자이너라고 했다. 2019년 한 행사에서 강동환 작가를 만나 세월호에 대한 이야기를 나누다가 이렇게 전시까지 열게 됐다고 했다. 세월호 문제가 정치권의 공방으로 끝나는 것이 아니라 피해자에게 집중되고 오래 기억될 이야기로 남기기 위해서였다.

구성된 작품은 팝업으로 제작된 세월호 선체, 다양한 드로잉들, 세월호 선체 내부를 제주 테마파크로 구성해 놓은 설계 이미지 등이었다. 작품을 만나는 동안 먹먹함과 미소가 교차 됐다.

먹먹했던 이유는 아이들이 당연히 누려야 할 희망과 안전 공간이 왜 2014년 4월엔 부재했을까, 하는 생각이 들어서였다. 미소가 났던 이유는 저 공간에서 하하 호호 웃으면서 놀고 있는 아이들이 생각나서다.

권재욱 디자이너가 만든 세월호 놀이동산 속에는 기억 터널, 클라이밍, 다이빙 보드, 제주 테마 거리, 야외극장, 스쿠버다이빙, 레크레이션 등 다채로운 공간으로 구성돼 있었다. 형형색색의 이미지를 바라보고 있으니 "아이들이 저기 갔으면 정말 재밌게 놀았겠다…"라는 말이 저절로 나왔다.

그는 말했다. "처음에 세월호를 놀이동산이랑 연결하는 것에 걱정이 많았어요. 그래도 얘기 자체를 꺼리는 것보다 20~30년 후에 세월호를 '어떻게 기억해야 할까'라는 것을 제시한다는 생각을 했어요. 세월호를 어두운 분위기로 해서 외면하게 만드는 것보다 피해자들이 어떤 사람들이었는지 생각해 보고, 그 고등학생들이 응당 누려야 할 것들을 주제로 해서 만들면서 사람들이 더 관심 갖도록 하고 싶었어요. 동시에 사람들이 잊지 않고 계속 찾아올 수 있는 느낌으로 작업했어요. 결국에는 세월호에 대한 놀이터를 만든 거죠. 희생자 대부분이 학생이에요. 정말 다양한 아이들이 있었을 거예요. 그런 아이들을 모두 수용해 줄 공간을 만들고 싶었어요. 어떤 아이든 안전하게 자랄 권리가 있어요."

아이들이 뛰어노는 그 공간을 배경으로 권 디자이너는 활짝 웃고 있었다.

2021년 3월 세월호 7주기를 앞둔 어느 날, 독일인 친구가 내게 세월호에 관해 물었다. 자신이 12살 때 세월호 참사에 관한 뉴스를 텔레비전으로 봤다면서 슬퍼했다. 친구의 문장과 문장 사이의 공백에서 느낄 수 있었다. '너희 한국 정부는 도대체 뭐 하고 있었던 거야?' 친구의 답답함과 이해할 수 없음이 느껴졌다.

덩달아 나도 먹먹해졌다. 그래서 나는 평소 가방에 메고 다니던 노란 리본을 찍어서 친구에게 보여줬다. 7년간 꾸준히 교체해 왔던 노란 리본이다. 친구는 노란 리본이 무슨 의미인지 물었다. 노란색이 젊은 친구들을 상징하는 거냐고 물었다. 나는 대답했다. "아이들을 절대 잊지 않겠다는, 기억하겠다는, 그런 의미야." 바로 다음 날 친구가 그림 하나를 내게 보냈다. 떠오르는 해를 바탕으로 거대한 손이 리본을 건져내는 사진이었다. 친구의 마음이 가득 담겨 있었다. 독일에서 날아온 연대의 마음이었다. 독일 교민과 친구들의 목소리가 들리는 것 같았다. "연대(Solidarität)!"

독일 엄마와 아빠에게서 본 육아 풍경

독일에서 친해진 일본인 친구에게 왜 일본이 아닌 독일에서 일하고 싶은지 물어본 적이 있다. 그는 말했다. "일본 사회는 남녀 차별이 심해. 회사에서 임금도 불평등해. 그런 곳에서 일하고 싶지 않았어. 너희 한국도 그렇지 않아?" 할 말이 없었다. 틀린 말이 아니기 때문이었다.

아기를 낳고 어떻게 해서든 일을 붙잡고 계신 선배들이 내게 말해준 조언이 있다. "절대 네가 하던 일을 놓지 마. 근근이라도 꼭 버텨." 그 말은 슬프게 들렸다. 그리고 힘이 됐다. 그 단어가 품고 있는 보이지 않는 고단함과 미지의 결실성 때문이었다.

그래도 억울했다. 아이 키우는 과정은 당연히 힘들지만, 왜 아이를 낳았다고 해서 일을 근근이 버텨가며 해야 하지? 누가 그렇게 만드는 거지? 아이 있는 엄마들도 공정한 환경에서 일하면 안 되는 걸까? 근근이. 이 단어는 아무래도 억울함의 단어였다.

그래서 독일로 떠나야 했다. 근근이 버텨야 하는 삶을 막을 수 없다면, 그전에 배우고 공부하고 경험하자 싶었다. 출산 이후의 삶엔 독일의 삶도, 독일의 공연도 포함되지 못할 거라는 불안감이 있었다. 지금 당장 하지 않으면 '결국 하지 못했다'는 후회가 망령처럼 평생을 쫓아다닐 것 같았다. 그 근근이 버텨가는 삶 속에서 말이다.

나이, 성별, 직업. 독일에서 나에 대한 세 가지 정보를 말해줬을 때, 친구들은 특별한 인상을 받았던 것 같다. 다른 것 때문이 아니라, 신혼 생활 9개월 차에 남편만 한국에 두고 홀로 독일에 왔다는 점에서 그랬다. 남미 친구들은 적지 않은 나이인데 결심과 용기가 대단하다고 했고, 인도 출신의 친구는 내게 특별한 케이스라고 말하기도 했다. 한국에 있는 남편이 보고 싶지 않냐며 걱정해주는 친구들도 있었다.

나도 처음에 그렇게 생각했다. 일반적인 상황은 아닌 것 같았다. 독일에서 만난 친구들은 대부분 10대 20대인데, 나는 33살에 독일에 도착했으니 적지 않은 나이가 맞긴 하다. 또 러시아에 아내를 두고 온 러시아 친구 한 명이 있긴 했지만, 그 친구나 나처럼 배우자 한쪽만 홀로 온 경우를 많이 보진 못했다.

근근이 버티는 삶, 그 많던 직장인 친구들은 어디 갔을까?

하지만 시간이 흐르면서 점점 이 특별한 느낌은 지워졌다. 돈을 벌어 가족과 행복하게 살기 위해 독일로 건너온 50대 터키인 부부도 있었다. 적지 않은 나이에 처음 접해 보는 독일어를 어떻게든 장악하려고 열심히 분투하는 사람들이었다. 또한, 위협적인 정치적 상황 때문에 독일로 넘어온 20대 초반의 친구들도 있었다. 한 친구는 전쟁 때문에 한쪽 눈을 잃었다면서 회색으로 변해버린 눈동자를 보여줬다. 독일에서 여러 차례 수술을 받았다는 이 친구는 나머지 한쪽 눈도 잘 안 보인다고 했다. 원래는 시력이 좋았다고 한다.

이들 모두 근근이 사는 삶을 벗어나기 위해 새로운 삶으로 도약할 준비를 하고 있었다. 나 역시 생존 문제를 붙들고 심각하게 고민하고 있었다. 앞으로 무엇을 하며 먹고 살아야 할지에 대한 고민이었다.

사실 내가 이런 고민에 천착하게 된 배경이 있다. 2021~2022년에 남편과 나는 아기를 가질 계획을 세우고 있었다. 2019년에 친구들에게 '내년이나 내후년에 임신 계획이 있어'라고 말했는데 그 내후년이 벌써 올해로 훌쩍 다가왔다. 한국에서 뭔가 탄탄하게 이루고 기반을 다진 후에 임신하고 싶었는데 막상 아무것도 한 것 없이 시간만 훌쩍 흘러버린 것 같았다. 마음이 조급했다. 그냥 이렇게 임신하고 출산해 버리면 경력단절의 길로 들어서는 것 같은 마음이 들었다. 왜 임신과 출산 이후의 풍경이 경력단절로밖에 안 그려지는 걸까. 나만 이런 걸까. 내가 출산 너머로 그린 풍경은 한국 사회의 초상이었다. 나는 너무 잘 알고 있었다. 33년간 우리 엄마에게서 경험했고, 사랑하는 내 친구들에게서 경험했다.

고등학교 시절, 살인적인 스케줄을 소화하며 원하는 대학을 위해 함께 달려왔던 친구들이 떠오른다. 원하는 대학과 직장을 위해서 정말 모든 것을 다 쏟아부었던 친구들이다. 이들은 실제 원하는 대학에 합격했거나 원하는 직장에 취직하며 자아 성취와 경제력, 두 마리 토끼를 잡았다.

이후 사랑하는 사람이 생겨 결혼했고, 예쁜 자식도 낳았다. 대부분의 친구는 직장을 그만두고 육아에 집중하고 있다. 아이들을 유치원에 보내면,

오전부터 오후까지 시간이 애매하게 남는다. 그 애매한 시간대에 일하고 싶어도, 직장을 구하기 쉽지 않다. 설령 구한다고 해도 처우는 장담 못 한다.

심지어 아기가 없는 친구는 몇몇 중소기업에서 임신과 출산 계획이 '있어 보인다'는 이유로 번번이 고배를 마셨다.

결혼하지 않거나 아이가 없는 친구들은 자신의 사업을 확장하거나 커리어를 높여갔다. 애초에 여성의 승진을 막아 놓은 비정상적인 회사에 입사해서 고생하는 친구들도 물론 있었다.

친구들의 상황이 전혀 딴 세상 이야기 같지 않다. 앞으로 내가 겪게 될, 내가 딸을 낳는다면 내 딸이 겪게 될 상황 같다. 내 딸이 손녀를 낳는다면 내 손녀가 겪게 될 이야기들이다. 한국으로 돌아가는 시간이 가까워질수록 가족을 만날 생각에 기대가 되면서도 덩달아 불안감이 커지는 이유였다.

코로나19로 3월 16일 학원이 문을 닫고 집에 있는 시간이 많아지면서 어느 날 문득 이런 생각이 들었다. 내가 가지고 있는 불안감과 마주해야겠다는 생각이었다. 가까운 미래에 엄마가 되더라도 '나는 다 잘할 수 있어', '잘 해낼 거야, 아니 잘 해내야 해', '나는 열심히 할 거야', '그러니까 뭔가 이룰 수 있어'라는 바람은 막연한 희망에 불과했다. 현재 상황에서 불가능한 것과 가능한 일을 분별할 필요가 있었다.

그래서 남편과 이야기를 해봤다. 대화는 점점 깊어지기 시작했다. 그러다가 어느 지점에서 남편은 내게 물었다. "아이가 태어나면 회사는 어떻게 할 거야?" 남편은 늘 나의 일을 열렬하게 지지해주는 사람이지만 이상하게 그 순간만큼은 '누군가가 애를 돌봐야 할 텐데, 그건 네가 하는 게 낫지 않을까'

라는 말로 들렸다. 추후 남편은 그런 의미로 말한 게 아니라고 설명해줬다.

어쨌든 우리는 그 문제를 깊게 고민해 본 적이 없었다. 아기를 낳은 부부들은 어떻게 하고 살까. 나는 대책이 없는 것처럼 보이기 싫어서 "애가 3살 정도 되면 어린이집에 맡길 수 있나? 그럼 3살 될 때까지 나는 일을 어떻게 해야 하지?"라고 말을 이어나갔지만 우리는 정말 답이 없었다.

일단 결혼한 후 아이를 한두 명 정도 낳은 내 친구들을 떠올려 봤다. 다들 장기간 일을 못 하고 있다. 돌아가고 싶지만 아이들 때문에 엄두를 내지 못하는 경우, 돌아가려고 마음먹었지만 아이들 하원 시간에 맞는 직장이 없는 경우, 모든 경우의 수가 여성들에게 철벽을 치고 있었다.

아직 어떤 선택을 할지 결정하지 못했다. 임신한 것이 아니기 때문이다. 하지만 출산과 육아를 계획하고 있는 여성으로서 플랜B를 준비해야 했다. 수년간 땀과 피로 다져놓은 소중한 땅을 버리고, 전혀 다른 삶의 방향을 계획한다는 일은 생살을 떼어내는 일이었다. 연륜은 쌓였지만, 육체는 늙어버렸기에 새로운 일을 시작한다는 것 자체가 무섭다.

그런 내게 엄마는 말씀하셨다. 여자는 다 그런 거라고 말이다. 딸이 상처 없이 순응하며 잘 살길 바라는 마음에서 그러신 거다. 또 속상해서 그러신 거다. 그런 엄마에게 울먹거리며 말한 기억이 있다. "그간 쌓아온 거 다 버리고 새로운 길을 다시 준비해야 한다는 게 얼마나 막막하고 힘든지 알아? 나도 살아야지."

생각해보니 그 아픔, 우리 엄마만큼 잘 아는 사람이 없을 거라는 생각에 마음이 저렸다. 엄마들이 굳세게 버텨온 역사가 한꺼번에 몰려들자, 심장이 뜯겨나가는 기분이 들었다. 언제부터인가 엄마의 '여자라서 그래'라는 말은 점점 줄어들고 있다.

새로운 계획을 안고 독일행 비행기에 몸을 실었던 33살의 나와 1년 후 나는 새로운 고민과 도전에 직면해 있었다.

독일 부모의 양육 풍경

독일에 머무르면서 궁금했던 것은 여성들의 삶이었다. 나와 같은 30대, 그리고 내가 앞으로 걷게 될 40대의 길을 독일 여성들은 어떻게 걸어가고 있는지 알고 싶었다. 독일은 남녀 차별을 많이 좁힌 국가라고 알고 있었는데, 실제 눈으로 본 독일은 흥미로웠다. 한국에서는 쉽게 볼 수 없는 모습들도 있었고, 아예 보기 힘든 모습들도 속속들이 등장했다.

가령, 아침에 아이들을 유치원에 데려다주는 아빠들의 모습이 대표적이었다. 오전 8~9시에 지하철을 타면 아이들을 유치원에 데려다주는 아빠들의 모습을 볼 수 있었다. 유모차를 끄는 아빠들도 있고, 아이 손을 꼭 잡고 발맞춰 걸어가는 아빠들도 있었다. 지하철 내에서 아이가 지루하지 않게 동화책을 꺼내서 읽어주는 아빠도 있었다. 아기들의 하굣길도 마찬가지였다. 등굣길만큼 자주는 아니었지만, 아이를 데리고 집에 가는 아빠의 모습을 본 적이 있다. 아이가 작은 자전거를 타고 아빠 뒤를 열심히 쫓아가는 데 정말 귀여웠다.

물론 독일 아빠보다 독일 엄마들의 양육 현장을 개인적으로 더 자주 보긴 했다. 그렇지만 한국에서 30년 이상을 살아도 한 번도 보지 못했던 아이와

아이들을 인솔 중인 선생님

아빠의 아침 풍경을 독일에서 쉽게 만나니 놀라울 따름이었다.

알고 있다. 열심히 육아하는 한국 아빠들도 분명히 있다. 육아와 회사 일을 병행하며 근근이 살아가고 있을 아빠들을 진심으로 응원한다. 그리고 같이하는 육아 문화가 더 확산됐으면 좋겠다. 아빠도 엄마도 둘 다 행복했으면 좋겠다. 아빠는 이래야 하고 엄마는 저래야 하는 이분법적 사고에서 벗어나, 다 같이 잘 지냈으면 좋겠다.

한 번은 독일인 지인과 육아에 대해서 이야기를 한적이 있다. 그는 코로나19로 인해서 아이와 붙어 있는 시간이 많아졌다면서, 자신이 딸의 친구·선생님·엄마 역할을 모두 해내야 했다고 말했다.

그러면서 그는 아이를 키우면서 들었던 생각을 털어놨다. 그는 육아로 인

DDR박물관에 전시된 아이들 사진

해서 집에 3년 정도 있을 수 있는 것은 양육자의 특권이라고 말했다. 하지만 집에서 일하는 시간은 경제적인 기여를 못 한다는 생각을 들게 하고, 때론 죄책감도 느끼게 만든다고 했다. 물론 집에서 일하는 것도 좋아하지만, 때때로 집에서 일하는 것이 조금 생산적이지 않다는 생각도 든다고 했다. 그렇지만 그는 자신이 하는 일이 중요하단 것을 알고 있다고도 했다. 그의 마음이 충분히 이해됐다.

한국 친구들에게서도 종종 듣던 이야기를 타국 땅에서 들으니 기분이 묘했다. 아이가 어느 정도 크기 전까지 힘든 것은 사실인데, 문제는 그 이후인 것 같다. 양육 후 여성들의 사회 진출을 적극적으로 장려해 줘야 한다고 생각한다. 그 독일인도 대화 말미에 그렇게 말했다. 사회에서 출산과 육아 문제를 계속 재고하고, 더 나은 지원을 해야 한다고 말이다.

제도와 병행돼야 할 것은 우리의 인식이다. 요즘엔 많이 바뀌었다고 하지만, 여전히 육아는 엄마 몫이라고 생각하는 사람들이 있다. '남자는... 여자는...' 그런 말 하는 사람들은 제발 생각 좀 바뀌었으면 좋겠다. 지금은 조선시대가 아니다. 여기는 21세기다. 근근이 어떻게 해서든 버티려는 여성들을 응원해줘야 할 때다.

조지 플로이드와 그라피티

누구나 독일로 가고 싶은 다양한 이유를 가지고 있다. 내가 독일로 가고 싶었던 이유는 연극 때문이었다. 궁금했다. '연극의 본산지는 러시아 아니었어?'라는 생각을 갖고 있었는데 베를린 연극이 최고라고 하니 확인하고 싶었다. 체홉이 실제 살았던 모스크바 멜리호보에서 '바냐 아저씨'를 봤을 때 큰 충격을 받은 경험이 있어서 베를린 연극에 대한 기대감도 있었다. 베를린에선 어떤 신선한 충격을 받게 될까, 하고 말이다.

하지만 베를린에 막상 도착했을 때 깨닫게 됐다. 베를린은 연극을 넘어서서 하나의 예술 도시였다. 빛이 들지 않는 골목, 사람의 발걸음이 잦지 않는 거리, 버려진 지 오래된 공터 등 베를린 곳곳엔 예술이 세포처럼 퍼져있다. 호흡처럼 일상적으로 스며들어 있다. 그러다 보니 길거리만 걸어도 예술적 감성을 느낄 수밖에 없다. 친구들이 베를린을 '그냥 베를린스럽다'고 말하는 이유를 알 수 있었다.

34년을 한국에서 살면서 들었던 거리 음악보다, 더 많은 거리 음악을 독일에서 들었다. 무려 1년도 채 안 된 시간에 말이다.

한번은 이런 일이 있었다. 국립 기념물(Nationaldenkmal für die

Befreiungskriege) 풍경이 일품인 빅토리아 공원에서 내려오자 트럼펫 소리가 흐릿하게 흘러나왔다. 몇 걸음 걸으니 갤러리 앞에서 뮤지션이 트럼펫 연주를 하고 있었다. 트럼펫 소리는 길 가던 사람들의 발걸음을 멈추게 만들었다. 물론 우리 일행도 잠시 발걸음을 멈췄다. 연주 내내 사람들은 손뼉을 치고 함박웃음을 지었다.

음악은 무대가 아니라 도처에

하케셔 마켓(Hackescher Markt) 역 인근에서도 비슷한 경험이 있었다. 이 역 인근에 위치한 유명 맥줏집 바이엔슈테파너 베를린(Weihenstephaner Berlin)에서 친구와 맥주를 먹고 있었다. 볕이 좋은 날이었다. 맥주는 쉬지 않고 넘어갔다. 건너편에선 뮤지션이 악기를 연주하고 있었다. 바이올린인지 비올라인지 정확하게 기억은 안 난다. 중요한 건 현의 선율이 사람들의 시선을 사로잡았다는 것이다. 사람들은 미소짓고 있었다. 이들은 편안하게 식사를 하면서 때론 음악을 집중해서 감상했다.

음악이 있는 풍경을 바라보는 일은 허겁지겁 흘러가는 시간에 쉼표를 내어주는 일이었다. 음악이 녹아있는 베를린의 시계는 느리게 흐른다. 베를린의 하루는 참으로 느긋하고 여유가 있다. 그 느림의 미학은 찰나의 풍경을 선명한 사진처럼 머릿속에 남겨줬다.

정말 유명한 관광지인 알렉산더 광장이나 브란덴부르크 문 인근에선 예술가나 뮤지션을 쉽게 만날 수 있다. 특히 다양한 집회와 행사가 열리는 브란덴부르크 문 앞에선 그간 보지 못했던 악기도 볼 수 있었다. 치열한 역사적 현장이었던 브란덴부르크 문을 놀이공원 분위기로 바꿔놓은 악기였다. 이 악기는 감성 만화에 등장할 것 같은 영롱한 소리를 냈다. 작은 나무 상자 속에서 흘러나오는 생애 처음 듣는 소리였다.

유명 관광지나 아름다운 공원 인근이 아니더라도 음악의 발견은 가능했다. 어학원 가는 길이 그랬다. 매일은 아니지만, 오전과 점심 시간대에 지하철 길목에서 뮤지션들을 종종 봤었다. 환승 통로로 들어서면 들려오는 음악 소리에 아침부터 기분이 좋아졌다. 한국에서는 전혀 마주할 수 없는 풍경이었다. 출근길에, 퇴근길에, 이런 멋진 라이브 음악을 들을 수 있다니 말이다. 내가 걸어 다니는 길목엔 늘 음악을 자연스럽게 끼고 사는 사람들이 있었다.

사실 독일은 음악 하면 빼놓을 수 없는 국가다. 독일은 바흐, 베토벤, 바그너, 슈만, 헨델, 브람스 등 세계적인 음악가를 배출했다. 클래식 강국이다. 한국 학생들도 독일로 음대 유학을 하러 많이 간다고 한다. 처음엔 이런 이야기를 듣기만 하다가, 독일에서 실제로 이런 분위기를 체감한 적이 있었다.

2019년 9월, 어학원에 입학한 지 얼마 안 됐을 때다. 선생님이 내 이름을 보시더니 한국 사람이냐고 물었다. 나는 맞다고 했다. 그러더니 내게 클래식을 전공하는지 물었다. 어떤 악기를 연주하냐고도 물었다. 내가 음악 전공이 아니라고 하자, 선생님은 "한국 학생 중에 음악을 전공하는 학생이 많아서 한번 물어봤다."고 말했다.

이런 분위기가 있다고 하지만, 나는 독일에서 음악 전공하는 친구보다 문학, 미술, 연극, 디자인 분야를 공부하거나 공부하고 싶어하는 친구들을 더 많이 만났다. 독일에 정착하기 위해 비자든, 언어든, 경제적 부분이든 많은 어려움이 있긴 하지만 학비 걱정 없이 자신이 원하는 공부를 마음껏 하고 싶어 하는 분위기와 그 진심 어린 마음들을 확실히 느낄 수 있었다.

즉각적인 예술 행동, Black Lives Matter

"숨을 쉴 수 없어요." 2020년 5월. 전 세계는 충격에 빠졌다. SNS와 뉴스 등을 통해서 공개된 영상 때문이었다. 한 남성을 체포하는 과정이 담긴 영상이었다. 영상 속에서 한 경찰관이 조지 플로이드의 목을 무릎으로 단단히 누르고 있었다. 조지 플로이드는 숨을 쉴 수 없다고 절규했다. 하지만 이 경찰은 오히려 즐기고 있는 듯 보였다. 정말 무섭고 보기 힘든 영상이었다. 9분 가까이 되는 압박으로 조지 플로이드는 사망했다. 경찰이 거리 한복판에서 대놓고 살인을 저지른 것이다.

조지 플로이드의 죽음 후, 전 세계적으로 대대적인 집회와 시위가 일어났다. 사람들은 미리 준비한 피켓과 종이에 "Black Lives Matter(흑인의 생명도 소중하다.)"라는 문구를 썼다. 이들은 흑인들의 삶도 소중하다고 외쳤다. 전 세계가 그렇게 동시다발적으로 연호했다.

베를린에서도 마찬가지였다. 특히 2020년 6월 6일엔 알렉산더 광장에 많은 사람이 몰렸다. 평소에도 사람이 많은 편이지만, 베를린에 살면서 이렇게 많은 사람이 광장에 몰려 있는 것은 처음 봤다. 이날은 역사에 사람도 많았고 전철도 꽉 찼다. 역사 내에서 '흑인의 생명도 소중하다(Black Lives matter)', '함께하자(Join us)', '우리는 숨을 쉴 수 없다(We can't breathe)' 등의 피켓을 들고 있는 사람들도 볼 수 있었다. 전철에 앉아 있는데도 알렉산더 광장의 웅성거림과 함성이 들렸다. 전철 속 사람들은 광장 아래를 내려다보기도 했었다.

베를린의 예술은 현장성을 담고 있었다. 시위가 끝난 후 다시 찾은 알렉산더 광장엔 그날의 함성과 희망이 즉각적으로 새겨져 있었다. 광장에 어떤 예술가가 조지 플로이드의 초상을 그라피티로 크게 그려놨던 것이다. 큰 눈망울로 한 곳을 깊게 응시하는 조지 플로이드의 얼굴은 '인종차별 반대'를 말해주고 있었다.

조지 플로이드 오른쪽에는 검은색 재규어가 함께 그려져 있었다. 이 용맹한 동물이 조지 플로이드를 지켜줄 것 같은 느낌이었다. 조지 플로이드 왼쪽에는 공정을 상징하는 저울 여러 개가 그려져 있었다.

조지 플로이드 이미지와 멀지 않은 곳에 누군가 'NIE WIEDER RASSISMUS'라는 글귀를 땅에 적어두기도 했다. 인종차별이 절대 다신 일어나선 안 된다는 의미였다.

또 광장 인근엔 집회 후 남은 팻말 몇 개들이 나뒹굴고 있었다. 역사 내 전광판에서 인종차별을 반대하는 'stop racism' 해시태그가 등장하기도 했다. 이상하게 기분이 뜨겁기도 쓸쓸하기도 했다.

이날 본 조지 플로이드 그라피티는 베를린에서 살면서 가장 인상적이었던 예술이었다. 국제적 화두이자 더 이상 남의 나라 문제가 아닌 인종 차별에 대해 즉각적으로 분노하고 연대하는 사람들의 모습도 놀라웠지만, 플로이드의 초상과 연대의 메시지를 바닥에 즉각적으로 그려 넣는 분위기도 인상적이었다. 시대의 목소리를 담아낸 멋진 예술이었다. 단순한 낙서가 아니었다.

사실 베를린에선 정말 많은 그라피티를 볼 수 있다. 건물 대문, 벽, 지하철, 바닥, 에스컬레이터, 골목 할 것 없이 정말 많다. 도대체 저 위에 어떻게 올라가서 글씨를 쓴 거지 싶을 정도로 곳곳에 있다. 도시 전체가 그라피티라는 옷을 입은 것 같은 풍경은 한국에서 살아온 나에겐 익숙하지 않았다. 별의별 내용과 이미지를 담은 낙서 형태의 그라피티도 있어서 사람마다 호불호가 갈리는 것 같다. 무분별한 낙서는 문제가 되지만, 그라피티가 없는 베를린은 어쩐지 좀 썰렁한 느낌이다.

베를린엔 낙서나 그라피티 같은 게 워낙 많아서 놀랄 일도 없지만, 한번은 그라피티 때문에 엄청 놀란 적이 있다. 친구랑 빙수를 먹기로 한 날이었다. 우리 집에서 괴를리처 공원(Görlitzer Park) 방향으로 가는 버스를 탔다. 버스가 건물과 건물 사이를 달리는 데 정말 아름다웠다. 건물은 통일된 듯 다른 분위기를 연출하고 있었다. 코로나 팬데믹으로 힘든 기간이었는데 거리는 딴 세상처럼 아름다웠다. 버스를 탄 시간 동안 유튜브만 바라보는 일은 바보 같은 짓이라고 생각했다.

버스를 내린 후, 괴를리처 공원을 지나갔다. 몇몇 건물들은 그라피티로 가득했다. 평화로운 공원에 이색적인 색감들이 뛰어노는 느낌이었다. 낯설지만 독특한 분위기였다. 그런 공원을 빠져나와 걸어가는 길에도 형형색색의 그라피티가 가득했다. 유독 건물에 그라피티와 낙서가 많아서 '여기 무

알렉산더 광장에 그려진 조지 플로이드의 얼굴

슨 그라피티 거리인가?'라고 생각했을 정도였다. 더 많은 사진을 찍어놓지
못한 게 아쉽다.

　그라피티에 대해선 각기 다른 생각을 가지고 있는 것 같다. 그라피티를
마냥 멋있게 보기만은 어렵다고 한 친구도 있었다. 어떤 그라피티는 매우
훌륭하지만 어떤 그라피티는 외관을 해치는 것 같다고 했다. 또 다른 친구
들은 자신의 고향에선 볼 수 없는 풍경이라며 감탄하기도 했다. 그라피티
같은 게 있어서 진짜 베를린에 있는 것 같다고 한 친구도 있었다.

　문화재 등에 하는 것은 절대 안 되지만, 때론 가능한 공간에 의미 있는 메
시지를 즉각적인 예술로 표현하는 것은 멋지다고 생각한다. 한국에서 느낄
수 없는 독특한 분위기가 나는 좋았다. 내 일상에서 볼 수 있는 국·영·수 과

외 광고, 몸짱 만들기 광고, 박근혜 탄핵 무효 글귀를 넘어서서 베를린의 그라피티는 나를 생각하지도 못한 상상력의 공간으로 빠져들게 만든다. 상상력이 넘실거리고 창의력이 도처에 널려 있는 곳이 베를린이다. 그래서 특정 거리나 특정 극장, 특정 문화공간에 굳이 가지 않아도 된다. 도시 하나가 거대한 예술을 품고 있기 때문이다.

붉은 노을이 텔레비전 탑을 부드럽게 감싸는 어느 날 저녁, 지하철을 타고 가던 길에 발아래에 붙어 있던 글귀가 아직도 생각난다. '인종차별 반대(gegen Rassismus)'. 이 단어는 어찌 보면 사회 용어인데, 어떻게 하다가 내가 이 단어를 알게 됐는지 생각해 봤다. 이 단어는 일상 용어였다. 나와 우리의 삶에서 그렇게 멀지 않은 단어였던 것이다. 전철 의자에 스티커를 붙인 누군가의 얼굴을 상상해 봤다. 그리고 알렉산더 광장에 있는 조지 플로이드의 얼굴이 문득 생각났다. 한국의 평범한 퇴근길이었다면 전혀 생각하지도 못할 감각들이 여기엔 있다. 베를린의 예술은 잠들어 있는 중요한 감각들을 계속 두드려 깨운다.

베를린 극장이 품은 특별함

한창 공연이 진행 중이었다. 미세한 웅성거림과 함께 몇몇 사람들이 공연 장을 빠져나가기 시작했다. 좌석 간 간격이 좁기 때문에 나가려는 사람은 분명히 양해를 구했을 것이다. "실례합니다, 좀 나갈게요." 한두 명이 아니 었다. 세 명, 네 명, 다섯 명, 여섯 명, 그 이후로 몇몇 더 추가됐다. 한 명이 운을 트자 이참에 나가려고 하는 듯한 모양새였다. 개인적인 취향에 안 맞 았거나, 지루하게 느꼈거나, 여타 다른 이유로 나간 걸 거다. 하지만 그 풍 경은 내게 다소 충격적이었다. 솔직히 나는 '저쪽 자리는 티켓 가격도 상당 하던데 그냥 참고 보지…. 나가는 건 너무하다'고 생각했다. 한국에서 별의 별 공연을 봤지만, 그런 풍경은 보지 못했기 때문이다. 예술에 대한 기호가 분명한, 평가가 가차 없는 관객의 분위기를 느낄 수 있었다.

독일 극장이 품은 작품부터 독일 극장을 대하는 관객의 태도까지 배우고 느낄 것이 너무 많다. 독일 극장은 정말 별천지다.

내 글 속에 베를린을 찾는 사람들을 위한 권장 사항들을 언급해두었다. 그러나 목차를 나눠 정리하기엔 벅차다. 왜냐하면, 베를린에서 1년은 하나 의 세계였고 우주였기 때문이다.

물론 짧은 시간이었다. 하지만 예비 베를리너에게 해보라고 권유했던 이야기들은 모두 내 삶 속에서 체득된 경험이었다. 제2의 고향 베를린에서 건진 낯설고 생경한 감각들은 1년의 삶을 특별하게 만들어줬다. 1년이란 시간은 또 다른 환상과 편견을 생산해낸 시간이었고, 동시에 부수는 시간이었다.

그 가운데 베를린에 다시 가게 된다면 꼭, 반드시 하고 싶은 게 있다. 지금도 못 해 본 것이 한이 돼 가슴을 치게 만드는 일이다. 바로 베를린에 널려 있는 극장을 찾는 일이다.

극장에 다시 가야 하는 이유는 베를린 곳곳에 저명한 극장들이 자리 잡고 있기 때문이다. 베를린 국립 오페라(Staatsoper Unter den Linden), 도이체스 테아터(Deutsches Theater), 도이체 오퍼 베를린(Deutsche Oper Berlin), 베를리너 앙상블(Berliner Ensemble), 샤우뷔네(Schaubühne), 폴크스뷔네 베를린(Volksbühne Berlin), 막심 고르끼 극장(Maxim Gorki Theater) 등 셀 수 없다. 여기에 소극장 무대까지 생각한다면 그 수는 더 늘어나게 된다.

베를린으로 출발하기 전, 대표 극장들을 꼭 가보리라 마음을 먹었다. 하지만 삶은 늘 계획을 방해한다. 실제로 가본 극장은 샤우뷔네, 도이체스 테아터, 도이체 오퍼 베를린에 불과했다. HAU(HAU Hebbel am Ufer) 극장과 고르끼 극장도 꼭 가보고 싶었는데 결국 못 갔다. 베를린의 삶과 관련해서 계속 후회가 남는 여러 이유 중 하나다. 베를린에 가게 된다면 꼭 극장을 가보라고 친구들에게 이야기하는 이유이기도 하다.

언어도 뛰어넘는 독일 연극

고전을 공부하고, 연극을 분석하면서 항상 드는 생각이 있었다. 장애, 성소수자, 성폭력, 환경문제, 노동문제 등 세상에서 발생하는 이슈에 대해 가장 즉각적으로 반응하고 목소리를 내는 연극이 왜 보편의 사람들과 외따로 분리돼 있다는 기분이 드는 걸까. 가장 첨예한 이야기를 예술이라는 멋진 그릇에 담아서 저렇게 표현하는데 왜 사람들은 순수예술과 연극에 관심이 없는 걸까. 보는 사람만 보는 게 안타까웠다. 문화 예술을 향유하는 층이 두텁다는 것은 그 사회의 성숙도를 보여주는 기준이라고 생각한다.

가장 가까운 가족, 친구, 지인 중에도 정기적으로 순수예술이나 연극을 접하는 사람이 없다. 그래서 잘 알고 있다. 평소에 연극을 접해보지 않은 사람일수록 해외로 나갔을 때 공연을 접하는 게 더 어려운 일일 것이다. 심지어 독일어나 영어가 안 된다면 더 한계에 부딪힐 수밖에 없다.

하지만 멋진 작품은 언어를 이해할 수 없어도 관통하게 되어 있다. 극 중 분위기, 배우들의 표정, 몸짓, 장면 변화, 소품 이용 등이 친절한 언어 역할을 해준다. 그래서 의미가 전달되고 가슴에 와 닿는다.

러시아 멜리호보에서 본 '바냐 아저씨'가 그랬고, 독일 베를린에서 본 몇몇 작품들이 그랬다. 2019년 독일에 갈 땐 알파벳이라도 배우고 갔지만, 2016년 러시아에 갔을 땐 알파벳도 모르고 갔었다. 그렇지만 멜리호보 속 울창한 삼림이 뿜어내는 공기의 촉감을 느끼며, 파란만장한 바냐 아저씨의 인생을 지켜보던 일은 머릿속에 선명하게 남아있다. 독일 극장에서도 마찬가지다.

독일 연출가 토마스 오스터마이어(Thomas Ostermeier)는 2018년 LG 아트센터에서 열린 기자간담회를 통해 '리처드 3세'가 다른 나라 언어로 표현되는 것과 관련해 이같이 답변한 바 있다.

"언어라는 것이 결국 큰 장벽을 야기하는 것은 아니라고 생각합니다. 특히 리처드를 연기하는 라르스 아이딩어는 다른 언어로도 관객과 소통하고 관객을 유혹할 수 있는 훌륭한 자질을 가진 배우라고 생각하기 때문에 한국 관객들과의 소통에도 문제가 없을 거라고 믿고 있습니다."

독일 배우 라르스 아이딩어(Lars Eidinger)는 내한 공연 당시 정말 눈빛 하나로, 표정 하나로 한국 관객을 이해시키는 데 성공했다. 한글 자막이 제공되긴 했지만 사실 아이딩어 자체가 하나의 언어였음은 분명했다. 결국, 연극을 느끼고 즐기는 것에 언어는 문제가 되지 않는다. 물론 언어를 100% 이해한다면 금상첨화일 테지만 말이다.

한국 공연장에 자주 다녔던 사람은 독일 극장에 갔을 때 어떤 느낌을 받게 될지 잘 모르겠다. 나는 묘한 경험을 했다. 한국에서도 크고 작은 극장을 자주 다녀서였을까. 독일의 모든 극장이 낯설지 않았다. 예약한 표를 찾기 위해 독일인 직원과 독일어로 대화를 나눠야 할 때도 이상하게 두렵지 않았다. 독일어가 능숙하지 않은 사람들은 공감하겠지만, 무슨 일이든 독일인 직원과 대화하는 일은 정말 부담스럽고 무서운 일이다. 극장 자체가 주는 친숙함은 이런 두려움마저 사라지게 해주었다. 극장이 정말 좋았다. 팸플릿과 엽서를 살펴보는 사람들, 궁금증에 한껏 부풀어 있는 사람들의 얼굴을 지켜보는 일은 정말 즐거웠다. 무대 속 거대한 세계를 향유하기 전, 인간이 갖는 표정은 한국이나 독일에서나 같았다. 표를 확인한 직원의 안내 설명이 끝난 후, 극장 내부로 발걸음을 깊게 옮길수록 이상하게 한국에 와있는 것처럼 편안한 기분이 들었다. 독일 어느 극장을 가나 마찬가지였다.

독일 극장이 가진 특별함

독일 몇몇 극장의 연극 시간표를 보면서 정말 놀랐던 이유가 있다. 작품수가 엄청났기 때문이다. 작품 수가 많다 보니 장르의 결도 다양해질 수밖에 없다. 2020년 2월 샤우뷔네 시간표를 살펴보면, 헨릭 입센의 페르귄트, 버지니아 울프의 올랜도, 몰리에르의 암피트리온, 베르톨트 브레히트의 코카서스 백묵원, 윌리엄 셰익스피어의 리처드 3세, 외된 폰 호르바트의 신 없는 청춘 등 다수의 고전 작품이 포진돼 있었다. 고전만 이 정도다. 현존하는 작가의 공연을 포함하면, 한 달간 한 극장에서 엄청난 양의 공연이 관객을 만나고 있는 셈이었다.

한 극장 상황만 봐도 이러한데, 인근 내로라하는 극장의 공연 수까지 합한다면 그 양은 정말 가늠하기 어려울 것이다.

또 흥미로웠던 것은 좌석 위치와 티켓 가격이었다. 지금까지 독일에서 몇몇 공연들을 봤는데 가격이 하나같이 다 달랐다. 좌석이 그렇게 마음에 들지 않는데 상대적으로 가격이 나가는 좌석도 있었고, 좌석 위치가 무난하다고 생각했는데 의외로 가격이 저렴한 것도 있었다. 그래서 이 부분을 두고 독일 친구와 나는 이야기 했다. "극장 좌석의 가격 기준을 도저히 모르겠어!"라고 말이다.

도이체스 테아터 베를린

가령, 샤우뷔네의 경우 헤다 가블러(14열 16번) 7유로, 코카서스 백묵원(2열 3번) 15유로, 암피트리온(12열 19번) 22유로에 구매를 했었다. 도이체스 테아터에선 어느 세일즈맨의 죽음(13열 23번) 18유로, 세 자매(9열 26번) 21유로, 4.48 사이코시스(11열 20번) 12유로, 미스 줄리(12열 12번) 14유로에 구매했다. 물론 나는 보통 중저가 티켓을 노렸다. 그러니까 앞서 내가 언급한 티켓 위로, 더 비싼 티켓들이 존재하는 것이었다.

한국 연극도 R석, S석, A석 등으로 나눠진 경우도 있지만, 보통은 균일가를 많이 만나서 그렇게 느꼈던 것 같다.

이것만이 아니었다. 한국과 비슷하면서도 조금 다른 분위기도 있었다. 독일 출국 전, 나는 정말 안 입게 될 것 같은 원피스 두 벌과 재킷 두 개를 챙겼

도이체 오퍼 베를린

다. 독일에서 클래식 등 고급 대중문화를 보러 갈 때 정장을 입는 게 좋다고 들었기 때문이었다. 물론 티셔츠에 청바지 차림이 금지는 아니지만 단정한 옷을 입는 게 좋을 것이라는 조언이었다.

그러다가 독일에 있을 때 도이체 오퍼 베를린에서 셰익스피어의 '한여름 밤의 꿈'을 볼 기회가 생겼다. 독일에서 오페라 작품을 본 것은 이 작품이 처음이었다. 물론 이 극장에 간 것도 처음이었다. 나는 사람들이 멋쟁이 드레스와 정장을 차려입은 상상을 했었다. 하지만 막상 보니 상상한 정도는 아니었다. 물론 진주 목걸이를 두르거나 붉은 롱 원피스를 입는 등 멋지게 차려입은 사람도 있었다. 하지만 니트 티, 바지, 편안한 워커와 부츠를 착용한 사람도 많았다. 정장을 입은 남자도 많았지만 다 입은 것도 아니었다. 하지만 대부분 사람이 단정하고 깔끔하게 입은 건 사실이었다. 여름이 아니었기에 반바지를 입거나 슬리퍼를 신은 사람은 당연히 없었다.

한국 대학로예술극장 대극장에서 발레 공연을 보기도 했고, 예술의 전당에서 클래식 공연을 본 적도 있었는데, 한국에선 클래식을 볼 때 옷차림을 어떻게 하라는 특별한 규정을 들은 적은 없는 것 같다. 암묵적으로라도 정장을 입으라는 이야기는 들어본 적이 없다. 패션 기준에 대한 잣대가 엄격한 것 같지 않지만, 그렇다고 해서 클래식 공연장에서 운동복을 입고 온 사람도 본 적은 없다.

한국에서 볼 수 없는 풍경 중 하나는, 쉬는 시간 풍경이었다. 도이체 오퍼 베를린에서 '한여름 밤의 꿈'을 볼 때 중간 휴식 시간이 주어졌었다. 쉬는 시간이 어느 정도였는지 기억은 잘 안 나지만, 관객들이 보여준 행동은 아주 정확하게 기억하고 있다. 홀에 작고 동그란 테이블들이 상당히 많이 놓여 있었는데, 사람들은 그곳에 둘러서서 간단히 음료를 마시고 대화를 나눴다. 홀로 앉아 음료를 홀짝거리는 사람도 있었고, 난간에 기대서 아래를 내려다보는 사람도 있었다. 누군가 열변을 토하는 것을 팔짱을 낀 채 흥미롭게 바라보는 사람도 있었다.

이들은 조금 전까지 봤던 경이로운 공연에 관해서 이야기하는 것일 수도 있고, 아닐 수도 있다. 다만 공연이 잠시 막을 내린 후 옹기종기 모여서 대화를 나누는 모습 자체가 좋았다. 내 시선에 들어온 70~80명 혹은 그 이상 되는 사람 중 단 2명을 제외하고 휴대전화가 아닌 서로의 눈을 바라보며 대화에 집중했다.

공연이 끝나고도 마찬가지였다. 샤우뷔네와 도이체스 테아터의 경우 공연이 끝나면 다시 극장이 열리는 분위기였다. 상당수 사람이 옷을 챙겨 극장을 떠나지만, 상당수 사람은 극장에 남아 음료를 마시며 대화를 나눴다.

특히 샤우뷔네는 멋진 펍으로 변했다. 가볍게 식사를 하는 사람도 있지만 대부분 맥주나 음료를 마시며 한껏 즐거운 기분을 나눴다. 매번 극장을 빠져나올 때마다 '나도 저기에 끼고 싶다'는 생각을 많이 했다. 공연의 에너지를 함께 나눌 수 있는 분위기가 형성됐다는 것은 정말 멋진 일이다. 문학과 공연에 대한 이야기를 나누는 사람이 많을수록 예술의 힘은 커지니까 말이다. 꼭 다시 가고 싶다, 나의 극장들.

베를린 삶이 가져다준 변화

베를린에서 경험은 과거의 내 모습을 다시 떠올리게 만들었다. 조금 안쓰러운 과거였다. 20대 중반이었을 때, 한 선배가 내게 물은 적이 있었다. 요즘 듣는 음악이 있는지, 취미는 무엇인지, 쉬는 날은 뭐 하는지 질문했다.

별로 생각해 볼 필요도 없었다. 당시 취미도 없었고 듣는 음악도 없었기 때문이었다. 정말 삭막한 시기였다. 일도 너무 바빴다. 주어진 일만 쫓아가기에도 정신이 없었다. 당연히 쉴 시간도 없었다. 그런 내가 안타까웠는지 선배는 "너는 어떻게 젊은 애가 음악도 안 듣고 사냐?"고 했었다.

굉장히 오래전에 들은 질문인데도, 이 질문이 기억에 남는 이유가 있었다. 나 스스로 생각하기에도 취미도 없고 듣는 음악도 없는 내 모습에 놀랐기 때문이었다. 원래 20대는 이렇게 힘든 걸 거라며 홀로 위로했었다. 선배랑 헤어진 후, '나는 정말 뭘 재밌게 하고 있지? 내가 힘들 때 나를 위로해 주는 것은 뭐지?'라는 생각을 했던 기억이 난다. 갑자기 슬퍼졌다. 아무것도 생각나는 게 없어서 나는 내가 정말 가엾다는 생각을 했었다.

그래서 생각해 봤다. 20대로 돌아간다면, 압박감에서 벗어나 조금은 하고 싶은 일을 하면서 살 수 있을까. 오래 고민할 필요도 없었다. 다시 그때로 돌아간다고 해도 똑같이 살 것 같다는 생각이 들었다.

왜냐하면, 20대의 삶을 바꾸려면 다시 10대로 돌아가 삶을 변화시켜야 했기 때문이다. 그만큼 내 안엔 과열 경쟁과 서열 시스템이 뿌리 깊게 자리 잡고 있었다. 소위 한국에서 명문대라고 말하는 학교에 가야 했고, 좋은 기업이라고 말하는 회사에 들어가야 했다. 쟤는 반에서 몇 등, 나는 반에서 몇 등. 쟤는 전교에서 노는 애, 나는 못 그랬던 애. 순위와 서열을 기준으로 우리의 위치를 확인하는 일상이 내겐 익숙했다. 등수 한 자리에서 두 자리로 밀려나는 것은 패배자가 되는 일이었다. 행복은, 관심이 있고 재능을 발휘할 수 있는 일을 찾는 게 아니라, 등수를 높이고 경쟁에서 이기는 일이었다.

아직도 생각이 난다. 고등학생 때 교실 게시판에 종이 한 장이 게시됐다. 선생님은 우리에게 가고 싶은 대학과 취업하고 싶은 곳을 적으라고 하셨다. 친구들은 뭐라고 적었을지 궁금했다. 번호 순서대로 적힌 친구들의 정보를 훑어봤다. 친구들이 원하는 대학교는 거의 한결같았다. '2호선 in 서울'이라고 불리는 학교들이었다. 종이 앞에 서서 한참 고민했다. 나는 저 학교에 뭐가 있는지, 심지어 갈 수 있을지 알 수 없었다. 그래도 친구들이 적은 대학교를 따라 적었다. 가고 싶은 회사는 대기업 이름을 적었다. 다들 한국에서 '좋은' 곳이라고 하니까 그랬을 거다. 물론 게시판에 친구들을 따라 적었던 내용들은 하나도 이루지 못했다.

베를린에서 깨진 '좋다'의 기준

'좋은' 회사나 학교라는 기준에 조금씩 의문을 가지긴 했다. 한국에서 좋다는 것들은 한국 기준에선 맞지만 멀리서 보면 틀린 것이었다. 교육 열풍, 경쟁 과열 시스템이 과연 누구에게 좋은 걸까. 거기서 이긴 사람만 좋고 떨어진 사람은 좋지 않은 시스템이다. 둘 다 좋을 순 없을까. 모두가 만족감을 느낄 수 없는 걸까. 그들이 말하는 '좋다'는 기준이 도대체 뭘까 싶었다.

그리고 베를린에서 그것에 대한 대답을 찾았다. 좋은 곳은, 지역 곳곳에서 1등만 하던 애들을 모아 놓은 서열 1순위를 말하는 것이 아니었다. 좋은 곳은 좋아하는 일 혹은 잘할 수 있는 일을 배우러 온 사람들에게 적합한 것들을 줄 수 있는 곳을 뜻했다. 결국, 좋은 곳은 서열이 아니라 가능성을 펼칠 수 있는 곳이었다.

그렇다 보니, 원하지도 않은 서열 경쟁에 합류해서 좋아하는 친구를 누를 필요도 없었다. 등수를 위한 등수에 일희일비할 필요도 없었다. 순위에 피 터지게 맞으며 자학할 필요도 없었다. 그 시간에 내가 좋아하는 일을 찾으면 되는 거였다. 그리고 찾은 일을 하면 되는 거였다. 그렇게 다양한 직업 아래에서 다양한 사람들이 일을 한다. 남성 계산원도 있고 여성 엔지니어도 있다.

한번은 독일인 친구가 내게 물은 적이 있다. 한국에서는 취직할 때 대학 졸업장이 있어야 하는지, 대학을 졸업하지 않으면 취직하기 어려운지, 대학을 나오지 않으면 사람들 사이에서 안 좋게 생각하는 분위기가 있는지 물었다. 다른 한국 친구에게 그런 이야기를 들은 모양이었다. 나에게 다시 한번 확인하고 싶었나 보다. 그 질문을 듣고 보니 한국에선 대학 이름이 중요하게 작용하고 있음을 다시 한번 깨달았다.

반면 독일에서 디자인을 공부하는 친구들을 만난 적이 있었다. 한 친구는 실기와 경험을 늘리기 위해 종종 아틀리에라는 곳에 나가서 외국인들과 교류를 했다. 다른 친구는 베를린이 아닌 다른 지역에서 디자인을 전공한다고 했다. 이 친구는 자신의 학교 분위기를 설명했다. 보통 대학교엔 정말 그 분야에 대해 공부하고 싶어서 오는 학생들이 많아서 치열하게 공부한다고 했다. 따라잡기 어려울 정도라고 했다.

독일에도 명성이 자자한 대학교가 많다. 하지만 그 대학들이 다 수도에 몰려 있는 것은 아니었다. 명성을 꾸며주는 수식어가 한국처럼 '수도권으로!', '2호선 라인', 'in 서울'은 아니었다. 대학별 서열이 안 느껴졌다.

예를 들면 프랑크푸르트에 사는 친구가 '대학은 무조건 수도 베를린이지'라고 생각해서 베를린에 가는 건 아니라는 뜻이다. 이 친구는 10대 때 'in 베를린'이 아니라 자신이 뭘 좋아하고 잘할 수 있는지 계속 고민했다. 결국, 그는 자신이 원하는 공부를 할 수 있는 곳으로 갔다. 라이프치히, 하이델베르크, 예나 등 다양한 선택지가 존재했다. 대학에 서열이 없음을 느낄 수 있는 부분이었고, 동시에 우수성도 느낄 수 있었다.

베를린에서 친구들을 만나면서 그런 생각이 들었다. 명성이나 서열이 아니라 내가 하고 싶었던 일에 대해 조금 더 고민했다면, 나의 10대는 다르게 바뀌었을 거라고 말이다. 10대의 변화는 20대의 변화를 이끌었을 것이다. 나의 재능과 강점에 집중한 하루하루가 모여 인생 전체에 영향을 미쳤을 것이다.

독일 생활은 끝났다. 하지만 신기하게도 그 종결점은 새로운 시작점을 던 져주었다. 베를린의 삶이 나에게 많은 변화를 안겨주었기 때문이다.

가장 큰 변화는 나를 정말 많이 사랑하게 됐다는 점이다. 한국에서도 나를 사랑하긴 했지만, 가치를 좀 몰랐던 것 같다. 하지만 독일에서 남의 눈 신경 안 쓰고 개성을 표출하는 친구들, 건강한 주관을 가지고 삶을 개척하는 친구들, 다양한 문화를 존중하고 누리는 친구들을 만나면서 나의 특별함을 깨닫기 시작했다.

30대니까, 여자니까, 학벌이 그러니까 등 모든 수식어를 탈피해 오롯이 나 자체가 중요한 사람임을 알게 됐다. 누군가 별로라고 규정하는 말에 별로 신경을 안 쓰게 됐다. 오히려 내가 가진 것들이 특별하고 사랑스러워 보였다.

무엇보다 내가 좋아하고 하고 싶어 하는 일에 자신감이 붙었다. 예전엔 이런 점이 좀 부족했다.

가령 예전에 이런 일이 있었다. 스페인어를 배우고 싶어서 퇴근 후 스페인어 수업을 들은 적이 있었다. 생각보다 수업을 듣는 사람이 많았다. 선생님은 우리에게 왜 스페인어를 배우려고 하는지 물었다. 다양한 이유가 나왔다. 여행을 가기 위해서, 유학을 위해서, 남편이 스페인 사람이라서, 출장 때문에, 일자리를 얻기 위해서 등이었다.

다른 사람의 목적을 들으면서 생각했다. 다들 정말 목표가 분명하고 구체적이구나 싶었다. 다음은 내 차례였다. 나는 "그냥 스페인어를 배워보고 싶

프랑크푸르트(오더)에 있는 김나지움(Karl-Liebknecht-Gymnasium)

어서요."라고 자신감 없게 답했다. 스페인어는 정말 그냥 배워보고 싶었던 게 전부였다. 다른 사람들은 나를 절대 목표가 없는 사람이라고 생각하지 않았을 거다. 그런데 괜히 나 혼자 생각했다. 나만 너무 목표가 없나, 나만 너무 동기가 부실한가, 나만 너무 재미를 위해서 공부하나. 그땐 왜 그렇게 의기소침했는지 모르겠다. 공부하고 싶어서 공부하는 것도 중요한 목표인데 말이다. 그리고 다양한 외국인을 만나보면 알게 된다. 사람들은 외국어를 배우고 싶은 다양한 이유를 가지고 있다. 내가 만난 외국인 친구들은 대학교나 아우스빌둥 때문에 외국어를 배우기도 했지만, 그냥 좋아서 배우는 친구들도 상당히 많았다. 그냥 하고 싶어서 하는 거였다.

　이런 친구들에게 건강한 자극을 받으며, 귀국 후에도 독일어 공부를 꾸준히 하고 있다. 독일에서 함께 고생한 친구들은 내게 그런 말을 하기도 했다. "독일어보다 영어를 배우는 게 낫지 않아? 우리 같이 경험했잖아. 영어는 어딜 가든 쓸 수 있다고. 독일어보다 영어 쪽이 할 수 있는 일이 더 많은 것 같아."

과거의 나라면 내가 또 딴짓을 하고 있는 건가 싶어서 살짝 의기소침해졌을 수도 있다. 하지만 지금은 아니다. 누군가 그렇다고 정해 놓은 일에 나를 맞추는 것보다 지금 내가 원하는 일을 하는 게 낫다고 생각하게 됐다. 좋아하는 일을 해야 오래 할 수 있고 나중에 그 일을 멈추게 됐을 때도 후회가 없다.

20대 때 선배가 했던 질문에 이제 답할 수 있다. 나는 요즘 독일 음악과 팝송을 자주 듣고, 앞으로 롤러스케이트와 기타 연주라는 새로운 취미를 가져볼 예정이라고 말이다. 여기서 끝이 아니다. 언어와 문화 교환하기, 미니 캠핑장 꾸미기, 다트설치, 수영하기 등 정말 재밌는 일들을 할 계획이다. 더 다채롭고 재밌게 살 수 있는 방법을 베를린이 알려줬다.

마지막으로 베를린은 나에게 가르쳐줬다. 삶의 양식은 한 가지가 아니라 다양하다고 말이다. 내가 알고 있던 삶의 방식만이 정답이 아님을, 더 다양한 삶이 존재하고 있음을 알게 됐다. 삶을 살아가는데 하나의 정답만 봤다면, 이젠 다양한 이야기들을 마주하게 됐다. 무지갯빛 이야기들을 만나다 보니 시야도 확장됐다. 세계관도 넓어졌다. 아시아, 유럽, 남미 등 무궁무진한 세계들이 보이기 시작했다. 친구들의 이야기를 듣는 시간은 마음속으로 또 하나의 여행을 떠나는 일과 같았다. 친구들의 문화와 나의 문화는 하나

하나 진귀하고 값졌다.

한국에서 새로운 삶이 시작됐다. 한국은 크게 바뀌지 않은 것 같았다. 풍경이든 시스템이든 그대로였다. 하지만 이상했다. 나는 바뀐 것 같은 기분이 들었다. 베를린에서 얻은 것들이 나를 조금 다른 사람으로 만들었다.

이젠 습관적으로 나를 괴롭히던 조급증에서 잠시 벗어나 다른 세계들도 천천히 지켜보고 싶다. 더 잘하라고 채찍질하던 나를 내려놓고 멀리 나아가고 싶다. 사랑하는 사람들과 함께하고 싶다. 안 해 본 것들을 해보고 싶다. 작은 계획들이 늘어나자 설레기 시작한다. 앞으로 어떤 변화들이 찾아올지 하루하루가 기대된다. 그 기대 속에서 베를린에 한 번 더 살아보는 꿈을 가져본다. 독일의 또 다른 곳에서도 살아보고 싶다. 순위와 경쟁을 벗어던지니, 할 수 있는 일이 정말 많다.

독일에서 만난 연극

헤다 가블러

헤다를 죽인 아주 낯익은 세계

부엌에 있는 낡은 칼 하나를 집어 들고 그는 가슴을 콱콱 찔렀다. 자해를 한 일은 상당히 오래전에 일어난 일이라서 그는 그때 자신이 왜 그랬는지, 이유를 분명하게 기억하지 못했다.

하지만 가슴을 찔러야겠다고 마음먹었을 때의 분노는 정확히 기억하고 있었다. 불가피하게 맞닥뜨릴 수밖에 없는 거대한 세계 앞에서 그는 생각했다. '내 마음대로 못 할 바에야 그냥 죽자. 더는 견딜 수 없어!'라고 생각했다. 조금 망설였을지도 모른다. 하지만 죽겠다는 마음은 진심이었다. 불가항력의 압박들에 질식사하느니 작고 여린 몸에 구멍을 내기로 결심했다. 그것은 회피가 아니라 용기였다.

다행히 무딘 칼은 그의 가슴에 상처를 내지 못했다. 칼을 제자리에 올려놓고 그는 조금씩 진정하기 시작했다. 분노가 증발한 자리엔 그런 마음이 강하게 웅크리고 있었다. '제발 내 마음 좀 알아줘' 하는 간절함이었다. 그 마음은 고독함과 외로움에 떨고 있었다. 그곳엔 아무도 없었다. 사방이 벽이었다. 문밖으로 나가도 또 다른 벽이 나왔다.

정전으로 방안이 어둠으로 가득했던 날, 신화 같은 이야기를 떠올리다가 얼마 전에 봤던 연극 '헤다 가블러'를 떠올리게 됐다.

왜 헤다 가블러가 떠올랐을까. 헤다는 집 속에 갇혀 따분함과 지루함에 고통받다가 스스로 생을 마감했다. 사람들을 조종하고 제멋대로 구는 것 같지만, 사실 헤다가 할 수 있는 것은 아무것도 없었다. 장군의 딸이자 기품있는 헤다에게 사회도 집도 모두 벽이었다. 사방이 벽이었다.

헨릭 입센의 작품 '헤다 가블러'는 1890년 작품이다. 당연히 당대 여성들의 결정권, 행동, 가치관 등은 제한받을 수밖에 없었다.

이런 상황을 보여주듯 헨릭 입센의 헤다 가블러는 집 안에만 존재한다. 마치 감옥에 갇혀 있는 것처럼 말이다. 반대로 헤다 가블러의 주변 인물들은 바깥과 내부를 들락날락한다. 헤다를 찾아왔다가 떠나고 다시 찾아왔다가 떠나기를 반복한다.

주변 인물들을 만난 헤다 가블러는 종종 이야기한다. 따분하다고 지루하다고 말이다. 하지만 헤다의 토로는 다음 대화나 화제에 의해 쉽게 묻혀 버린다. 의미 없거나 가벼운 푸념으로 치환돼 소멸되길 거듭한다.

토마스 오스터마이어 연출가가 연출한 연극 '헤다 가블러'는 원작 속 헤다를 현대적인 분위기로 데려왔다. 무대는 어느 현대적인 거실처럼 보였고, 중요한 소품 중 하나인 원고나 봉투 역시 노트북으로 대체됐다. 거실과 다른 공간을 이어주고 동시에 차단하는 유리문이 세련되게 서 있다. 그리고 이것들은 헤다를 중심으로 갑갑한 세계를 구축했다. 2시간을 훌쩍 넘는 상연 시간 내내 헤다는 보통 그 속에만 있었다.

연극 '헤다 가블러'가 상연됐던 극장 사우뷔네

헤다가 자살한 이유

이 갑갑한 집 속에서 헤다는 의기양양하고 자신만만해 보이는 여성으로 묘사된다. 그래서일까. 넓고 아름다운 집이 답답한 공간처럼 느껴졌다. 동시에 생각했다. 저 집이 없다면, 헤다를 가두는 모든 것들이 사라진다면, 헤다는 얼마나 더 자유로울 수 있을까.

하지만 결국 헤다는 집을 파괴하지 못하고 자신을 파괴하기에 이른다. 헤다를 이 지경에 이르게 만든 원인은 어디에 있을까.

촉매제로 작용한 것은 과거 연인이었던 에일레르트 뢰브보르그의 등장이었다. 세계 학계를 놀라게 만들만한 작품을 써낸 그가 헤다 앞에 나타났다. 심지어 다른 뮤즈 테아와 함께 말이다. 헤다의 질투심은 폭발한다. 결국 헤다는 특유의 친화력과 언변으로 사람들의 심리를 이용해 자신이 원하는 상황으로 몰고 간다. 동지애를 가지고 있던 테아와 에일레르트의 믿음을 흔들어 놓고, 에일레르트가 파티에서 술을 잔뜩 먹도록 만들어 중요한 문서를 잃어버리게 만든다.

헤다의 남편은 에일레르트의 노트북을 줍는다. 그리고 그는 이 사실을 헤다에게 알린다. 이 노트북이 에일레르트에게 얼마나 중요한지 알면서, 헤다는 바로 돌려줄 생각을 하지 않는다. 오히려 남편에게 노트북을 보여달라고 조른다. 헤다를 사랑하는 남편은 한사코 거절했지만 결국 헤다는 노트북을 얻게 된다. 헤다는 노트북을 들여다본다.

헤다의 얼굴에서 드러난다. 헤다는 학계를 놀라게 할 글을 읽고 있는 것이 아니라, 테아와 에일레르트의 동지애를 노려보고 있는 것 같았다. 그러더니 헤다는 망치로 노트북을 사정없이 부숴 버린다. 정말 온 힘을 다해 내려찍는다. 그 힘에 자판 알맹이들이 이리 튀고 저리 튄다. 그런데도 헤다는 아랑곳하지 않는다.

상연 시간이 흐를수록 그런 생각이 들었다. 헤다의 죽음은 자살로만 생각하기 어려웠다. 왜냐하면, 테아와 에일레르트의 관계에 균열을 만들고, 에일레르트가 결국 문서를 잃어버리게 만드는 과정들은 헤다의 주도하에 일어난 것처럼 보였지만, 사실 헤다에겐 주도권이 없었기 때문이었다. 헤다는 누군가의 삶과 운명을 좌지우지할 힘을 갖고 싶어 했지만, 결국 그렇게 하지 못했다. 남편의 교수직을 흔드는 경쟁 상대의 등장, 이로 인해 예상되는 경제적 위기, 복원되려고 하는 에일레르트 글, 그 글을 복원하려는 테아

와 예르겐 등 사적이고 공적인 영역에서 헤다는 멀리 떨어져 있다. 자신의
집에 살면서도 정작 이방인처럼 보였다.

헤다가 마지막을 맞이하기 전, 그런 지점이 짙게 느껴졌다. 에일레르트의
글을 복구하는데 정신이 없는 테아와 예르겐에게 헤다는 묻는다. 자신이 뭐
할 일은 없는지, 도와줄 일은 없는지 말이다. 하지만 그 상황에서 헤다가 할
수 있는 일은 없다. 그 모습은 세상에 영향을 미칠 어떤 일이나 누군가를 흔
들 위치에서 헤다가 멀리 떨어져 있음을 한 번 더 느끼게 만들었다.

헤다를 죽음으로 몰고 간 결정타는 브라크일 수도 있다. 브라크는 헤다가
벌인 일에 대한 진실을 알고 있는 유일한 인물이다. 동시에 헤다의 운명을
손에 쥐게 된 사람이기도 하다. 브라크가 헤다에게 갖는 영향력은 후반부에
커진다. 그의 행동은 초반보다 좀 더 거만하고 대담하게 느껴진다.

이런 분위기가 유리문 하나만으로 흥미롭게 표현됐다. 거실이 훤히 보이
는 유리창 바깥에서 브라크와 헤다는 에일레르트에게 무슨 일이 있었는지
밀담 나누듯 은밀하게 대화한다. 아마 브라크는 헤다에게 '네가 에일레르트
에게 한 짓을 알고 있다'며 협박하고 있을 수도 있다. 헤다의 운명을 손안에
넣었으니 불쾌한 조건을 제안했을지도 모른다. 이런 은밀한 풍경이 펼쳐지
는 유리문 반대편에선 헤다의 남편 예르겐과 테아가 에일레르트의 기록을
재구성하고 복구하는 이질적인 풍경이 펼쳐졌다.

헤다의 집과 노라의 집

그 한 장면만으로 헤다가 어떤 공간에 놓여 있는지 설명됐다. 집은 헤다

가 존재할 수 있는 유일한 공간이었다. 하지만 집에서 헤다가 벌이는 일들은 권태에서 벗어나게 해주지 못했다. 오히려 공포, 불안, 공허를 조장했다. 시간이 흐를수록 공간은 불안과 공허로 가득했다. 그것들은 몸집을 불리더니 결국 일그러진 하나의 세계를 드러냈다. 헤다의 위치를 무대 미학적으로 만나볼 수 있었던 시간이었다.

원작이 가지고 있는 시대적인 배경 때문에 헤다 가블러를 읽을 때마다 남성의 세계 속에 놓인 여성의 모습이 돋보였던 것도 사실이었다. 오스터마이어 무대에서도 그런 면모들을 느낄 수 있었지만, 그것이 전부는 아니었다. 여성과 남성을 떠나서, 그저 권태와 지루함에 놓인 한 인간의 모습이 보였다. 그곳에서 벗어나기 위해 머리를 굴리고 때론 다른 사람을 이용하기도 하고 패배를 맛보는 인간의 모습이었다. 헤다는 스캔들을 극도로 싫어했지만 결국 스캔들에 빠지게 됐고, 장군의 딸로서 품위를 지키려 했지만 품위를 잃을 위기에 처하게 됐다.

사실 무대 위에서 헤다를 지켜보는 내내 쓸쓸한 느낌을 지울 수 없었다. 에일레르트의 글이 담긴 노트북을 가차 없이 내리치는 표정에서 느낄 수 있었고, 집에서 총을 쏘는 모습에서도 그랬다. 애정없는 결혼 생활도 마찬가지였다. 노트북이든 총질이든 무언가 시원하게 내지르는 모습에서 오히려 뜨거운 외로움을 읽을 수 있었다. 헤다를 둘러싼 사회와 세계가 보였다.

동시에 그런 생각도 들었다. 헤다는 자신이 할 수 있는 일을 찾아서 해내고 싶었던 것은 아닐까. 자신을 둘러싼 누적된 피로감으로부터 해방시켜 줄 무언가를 찾아내려고 하지 않았을까. 이성적이고 똑똑한 헤다는 그것이 무엇인지 알았을 것이다. 동시에 그것이 불가능함도 알았을 것이다.

그런 헤다를 지켜보며 생각난 사람이 있었다. 바로 2019년 본 연극 '인형의 집, Part 2'의 주인공 노라였다. 이 작품은 집 문을 박차고 나갔다가 15년 후에 다시 돌아온 노라의 이야기를 담고 있다. 원작 '인형의 집'에서 집을 나간 노라는 어떻게 됐는지 보여주는, 일종의 속편 같은 느낌이었다.

가족을 버리고 집을 나간 노라는 수많은 팬을 거느린 성공한 작가가 됐다. 돈도 벌고 집도 생겼다. 말투와 행동에 주체성과 자신감이 넘쳤다. 사회가 짜놓은 각본을 거부하고, 남편이 좋아할 만한 위선을 거부하는 주체적인 인간의 모습을 보여줬다.

집에서 자살을 택한 헤다와 집을 벗어나 성공한 노라를 바라보며, 처음엔 두 사람이 다른 것 같다고 생각했다.

하지만 자세히 들여다보면 아니었다. 노라의 세계 역시 한계를 품고 있었다. '인형의 집, Part 2'에서 노라는 성공한 여성이 됐지만, 아이러니하게도 작품은 15년이 흘러도 여전히 변하지 않은 인식들을 고스란히 비췄다. 여성의 주체성을 강조하는 노라의 말들과 여전히 여성의 고정된 역할을 강조하는 유모·딸의 말이 부딪히곤 했다. 결혼의 필요성, 아내와 엄마의 역할, 자유로운 연애 등에 대한 말싸움을 지켜보면서 15년 전 노라를 괴롭혔던 구시대적 논쟁들이 여전히 망령처럼 살아있음을 목도하게 됐다. 그런 면에선 헤다의 집과 노라의 집은 비슷했다.

헤다의 마지막 모습을 떠올려 봤다. 죽음을 맞이하기 직전 헤다의 모습은 오히려 활기차 보였던 것 같다. 편안하고 일상적이었던 느낌도 들었다. 무심해 보이는 표정과 생기를 잃은 시선 속에 머물렀던 피로감이 오히려 떠나간 듯 보였다.

헤다가 왜 죽었는지, 의견은 분분할 것이다. 결혼 생활 때문일 수도 있고, 테아에 대한 질투일 수도 있다. 또 진실을 알고 있는 브라크 손에서 벗어나기 위해서 일 수도 있다. 분명한 것은 그녀가 느낀 감정은 하나였다는 것이다. 그것은 분노였다. 가벼운 분노도 아니었고 충동적인 분노도 아니었다. 상당히 오랜 기간 누적되온 분노였다.

헤다의 마지막 모습은 죽음 같지 않은 죽음으로 표현됐다. 헤다의 죽음은 그의 지루했던 족적처럼 공허하게 표현됐다. 지루하고 따분하다는 헤다의 말들이 쉽게 묻혔듯, 마지막 몸부림 역시 가볍게 묻혀버렸다. 그렇게 헤다의 세계는 다른 인물들의 말에 묻혀 막을 내렸다.

HEDDA GABLER

HENRIK IBSEN

4부
독일 정체기

2020년 독일에도 코로나 팬데믹이 도래했다.
모든 것이 멈췄고 나의 일상도 정지했다.
이 기간에 베를린 분위기는 어땠는지 이야기해 봤다.
동시에 암흑 같은 시기를 견뎌내야 했던
인고와 극복 과정도 담았다.
해외 생활에서 한 번씩 터진다는
최대 위기와 언어에 관한 에피소드도 풀어봤다.

코로나19 확산과
예술계 온라인 스트리밍

"바이러스의 확산을 늦추고 불필요한 개인적 접촉을 피하기 위해서 우리는 당신에게 e-mail, 전화, 서면으로 티켓 반환이 진행될 수 있도록 요청합니다. 우리 극장은 귀하와 직원을 보호하는 것뿐만 아니라 감염으로부터 우리 모두를 보호하길 원하기 때문에 극장 박스 오피스는 추후 공지가 있을 때까지 폐쇄될 것입니다."

2020년 3월 15일 의미심장한 내용을 담은 메일 한 통이 도착했다. 베를린의 유명 극장 중 하나인 샤우뷔네가 내게 보낸 편지였다. 극장은 위의 내용을 전달하면서, 어떻게 하면 내가 티켓 환불을 받을 수 있는지 자세히 설명했다. 또한, 티켓 비용을 기부할 수도 있다고 했다. 극장 측은 처리 시간이 길어질 수도 있는 것에 대해 미리 양해를 구했다. 결국, 나는 예약해뒀던 연극 '코카서스의 백묵원'을 취소했다.

또 다른 극장 도이체스 테아터도 비슷한 취지의 메일을 보냈다. 당시 내가 예약해 둔 티켓은 '미스 줄리'였다. 역시 취소했다.

여러 번 고민하고 힘들게 구한 티켓이었기 때문에 마음이 쓰렸다. 특히 독일에서 인기리에 상연 중인 작품은 일찍이 표가 매진될 뿐만 아니라 좋은 자리에 대한 경쟁도 심하다. 작품에 대한 정보가 거의 없고, 독일어도 부족한 나는 다른 사람보다 더 많이 홈페이지에 들락날락하며 정성을 들여야 했다. 자리와 가격이 나자마자 낚아채야 하는 경우가 많았기 때문에 더 허탈했다.

코로나 팬데믹은 전 세계의 일상을 멈추게 만들었다. 직장생활부터 여가생활까지 모든 것이 정지됐다. 공연문화예술도 예외는 아니었다. 전 세계 극장이 문을 닫았다. 독일 극장도 그랬고, 한국 극장도 마찬가지였다. 힘들게 준비해 온 결과물들을 결국 무대에 올리지 못한 채, 공연 취소 소식을 전하는 국내외 예술가들의 마음이 어땠을지 상상도 안 간다. 안타까웠다.

코로나 팬데믹 속에서 만난 해외 온라인 공연

사실 2020년엔 영국에 가서 공연을 보고 싶었다. 영국에서 공연 경험을 한 친구들이 적극적으로 추천해줬기 때문이다. 독일에서 영국은 멀지 않기 때문에 좋은 기회였다. 물론 코로나19로 포기해야 했다.

그러던 중 친구에게 반가운 소식을 들었다. 샤우뷔네 등 몇몇 극장에서 온라인 스트리밍으로 연극을 제공한다는 소식이었다. 코로나19 확산 방지를 위해 극장이 문을 닫은 상황에서 온라인 공연의 제공은 정말 단비 같았다.

나는 샤우뷔네, 도이체스 테아터, 고르끼 극장의 온라인 공연을 관람했다. 샤우뷔네는 상당히 옛날 작품부터 비교적 최근 작품까지 공개했다. 물론 극장마다 온라인 상영에 대한 운영 시간과 스타일은 모두 달랐다.

코로나 팬데믹으로 인해서 온라인 공연을 처음 접하게 된 것은 아니었다. 팬데믹 전에, 한국에서도 온라인 공연을 꽤 봤었다. 하지만 당시 한국에서 본 온라인 공연은 관객에게 보여주기 위해 잘 편집된 영상이라기보다 기록본에 가까웠다. 또한, 온라인 상영에 대한 요구와 필요성도 그다지 높지 않았다. 나 역시 연극이 주는 대면식 감동이 좋아 온라인 상영에 큰 호감을 갖지 않았다. 무대의 텅 빈 공백이 배우들의 대사와 호흡으로 채워지는 감동은 온라인으로 채워지지 않기 때문이다. 무엇보다 결말의 잔향이 무대의 힘을 재확인시켜주기도 했다. 온라인에선 그런 것들을 느끼기 어려웠다.

그러나 독일에서 온라인 스트리밍을 이용하면서 내 생각은 바뀌었다. 코로나 팬데믹이라는 재난 상황에서 온라인 스트리밍은 큰 역할을 해냈다. 코로나 확산을 방지하는 일차적 목적은 물론이고 탁월한 무대 예술을 집에서 손쉽게 접할 수 있다는 감동도 열어주었다.

예술에 대한 갈증이 높아졌던 3월의 끝자락, 숙련된 독일 극장 배우들의 연기는 마음을 뒤흔들었다.

참 이상했다. 정말 좋았다. 독일어를 이해하지도 못하는데, 왜 저렇게 무대가 멋져 보이는 것일까. 유럽 무대에 대한 동경이 만들어 낸 착시 효과일까, 아니면 정말 언어도 뛰어넘을 정도의 작품성을 가지고 있어서일까. 둘다 일지도 모른다. 마음을 울리는 작품은 허술하고 얄팍한 속임수를 모두 뛰어넘으니 말이다.

특히 몇몇 온라인 공연은 정말 놀라웠다. 코로나 팬데믹이 도래하자 부랴부랴 찍은 것인지, 아니면 훨씬 이전에 찍은 것인지 모르겠지만 몇몇 작품의 영상 편집 분은 훌륭했다.

'리처드 3세'만 봐도 그렇다. 여러 대의 카메라가 무대의 곳곳을 다양한 앵글로 찍어냈다. 카메라 앵글은 무대 전체, 무대 측면, 배우 얼굴 등 무대 전체를 웅장하게 담아내다가도 배우의 중요한 독백이 울려 퍼질 때는 영민하게 배우의 얼굴만 단독으로 담아냈다. 눈으로 바쁘게 무대를 탐험해야 하는 관객의 수고를 무대의 카메라가 해소해 준 셈이다.

독일 연극은 아니지만 코로나19 기간에 본 뮤지컬 '오페라의 유령'도 놀라웠다. 2020년 4월경 유튜브에 뮤지컬 '오페라의 유령' 25주년 기념 공연이 48시간 무료로 공개됐었다. 뮤지컬계 스타인 라민 카림루가 유령 역할을 맡았고 시에라 보게스가 크리스틴 역을 맡았다. 워낙 유명한 대작이기도 하지만 디지털 기술력과 카메라 장비의 역할이 컸다. 기술과 카메라는 배우와 무대의 포인트를 섬세하게 잡아내며 고전의 명성을 다시 한번 확인시켜 줬다.

비슷한 시기, 한국도 온라인 스트리밍을 진행하고 있었다. 남산예술센터는 같은 해 4월 페이스북 페이지를 통해서 6개의 작품을 온라인 스트리밍으로 관객에게 선보이겠다는 소식을 전했다. 선정된 작품은 '그믐, 또는 당신이 세계를 기억하는 방식', '모든 군인은 불쌍하다', '그녀를 말해요', '7번 국도', '처의 감각', '파란나라' 등이었다. 남산예술센터의 역대 화제작들이었다.

내가 본 첫 작품은 장강명 작가의 소설을 원작으로 한 연극 '그믐, 또는 당신이 세계를 기억하는 방식'이었다. 연출은 극단 동 강량원 연출가가 맡았

코로나 팬데믹으로 극장에서 만나는 일이 어려워졌다. 팬데믹 전, 인터미션 중에 사람들이 홀로 나와 대화를 나누는 모습

다. 막이 오르면 무대 중앙을 차지하고 있는 두 개의 달이 모습을 드러낸다. 그리고 오묘한 빛을 내는 달 위에서 동급생 살인 사건의 전말과 이후의 이야기가 펼쳐진다. 페이지가 안 적힌 책장이 마구 섞인 것처럼 과거, 현재, 미래는 마구 뒤섞여 있다. 무대를 지탱하는 시간과 공간은 사전적 의미를 잃고, 오직 사건의 누적으로서 의미가 있는 이미지를 보여주게 된다.

남산예술센터가 사전에 공지해준 대로 연극 영상들은 공연기록을 위한 영상이었다. 관객을 위해 편집된 영상은 아니었다. 실제 극장에서 봤으면 더 좋았겠다는 생각이 들어서 조금 아쉬웠다.

하지만 코로나19로 힘든 시기를 겪고 있는 관객과 공연예술인들에게 힘과 응원이 된 무대였다. 베를린에 꼼짝없이 갇혀 있던 나에게도 마찬가지였다. 당시 한국 소식을 거의 까맣게 잊고 있던 내게 힐링을 준 것은 한국 무대였다. 한국에서 인상 깊게 본 작품들이 머릿속을 스쳐 지나갔다. 그리고 한국에서 창작활동을 하고 있을 한국 예술인들이 생각났다.

팬데믹을 극복할 수 있는 우리 모두의 생태계 마련

문득 대학로에서 땀 흘리며 연습을 하는 민간 예술가들은 어떻게 지내고 있을지 궁금해졌다. 2020년 페이스북을 통해서 정말 많은 연극인이 공연을 취소하고 연기하는 과정을 지켜봤다. 관객 역시 풀이 죽고 맥이 빠지는데, 연극인들의 마음은 어떨지 상상할 수 없었다.

무대의 힘은 관객과 '직접' 만나는 것이라고 여전히 믿고 있지만, 이런 위기 상황에선 '온라인'으로라도 예술을 만나고 싶었다. 하지만 동시에 그런 생각도 들었다. 민간 예술가들도 큰 극장처럼 고화질의 영상을 찍고 송출해서 작품 활동을 이어가는 것이 가능한 구조일까. 코로나 팬데믹 같은 비극은 절대 다시 발생해선 안 되지만, 만일 현장에서 관객을 만나게 될 수 없는 다른 팬데믹이 온다면 민간 극단은 어떻게 해야 할까.

공연계가 작품 제작을 위해 지원금에 의존할 수밖에 없는 구조이기도 하지만, 문제는 그것만이 아니다. 극단들은 실황 중계나 고화질 촬영을 위한 장비 구축도 어렵다. 제대로 찍으려면 카메라 한 대 가지곤 힘들다. 촬영 기술자 혹은 감독님도 따로 있어야 할 것이다. 영상을 찍을 무대 구조와 현장에서 관객을 직접 만나는 무대 구조가 따로 기획돼야 할 수도 있다.

코로나19로 인한 공연계 온라인 바람은 유례없이 처음 겪는 일이기에,

이런 자료들을 계속 누적시켜서 뚜렷한 방책을 정착시켜야 한다. 코로나19는 언젠가 지나가겠지만, 언제 끝날지 불투명하기 때문이다. 또 코로나19를 닮은 어떤 위기가 닥칠지도 모른다. 예술은 멈춰선 안 된다. 공연은 계속되어야 한다.

코로나19를 품은 시간이 흘러갔다. 그러던 어느 날 재밌는 소식을 들었다. 극단 미인(대표 김수희 연출가)이 오디오 채팅 사회 연결망 서비스 클럽하우스를 통해서 연극 '루프 코리안'을 낭독한다는 소식이었다. 1992년 미국 LA 로드니 킹 사건에 분개한 흑인들의 폭동과 한인 사회의 모습을 통해서 혐오와 차별을 진단하고 화합을 모색하는 작품이었다.

배우들의 생생한 목소리는 물론이고, 배경 음악도 덧입혀져 흥미진진한 연극 한 편이 완성됐다. 이야기를 집중해서 듣는 내 곁엔 맥주 한잔이 함께 놓여 있었다. 그리고 누워서 편안하게 연극을 감상했다.

또 극단 하땅세(대표 윤시중 연출가)는 여전히 극장의 온도를 믿고 연극 '시간을 칠하는 사람', '동양극장 2020', '360° live 나운규의 아리랑' 같은 색다른 시도를 이어갔다. 코로나19에 맞서 어떻게 해서든 극장의 힘, 연극의 온기를 관객과 나누려는 노력이었다.

동시에 그런 생각이 들었다. 코로나19가 정말 다양한 방식의 연극을 만들어내고 있구나 싶었다. 이런 부문에 대한 지원 사업도 다양해져서, 관객과 예술인들이 닿을 수 있는 경로가 많아졌으면 하는 생각이 들었다.

코로나19로 인한 사회적 거리두기가 강화되고 극장을 찾는 일이 어려워지자, 국립극단 역시 2020년 9월 '온라인 극장' 시범 서비스를 개시했다. 첫 번째 작품은 남인우 연출가의 연극 '불꽃놀이'였다. 국립극단이 기존 작품이 아닌 신작을 온라인으로 개막하는 것은 70년 역사상 처음 있는 일이었다.

온라인 극장에서 상영된 작품들은 점점 진화되어 가는 모습을 보였다. 배우들이 작게 말할 때 목소리가 안 들리곤 했는데 자막 처리를 통해서 몰입감을 높여줬다. 화면도 편집본과 풀샷을 공개해 관객 시선의 다양성을 높였다. 무엇보다 국립극단은 극장 접근에 어려움을 느꼈던 장애인 관객을 위한 연극도 선보였다. 연극 '스카팽'을 통해서였다. 온라인 극장을 통해서 상영된 이 연극은 청각장애인들을 위한 수어 통역 및 자막, 시각장애인들을 위한 화면해설 등을 제공했다. 장애인 관객의 눈과 귀가 되려는 시도가 엿보였다.

이와 같은 국립극단의 방향성은 2021년 1월 18일 열린 기자간담회에서도 느낄 수 있었다. 김광보 예술감독은 "앞으로 3년의 임기 동안 중요하게 생각해야 할 가치에 대해 고민했고 그것은 두 가지였다. 하나는 연극의 가치가 누구에게나 평등하게 향유돼야 한다는 것, 다른 하나는 국립극단이 오늘의 새로운 담론을 적극적으로 수용해서 연극을 제작한다는 것이었다."라고 말했다.

국립극단이 제시한 것처럼 창작자든 관객이든 누구나 평등하게 예술을 향유할 수 있는 날을 기대해 본다. 무엇보다 하루빨리 코로나 팬데믹이 종결되어 우리 모두 극장에서 만나길 바란다.

화재와 정전으로 울어버린 사연

하나를 얻으면 하나를 잃는다. 원하는 회사에 다닐 수 있게 됐지만 통근이 힘들어지거나, 수당을 더 받는 대신 주말 당직을 서서 피로해지거나, 성과를 내려다가 체력을 잃거나, 좋은 사람이라고 생각했는데 사실은 나를 괴롭히는 못된 상사였거나. 단점이든 고단함이든 불편함이든, 우리는 예상 가능한 '마이너스'를 끌어안고 산다. 일상의 짧은 시나리오 속에서 마이너스들은 예상 가능한 수순에서 발생한다. 이런 예상 가능함에 익숙해져 때론 일상이 불편하다고 느끼지 못하는 것 같기도 하다. '그럴 수도 있지' 싶다.

하지만 불편함이 예고 없이 발생하게 된다면 어떨까. 그것도 일상을 흔드는 수준이라면 말이다.

불편함의 물리적 양은 같을지라도 '예고가 없다'는 딱지를 매단 이상, 정신적·육체적인 충격은 더 크다. 외국인으로서 독일에 사는 일은 그런 것들을 배로 감당해야 하는 일이다. 심지어 언어가 잘 안 된다면 더 말할 것도 없다. 예고 없는 기쁨의 순간도 많았지만, 예고 없는 불편함도 상당했다. 타국에서 사는 이상 그건 현실이었다.

2020년 1월. 아무래도 이때 터진 것 같다. 예고 없는 불편함과 고단함이 마음속에 차곡차곡 누적됐던 것 같다. 2019년 9월 독일에 정착한 후, 인터넷 설치부터 관리인을 대해야 하는 일까지, 낯설고 생소한 일들에 정신을 두들겨 맞았다. "인터넷 설치 날짜를 바꿀 수 있나요?"라는 간단한 질문을 하기 위해 독일어로 사전 연습을 한 후 조마조마한 마음으로 전화를 걸어야 했거나, 고장 난 창문이 내 잘못이 아니라는 것을 설명해야 하는데 그렇게 하질 못했거나, 서류 내용에 내가 모르는 내용이 잔뜩 등장하거나 그랬다.

한국에선 눈 감고 척척 해냈던 일들이 마음대로 되지 않았다. 자신감을 찾으려고 온 건데 더 자신감을 잃었다. 당차고 멋진 여자가 되려고 온 건데 벅차고 힘든 여자가 돼갔다. 오히려 한국에서 멀쩡했던 내가 쭈글이가 돼갔다. 견뎌야지, 참아야지 하던 마음 상태가 아파트 내 화재와 정전사태를 맞으며 폭발해 버렸다.

아파트 화재, 예상하지 못한 위기

전말은 이렇다.

2020년 1월 18일 어학원 친구들과 알렉산더 광장 인근에서 쇼핑을 마친 뒤, 저녁에 한국인 친구들을 만났다. 7시 30분경 샤로텐부르크 인근 맥줏집에서 만났다. 이곳에서 걸쭉하게 한 잔한 뒤, 자리를 옮겨 한 잔 더 하고 집으로 돌아갔다.

아파트로 진입하는데 '폴리스라인' 같은 붉은 테이프가 바닥에 나뒹굴고 있었다. 뭐지 싶었다. 기분이 묘했다. 당시 나는 밤이기 때문에 모두 잠들었을 것이고, 그래서 아파트가 더 음산하고 어두운 것이라고 생각했다.

하지만 평소보다 아파트 느낌이 달랐다. 우리 동 엘리베이터에 접근금지 줄이 쳐져 있었다. 당황스러웠다. 또 고장인 건가 싶었다. 그래서 나는 다시 나와서 다른 동 엘리베이터를 이용했다. 작동했다.

그런데 이상했던 것은 아파트 내부부터 내 방까지 이어지는 '고무 타는 냄새'였다. 정말 이상했다. 내가 없는 사이 아파트에서 무슨 일이 있었나 싶었다.

신랑이랑 계속 통화 중이었는데 신랑도 걱정했다. 방에 있는 가로 창문을 연 채 자려고 했지만, 너무 추워서 일단 닫고 신랑이 독일 시각으로 아침 7시에 전화를 해서 나를 챙겨주기로 했다. 아침 7시. 신랑에게 전화가 왔다. 나는 안전하게 자고 있었다. 이상한 냄새도 덜했다. 전화를 끊고 일어났다. 이날 새벽에도 불이 안 들어왔는데 아침에도 역시 안 들어왔다. 일요일이니까 관리인도 쉬는 날일 것이다. 집 근처 아시아 비스트로에서 쌀국수를 먹고 돌아오는 길에 아파트 주민 1명과 마주쳤다. 그 사람은 전날에 있었던 일을 쏟아냈다. 내가 그중에 알아들은 정보는 50%도 안 되지만 그래도 확실하게 들은 것은 있었다. 그 사람은 6층에 살고 있고, 우리 층에서 문을 쾅쾅거리는 시끄러운 소리를 들었다고 했다. 그리고 건물 내에서 불이 난 것 같다고 말했다.

또 이날 다시 복도를 보니 내 방 라인 집 문이 부서져 있었다. 나무 조각이 주변에 나뒹굴고 있었고 문이 열려 있었다. 도대체 무슨 일이 있었던 것일까. 이날 저녁 앞집 할아버지는 종종 문밖으로 나와서 지나가는 사람들에게 '무슨 일이야?', '괜찮아?'라고 물으며 사람들의 안부를 물었다. 할아버지가 있어서 마음이 놓이기도 했지만 동시에 어제 도대체 얼마나 난리가 났으면 할아버지가 이러시는 걸까, 하는 생각도 들었다.

정전 이틀째. 밥도 제대로 못 해 먹고 계속 베트남 음식을 먹었다. 오리고 기 요리를 사 먹었는데 한국 돈으로 거의 만원(7유로)이었다. '7유로면 식료 품을 도대체 얼마나 살 수 있는 거냐' 하는 생각을 했다. 전기가 언제 들어올 지 몰라서 식료품을 사둘 순 없었다.

월요일 늦은 점심을 먹기 전에 앞집 할아버지와 기술자들이 고장 난 문을 수리하고 있었다. 할아버지는 나한테 괜찮냐고 물어봤다. 나는 괜찮다고 했다. 근데 좀 무섭다고 했다. 할아버지의 짝꿍인 할머니는 문을 빼꼼 열고 할아버지를 지켜보고 있었다. 나는 할머니에게 '냉장고에 음식이 많은데 어 떡하냐'며 한풀이를 했다. 할머니 역시 냉장고 음식을 다 쓰레기통에 버렸 다고 했다.

정전 기간에 이따금 할아버지가 동과 동을 연결해주는 문 사이에 보초처 럼 앉아계셨다. 그래서 아침에 학원 가는 길에 할아버지를 종종 마주쳤다. 마주칠 때마다 할아버지는 내게 "좋은 아침! 학교 가니?" 정도의 인사말을 던졌다. 뭔가 나를 대학생으로 알고 계신 것 같아서 굳이 "저 어학원 가요!" 라고 말씀드렸던 기억도 생생하다.

우리 집 바로 앞에 저런 할아버지가 계셔서 덜 무섭고 든든하다는 느낌을 받았다. 내가 안전함을 느끼는 것이 사회 안전망이나 특정 공간이 아니라 한 사람의 안부 인사와 관심을 통해서도 가능하단 걸 느꼈다.

그래서 미안해졌다. 한국으로 돌아오기 전에 과일이라도 사서 '저 이제 떠나요. 그동안 감사했습니다'라는 말씀을 드리고 싶었다. 그런데 또 부랴 부랴 준비하고 허겁지겁 나오다 보니 감사 메시지를 놓쳤다.

늘 망설임이 문제다. 할아버지와 할머니는 나를 친구처럼 생각할까, 떠나기 전에 이런 것을 주는 게 독일에서 괜찮은 문화일까, 오히려 불편해할 수도 있을까, 어르신들이니까 신맛 나는 과일을 싫어하시려나 등 여러 생각이 교차됐었다. 이런 생각만 하다가 작별 인사도 못 하고 그냥 한국에 들어온 것이다.

간혹 속옷 차림으로 문을 빼꼼 여시는 할머니와 할아버지 모습이 생각난다. 할머니가 할아버지한테 가끔 큰 목소리를 내실 때도 있었는데, 그 희미한 음성이 귓가에 맴돈다. 두 분이 세탁 망을 들고 함께 세탁실로 오시던 모습이나 마트 앞에서 마주쳤을 때 나에게 찡긋 윙크해주시던 모습도 기억난다. 코로나 팬데믹으로 마트에 휴지가 떨어졌을 때, 휴지를 어디에서 살 수 있는지 알려주시기도 했었다. 또 세탁기 애플리케이션 회사에 전화할 일이 생겼을 때, 나를 대신해 독일어로 대응해 주셨는데 얼마나 멋져 보이던지 모르겠다. 그때 나는 정말 고마워서 할아버지에게 뭐라도 말을 하고 싶었다. '고맙다'는 말론 뭔가 부족했다. 그래서 생각나는 대로 "Du bist meine Lösung(너는 나의 해답이다.)"이라고 말했다. 내 말을 유심히 듣던 할아버지는 활짝 웃으시더니 내게 어깨동무를 했다.

터진 눈물과 깨달은 것들

사실 아파트 내에 불이 난 상황보다 나를 힘들게 한 것은 전기 없는 생활이었다. 정말 정전 기간이 길었다고 느꼈는데 정전이 된 기간은 약 4일 정도였다. 전기 없는 일상이 이렇게 불편한 것이란 걸, 독일에 와서 알았다.

한국에서 33년을 살면서 정전으로 불이 나간 적은 있지만 이렇게 장시간 전기 없는 생활에 노출된 적은 없었다. 다행히 이케아에서 사둔 초가 있어서 3개 정도 곳곳에 켜뒀다. 무용지물이었다. 초 주위를 제외한 곳은 어두워서 작은 집임에도 움직임이 원활하지 못했다. '리모컨이 어디 있더라', '신문이 어디 있더라', '성냥이 어디 있더라' 하면서 더듬더듬 움직였다. 영화 같은데 보면, 촛불을 켠 후 방안이 환해지던데 왜 내 방은 어두운가 싶었다. 어둠에 있는 것이 적응이 안 돼서 그런 걸까. 휴대폰 배터리가 간당간당해질 때마다 불안했다. 배터리 충전도 학원에서 해야 했다.

정전 기간에 예약해 둔 일정이 하나 있었다. 댄스학원 수업을 무료로 청강해 보는 일정이었다. 독일 주민들과 신나게 흔들어 대고 돌아오는 길에 집들이 보였다. 전기가 있는 사람들, 불이 켜진 집들, 모두 평화로워 보였다. 안락하고 아늑해 보였다. 그리고 우리 아파트에 도착했다. 우리 동 전체에 불이 꺼져있었다. 주민들도 촛불로 버티는 중인지 창문 밖으로 희미한 빛들이 보였다. 그래도 깜깜했다. 저 어둠 속으로 정말 들어가기 싫었다.

집에 들어가 냉장고 속 음식들을 정리했다. 곧 전기가 들어올 거라 믿고 버텨봤지만, 더 이상은 무리였다. 스테이크가 망가졌고 불쾌한 냄새를 냈다. 나의 닭요리도 쓰레기통으로 들어갔다. 미리 만들어둔 음식들도 상했다.

전기만 들어오면 정말 괜찮을 것 같았다. 빨리 정상적인 삶을 살고 싶었전기 없이 보내야 했던 날들. 베를린의 밤거리는 유독 아름다웠다.
집으로 돌아가기 싫어졌던 밤. 하케셔 마켓 풍경

다.

2020년 1월 22일. 눈을 뜨자마자 전등 스위치를 눌렀다. 제발. 탁. 역시나 전기가 들어오지 않았다. 아침잠이 깨기도 전에 허탈함이 몰려왔다. 도대체 언제까지 어둠에서 지내야 하는 건지 짜증스러운 마음을 뒤로하고 어학원으로 출발했다.

이날 나는 왜 그랬는지 모르겠다. 학원 화장실에서 울었다. 안 울 수도 있었을 것 같은데 쉬는 시간에 선생님에게 살짝 고민을 털어놓은 뒤 울음보가 터졌다. 선생님은 내게 말했다.

"너에게 힘든 일이 한꺼번에 몰려서 그런 걸 거야. 집에 전기가 나갔다며. 시험 결과도 나오고. 하지만 세운. 이번 시험은 그냥 시험이야. 너는 긴장을 해서 그래. 너는 수업 시간에 아주 좋아. 이건 그냥 시험일 뿐이야."

중간중간 선생님 말씀을 들으면서 눈물이 날 뻔했다. 두 번 정도 그랬다. 나는 눈물을 막기 위해 물을 마시며 생각했다. 울지 말자. 울지 말자. 선생님과 짧은 상담 후에 나는 화장실로 달려갔다. 울었다. 참았다. 울었다. 참았다. 펑펑 울고 싶지만, 곧 수업이 시작됨으로 여기까지 하기로 했다.

선생님 말씀이 맞다. 이번 주에 정말 많은 일이 있었다. 어떻게 성가시고 짜증 나고 재수 없는 일들은 한꺼번에 몰려오는 걸까 싶다. 스트레스로 인해서 뒤늦게 생리가 터진 일, 시험 성적이 생각보다 좋지 않았던 일, 생각보다 잘 안 느는 독일어, 심지어 어려워지는 독일어, 속절없이 흘러가는 시간, 친구들은 쭉쭉 성장하는 것 같은데 나만 그 자리인 것 같은 느낌, 아파트 화재, 약 4~5일간의 전기 두절, 성취감 제로 등 마음을 계속 짓눌러왔던 무게

들이 떠오르기 시작했다.

눈물을 쏟아내고 다시 교실로 돌아와서 웃어보려 노력했다. 그리고 생각했다. 아마 지금 나는 장벽 앞에 서 있는 거라고 말이다. 이제 곧 장벽을 넘어서려고 성장하려고 이러는 거라고 생각했다. 이런 생각이 들자 위안이 됐다. 독일 정착 후 내리 쌓인 피로감을 토해내고 나니 마음이 한결 가벼웠다. 슬플 땐 울어야 한다. 뱉어내야 한다. 그 자리는 아마 단단해져 있을 것이다.

베를린에 상륙한 코로나 팬데믹,
유럽인의 반응

오늘은 또 뭘 해 먹으며 하루를 버텨야 하나. 한국이든 독일이든 먹고 사는 문제는 똑같다고 생각하며 집 근처 마트로 향했다. 초창기엔 알디 (ALDI)에 자주 갔는데, 언제부턴가 에데카(EDEKA)에 더 자주 갔다. 물건 종류가 좀 더 다양하고 카페라테를 사 먹을 수 있었기 때문이었다.

카트를 하나 빼낸 후 마트 안으로 진입했다. 입구 진입로엔 사람이 별로 없었다. 야채, 과일, 샐러드, 빵, 주스 등을 고른 후 정육 코너로 발걸음을 옮겼다. 정육 코너엔 종업원과 몇몇 사람들이 고기를 사기 위해 모여 있었다. 코너를 돌기 위해 그쪽으로 향했다. 그러자 정육 코너에 있던 다섯 명 정도의 사람들이 놀란 듯 나를 뚫어져라 쳐다봤다. 그들의 시선 때문에 나도 놀랐다.

보통 다른 사람에게 관심 없는 유럽인들이 나를 보며 놀란 이유는 코로나 팬데믹 때문이었다. 2019년 12월 중국 우한에서 시작된 코로나바이러스감염증이 유럽에도 확장세를 펼치기 시작할 무렵이었다. 무엇보다 이 시기는 유럽에서 인종차별의 횟수와 강도도 높아지던 시기였다.

나를 빤히 바라보던 10개의 눈동자를 지나치며 '코로나19 때문에 저러는

구나'하고 말았다. 그래도 기분이 좋진 않았다.

코로나 팬데믹으로 전 세계인이 함께 조심해야 할 때, 베를린에서 사는 아시아인들은 코로나19 뿐만이 아니라 인종차별도 조심해야 했다. 그간 유럽에서 크고 작은 인종차별을 경험했지만, 코로나 팬데믹 기간엔 좀 더 노골적이고 위험하기까지 한 인종차별을 겪었기 때문이었다.

바로 옆에 앉은 커플이 내게 대놓고 "자기야, 중국, 중국. 코로나, 코로나."라고 말하기도 했다. 처음엔 정말 당황해서 그들을 쳐다보지도 못했다. 어떻게 사람이 바로 옆에 앉아 있는데 저렇게 말할 수 있지 싶었다.

그 후, 더 큰 인종차별을 겪다 보니 방금 사례는 별것 아니라는 생각도 드는데, 한 번은 전철에서 이런 일도 있었다.

늦은 감이 있는 독일의 반응

전철을 타고 집으로 돌아가는 길이었다. 빠르게 환승할 수 있는 곳을 찾아서 걸어가고 있는데, 몰려 있던 10대 아이들과 눈이 마주쳤다. 그 무리는 동시에 나를 빤히 쳐다봤다. 나는 뭔가 느낌이 싸해서 재빨리 시선을 거둔 후 다른 칸 앞에 섰다. 그리고 전철에 탔다. 전철이 어느 정도 달렸을까. 아까 봤던 10대 아이 중 한 명이 내 옆 라인에 앉은 남자에게 "이 여자 중국인이에요. 중국인 맞죠?"라고 말했다. 그 남자와 나는 눈이 마주쳤는데, 그 남자의 눈빛은 마치 내게 '그냥 애 말은 무시하고 모른 척하고 계시라'는 듯 보였다. 그 남자 눈빛도 불안해 보였다.

하지만 이 10대 남자애는 위협적인 말투로 나를 쏘아붙였다. 그땐 너무 당황하고 심장이 쿵쾅거려서 머리가 백지가 됐다. 하지만 그 와중에도 기억 나는 것은 나를 노려보면서 계속 "중국, 중국."거리는 남자아이의 얼굴이었 다. 남자아이가 너무 큰 소리로 말하고 위협적으로 느껴져서 나는 그냥 무 시하고 앞을 봤다. 베를린 전철을 보면, 출입문 쪽에 투명 판막이 같은 것이 있는데 뒤에서 걔가 노골적으로 침 뱉는 소리가 들렸다. 몇 번 퉤퉤 거리더 니 그 아이는 내렸다. 집에 가는 내내 진짜 방금 무슨 일이 일어난 건가 싶 었다.

사실 유럽에 사는 외국인으로서 평소에도 인종차별을 조심해 왔다. 하지 만 24시간 내내 생각할 정도는 당연히 아니었고, 일상생활에 지장을 줄 만 큼 긴장하고 다니지 않았다. 2020년 3월 15일. 적어도 이날까진 말이다. 이 날을 기점으로 정말 모든 것이 달라졌다. 코로나 팬데믹 전과 후로 말이다.

우선 이날 전까지 나는 평범한 생활을 했다. 어학원을 다녔고 친구들도 만났고 운동도 했다. 맛있는 음식도 먹으러 다녔고, 공연도 보러 다녔다. 하 고 싶던 공부도 방해 없이 원 없이 했다. 또 3월 14일엔 생일인 친구가 있 어서 근사한 맥줏집에서 생일 파티를 했다. 3월 15일엔 티어가르텐 공원에 서 친구 부부와 산책을 했고 그들의 집에서 점심도 같이 먹었다. 같이 영화 도 보고 놀다가 우리는 헤어졌다. 따뜻하게 포옹하고 헤어지며 우리는 말했 다. "다음 주에 보자!" 우리는 정말 다음 주에 또 보기로 했었다.

하지만 이 약속은 기약 없는 약속이 돼버렸다.

왜냐하면, 분위기가 바로 다음 날 완전히 바뀌었기 때문이었다. 3월 16 일. 아침부터 어학원 분위기가 이상했다. 강의실에서 선생님을 기다려도 오지 않으셨다. 느낌이 이상했다. 그러다가 다른 선생님이 오셔서 '너희 선생님 지금 감기몸살 때문에 못 나오신다'고 말해줬다. 그러면 우리는 오늘 어떤 선생님에게 배워야 하나 싶어서 사무실로 내려갔다.

사무실은 이미 패닉이었다. 코로나19로 어학원에도 비상이 걸린 것이다. 어학원 측도 지금 이게 무슨 상황인지, 앞으로 어떻게 대응해야 할지 정신이 없어 보였다. 선생님은 우리에게 코로나 팬데믹으로 학원이 당분간 문을 못 열 것 같은데, 일단 다른 반에 들어가 있으라고 하셨다. 안절부절못하는 선생님 뒤로 전화가 무섭게 울리고 있었다.

이날 아침 풍경은 베를린에도 코로나19 경고 불이 들어왔다고 알려주는 것 같았다.

그리고 정말 확진자 수는 폭발적으로 늘어나기 시작했다. 경고 불이 아니라 비상상황이었다.

사실 독일 정부의 대응은 좀 늦은 감이 있었다. 2019년 12월 말 코로나19가 급속도로 번지고 있는 상황을 선례로, 강경한 행동 방침을 적극적으로 추진했어야 했다. 그렇다면 독일의 확진자 수는 이처럼 늘진 않았을 것이다.

한국은 확산 초반기인 1~2월부터 긴장하고 있던 터라, 나 역시 코로나19에 대한 소식을 빠르게 들을 수 있었고 위험성에 대해서도 체감할 수 있었다. 그래서 2~3월 어학원이나 언어 모임에 가서 친구들에게 "얘들아 지금 코로나19로 난리라던데 마트에 가서 음식을 미리 사둬야 할까?"라고 물어보곤 했다. 하지만 당시 친구들은 "너무 걱정하지 마, 여긴 괜찮을 거야. 그리고 마트에 물건은 충분해."라고 말했다.

또한, 3월 중순까지 마스크를 쓰고 다니는 사람을 못 봤기 때문에 나 역시 독일은 안전하다는 생각을 점점 하게 됐다. 오히려 이 시기에 마스크를 쓰고 다니면 사람들이 이상하게 보고 피한다는 이야기를 듣기도 했다. 그래서 나도 안심한 건지 모르겠다. 양가 부모님들이 걱정하실 때에도 "독일은 안전해서 괜찮아요."라고 말씀드렸으니 말이다. 안심시켜드리려고 말씀드린 것도 있었고, 나는 정말 독일이 괜찮은 줄 알았다. 물론 마음 한편에 두려움이 있긴 했지만 말이다.

하지만 베를린 역시 코로나19 기승에 무릎을 꿇었다. 코로나19 대응조치가 줄줄이 나오기 시작했다. 사회적 거리두기가 생겼고, 모임 인원에 제한이 생겼으며, 극장·박물관 등이 문을 닫기 시작했다. 학교나 어학원도 마찬가지였다.

사재기 현상과 패닉

나 역시 친구들과 잡았던 약속 모두를 취소했다. 자주 나가던 모임 역시 모두 취소됐다. 가장 도드라진 변화는 바로 마트 상황이었다. 지침이 나올 때까지 어학원 문을 닫는다는 이야기를 듣고, 친구랑 부랴부랴 학원 인근 마트를 찾았다. 놀랍게도 일부 생필품이 텅텅 비기 시작했다. 이게 뉴스에서만 듣던 사재기 현상이구나 싶었다. 물건이 안 보이기 시작하자 마음이 더 불안해지기 시작했다.

시간이 흐를수록 사재기 현상은 점차 심해졌다. 우리 동네 인근 마트에서

코로나 팬데믹 도래 후, 사재기 현상이 시작됐다. 거의 남아 있지 않은 빵을 바라보고 있는 할아버지의 모습

확실히 느낄 수 있었다. 빵, 면, 소스, 깡통, 냉동 야채, 냉동 해산물 등 비교적 오래 보관이 가능한 것들은 상당히 빨리 없어졌다. 휴지도 찾기 어려웠다. 휴지는 정말 찾기 어려워서 평소에 아껴 쓰던 것을 더 아껴서 썼다. 볼일 볼 때마다 휴지 사용분을 예상하면서 썼던 기억이 난다. '나는 새벽에 화장실 한 번 더 가니까, 두 칸 정도 더 쓰면 휴지가 바닥나겠구나'라고 계산하면서 말이다. 결국, 신랑이 한국에서 휴지를 보내줬다. 한국에서 받은 물건 중에 나를 제일 기쁘게 만들었던 물건이었다.

한번은 카트가 필요하지 않아서 카트 없이 마트에 들어가려고 했더니, 종업원이 카트를 무조건 끌고 들어가야 한다고 했다. 사회적 거리두기를 위해서였다. 마트 앞에는 손 소독을 위한 티슈도 비치됐다. 또 마트 내 커피 가게에서 내가 커피값을 내려고 동전을 내밀자, 직원이 동전을 선반 위에 올려달라고 했다. 최소한의 접촉을 피하기 위함이었다.

3월 23일엔 온라인 수업이 시작됐다. 안 되는 독일어를 붙잡고 늘어지며 함께 동고동락해 온 친구들을 화상으로 만나니 그렇게 반가울 수 없었다. 매일 교실에서 만날 때와는 또 다른 반가움이었다.

선생님이 이스라엘에서 온 한 친구에 안부를 물었다. 그 친구는 휴강 이후로 계속 집에만 있었다고 했다. 먹을 것을 사기 위해 슈퍼 가는 것이 다라고 했다. 재밌던 게, 이 친구는 휴강 며칠 전 코로나19로 인한 위험성과 마트 사재기 현상에 대해 질문했을 때 '문제없다. 괜찮을 것이다'라고 했던 그 친구였다. 다른 친구들 상황도 비슷했다. 물론 나도 마찬가지였다.

마트에서 먹을 것을 사고 집으로 돌아오는 길, 아파트 엘리베이터 앞에 붙어 있는 공지글을 봤다. 3월 27일까지 이웃 간의 대화를 자제해 달라는 내용이었다. 동시에 답답함이 몰려왔다. 독일에 있을 수 있는 시간이 점점 끝나가고 있었기 때문이었다. 갑자기 모든 계획과 방향이 틀어지는 느낌이었다. 시간과 자본을 모두 털어내어 힘들게 얻어낸 시간이 그냥 흘러가고 있었다. 그것이 너무 분하고 아까웠다. 심지어 나는 무섭기까지 했다.

아이러니하게도 무기력함은 열정적인 분투를 일으킨 게 아니라 지독한 게으름을 발현시켰다. 목표와 방향을 잃은 나의 몸은 정반대로 행동하고 있었다. 절박해질수록 나의 몸은 움직이길 거부했다. 무언가를 해야 한다고 마음먹을수록 나는 더 간사하게 핑계를 대며 헛돌고 있었다. 3월과 4월, 그랬던 것 같다.

얼마간의 시간을 허비한 후 생각을 고쳐먹기로 했다. 억울하다는 생각을 접고 지금 내가 할 수 있는 일과 할 수 없는 일의 경계를 확실히 긋기로 했다. 하나하나 계획을 수정해 나가기로 했다.

슬프게도 포기해야 할 일이 대다수였다. 독일 도시와 유럽 여행, 친구들과 만남, 극장에서 작품 보기, 유명 박물관 가기, 벼룩시장 구경, 수영장 가기, 다양한 커뮤니티 활동. 내용들을 쓱쓱 지우니 또 쓰라렸다.

그렇다면 할 수 있는 일은 뭔가 싶었다. 남은 기간에 하고 싶은 일과 할 수 있는 일들을 정리했다. 독일어 공부 열심히 하기, 건강 챙기기. 끝. 없었다. 왜 집안에서 할 수 있는 일이 이렇게 없을까 싶었다. 코로나19 상황이 나아지기 전까진 할 수 있는 게 없었다.

빨리 상황이 나아지길, 더 이상의 확진자가 없길 바랄 뿐이었다. 팬데믹에게 빼앗긴 평범한 일상을 되찾길 기도했다. T.S 엘리엇의 시구처럼 4월은 정말 잔인한 달이었다. 작년 겨울이 오히려 따뜻했다.

독일 관광 명소에 나오지 않은 명소

독일에서 살고 싶어진 이유가 있다. 관광 명소를 능가할 정도로 멋진 곳, 여행 책자에서 잘 설명해주지 않는 곳이 있었기 때문이었다. 그것은 바로 베를린의 동네 풍경이었다.

예쁜 집들이 거리를 따라 퐁당퐁당 일렬로 서 있고, 푸른 나무와 잔디가 풍경을 메워준다. 집마다 주인의 개성이 묻어나고, 투박한 핸드메이드가 빛을 낸다. 아이들이 그린 무지개 그림이 넘실거리고, 창문 곁에 작은 곰 인형이 세워져 있다.

사실 미국 영화에서 봤던 풍경보다 독일 풍경이 더 그림 같았다. 그 그림 속을 걸어봤던 경험 때문일까. 대부분 동네가 풍경화였다. 정형화된 것은 없었다. 아기자기한 동네도 있었고, 울창한 숲속에 놓인 것 같은 동네도 있었다. 정직한 직사각형으로 건조해 보이는 동네도 있었다.

한국의 바쁜 현대인으로서 정원 관리는 어떻게 할 것이냐, 집수리는 어떻게 할 것이냐, 출퇴근은 어떻게 할 것이냐 등의 문제는 차치하고, 매일 이런 그림 속에서 살아가는 상상을 해본다. 독일의 여유 있는 현대인으로선 가능하지 않을까 싶다. 여유가 이런 멋진 동네 문화를 만들어 낸 건 아닐까. 여유가 박탈됐던 나의 일상엔 이런 문화에 대한 감상이 스며들 새도 없었다.

'대한민국 땅에 내 집은 있을까'하는 불확실한 예견으로 집에 대한 최소한의 환상도 버리고 살았다. 지금도 마찬가지다. 독일이든, 한국이든, 예쁜 내 집 마련은 쉬운 문제가 아니다. 다만 알게 됐다. 멋진 집 문화, 동네 문화만으로 사람의 정서가 회복될 수 있음을 말이다. 아파트 숲에선 절대 찾아볼 수 없는 감각들이다.

제2의 고향, 슈테글리츠-첼렌도르프

내가 1년 동안 살았던 곳은 슈테글리츠-첼렌도르프(Steglitz-Zehlendorf)라는 곳이었다. 우리 집은 포츠담 광장, 알렉산더 광장, 브란덴부르크 문 등이 몰려 있는 베를린 중심부에서 그다지 가깝진 않았다. 하지만 내가 다닌 어학원 인근 역에서 베를린 중심부로 가는 것은 멀지 않았다. 어차피 학원은 매일 갔기 때문에 베를린 중심부는 언제든 쉽게 갈 수 있었다.

한국에서 평생 4~5시간 통근 지옥을 겪은 나로선, 저 정도 거리는 가까운 축에 포함됐다. 내가 자주 탔던 전철(S25, S26번)도 아침 시간엔 사람이 조금 붐비긴 했지만, 그 이외 시간엔 사람이 많지 않아서 여유롭고 좋았다. 하루하루가 내겐 작은 여행이었다. 1년 내내 봤던 바깥 풍경이 매일 새로웠다. 잊지 않으려고 풍경들을 눈에 하나하나 새겼다.

어학원으로 가기 위해 환승해야 했던 역이 바로 요크스트라세(Yorckstraße)역이었다. 이 역에 도착하기 직전에 볼 수 있는 풍경들을 아직도 기억한다. 전철이 지나갈 때 가까이 볼 수 있는 농구코트, 긴 보행로, 거기서 걷고 뛰고 자전거 타고 강아지와 산책하는 사람들, 간혹 햇빛에 반사돼 번쩍거리는 붉은 건물. 마틴 루터의 종교개혁으로 잘 알려진 비텐베르크(Wittenberg)에 갈 때, 이 붉은 건물을 본 친구가 '정말 멋진 건물이네!'라고 말했던 기억도 난다. 여전히 선명하다.

내가 살던 동네의 진면목을 알게 된 건, 코로나 팬데믹이 도래한 이후다. 코로나 팬데믹으로 집에만 머물러야 했기 때문이었다. 코로나는 나의 광활한 생활 반경을 하나씩 잘라나갔다. 가장 먼저 2020년 3월 중순쯤 어학원이 문을 닫았다. 어학원이 어수선해지자 덜컥 겁이 났다. 마트에서 사재기 현상도 눈에 띄게 심해졌다. 먹을 게 없으면 어떡하나 걱정이 됐다. 잡아둔 약속도 취소했다. 동시에 친구들을 더이상 만날 수 없었다. 물론 극장, 영화관, 박물관도 하나둘씩 문을 닫았다. 식료품 마트에 가는 것 이외에 외출을 자제했다.

코로나19로 한국도 난리가 난 상황이었기 때문에 부모님은 내게 주의를 당부했다. 코로나도 코로나지만 여긴 내게 외국이었고, 심지어 나는 혼자였기 때문이었다. 코로나로 위급상황이 생겼을 때 어디로 연락해야 하고, 어디서 나를 치료하게 될지 알 수 없었다. 정보를 미리 숙지해 둔다 해도, 위급상황에선 어떤 일이 발생할지 모르니 말이다.

그래서 3월 중순부터 5월 중순까지 슈퍼 가는 것 이외에 집에만 있었다. 슈퍼, 집, 슈퍼, 집, 슈퍼, 집. 오전에는 인터넷으로 어학원 수업을 들었다. 그나마 선생님과 친구들을 만날 수 있는 시간이었다. 또 무언가 생산적인 것을 한다는 생각에 위안이 됐다.

나머지 시간은 무료했다. 작다고 느끼지 않았던 원룸이 작게 느껴졌다. 불편함을 못 느꼈던 공간이 답답하게 느껴졌다. 나의 공간은 좁은 수조 같았다. 그 밑으로 가라앉는 느낌이었다. 발버둥 치지 않으면 정말 숨도 쉬지 못할 것 같았다. 뭐라도 해야겠다 싶었다. 시간이 없다는 핑계로 미뤄뒀던 운동도 해보고, 늦잠도 자봤다. 영화나 넷플릭스 시리즈도 원 없이 봤다. 전 세계인이 넷플릭스에 접속하는 넷플릭스 호황기였다. 원 없이 하고 싶었던 독일어 공부도 해봤다. 책도 읽어봤다.

하지만 이상하게 시간이 없었던 평소의 나보다 더 집중을 못 했다. 잠을 충분히 잤는데도 머리가 아팠다. 운동을 해도 영혼이 증발한 듯 기력이 없었다. 마음이 불안했다. 다른 사람들은 도대체 이 숨 막히는 시간을 어떻게 지낼지 궁금했다. 다들 어떻게 견뎌내고 있을까. 가장 커다랗게 떠오른 질문이었다.

상황은 비슷했다. 친구들도 마트에 가서 식자재를 사 오거나 집 주변에서 산책을 한다고 했다. 모두 힘든 시기를 보내고 있었다.

코로나19가 장기화되면서 코로나 블루라는 단어가 나왔는데, 나도 이 시기에 우울증을 앓았던 건진 잘 모르겠다. 다만 당시 느꼈던 몸의 감각을 분명히 기억하고 있다. 육체를 단단히 지탱해줘야 할 기력이 없었고, 웃음이 메말랐으며, 고립감을 감각할 수 있었다.

이 기간에 한국으로 다시 돌아가는 유학생들도 있었다. 부모님도 조심스럽게 물었다. 한국에 돌아오는 게 어떻겠냐고 나를 달랬다. 나는 돌아가고 싶지 않았다. 숨 막히는 공간에 나를 감금시키더라도 독일에 남아 있고 싶었다. 가장 원하는 곳에서 아무것도 할 수 없는 무력감이 나를 병들게 할지라도 말이다. 타국에서 코로나를 홀로 버텨야 하는 상황보다 사랑하는 이곳에서 원하는 일들을 마음껏 할 수 없다는 것이 나를 더 힘들게 했다. 어렵게 얻어낸 소중한 시간이 허무하게 흘러가고 있었다.

한국 아파트 숲에선 절대 볼 수 없는 것

집안에만 있다간 미칠 것 같았다. 그래서 내가 살던 아파트 주위를 산책하기 시작했다. 처음엔 남쪽으로, 그러다가 북쪽으로, 또 서쪽으로 조금씩 걸었다.

걷는 것만으로 눈이 맑아지고 둔탁한 머리가 청정해졌다. 몸이 경쾌해지는 것보다 더 반가웠던 것은 동네가 정말 예뻤다는 것이다. 코로나19 속에서도 작은 모험이 가능했다. 지도도 필요 없는 동네 앞 모험이었다. 예쁜 풍경을 카메라에 담기도 했다.

이 작은 여행은 큰 메시지를 줬다. 여행객이었다면 쉽게 체감하지 못할 독일 동네 문화를 체감하도록 만들어준 것이다. 독일인은 자국의 동네 문화를 잘 알 것이다. 하지만 평생 아파트 숲에서 살아온 나는 독일 동네 문화가 유독 특별하게 다가왔다.

일단 도드라지게 보이는 것은 집이었다. 길을 따라 쭉 늘어선 집들은 각자 개성을 가지고 있었다. 주인의 기호와 개성에 따라 모양부터 색깔까지 각양각색이었다.

독일 노이루핀 인근에서 자전거를 타다가 만난 동네

정원에도 집주인의 개성이 반영됐다. 토끼나 강아지 같은 아기자기한 동상을 세워두기도 했다. 깃발 같은 것도 꽂아 두거나, 트램펄린을 두는 곳도 있었다. 예쁜 전등을 걸어둔 집도 있었고 창문에 그림을 붙여놓은 집도 있었다. 정원을 거의 놀이터 수준으로 꾸며둔 집도 있었다. 아이들이 신나게 뛰어놀기에 좋은 것 같았다. 따뜻한 햇볕을 맞기 위해 정원에 의자나 식탁을 둔 집도 있었다.

정말 하나하나 열거하기 어려울 정도로 다양하게 꾸며진 집이 많았다. 대부분의 시간을 보내게 될 공간을 정성스럽게 가꾸는 모습이 좋았다. 집을 물질로 대하지 않고 함께 호흡하는 공간으로 취급하는 마음가짐이 좋았다. 애정하는 공간에 상상력을 불어 넣어, 유일하고 독보적이며 창의적인 공간으로 만들어 내는 것도 부러웠다. 아파트 숲에선 절대 볼 수 없는 풍경이다. 마을 전체가 예쁜 카페 골목 같달까.

부활절 기간엔 독일 정원에서 특별한 분위기도 포착된다. 동네를 걷다 보면 정원 나무나 식물에 달걀 장식품이 걸려 있는 것을 볼 수 있다. 진짜 달걀인지 아닌지 모르겠다. 내가 본 것은 장식품이었다. 어쨌든 알록달록 달걀이 초록 나무에 대롱대롱 매달려 있는 모습은 인상적이다. 부활절 분위기를 알려주고 살려주는 아이템이다. 동시에 독일 사람이 부활절을 어떻게 생각하고 있는지도 알 수 있는 문화였다.

4월과 5월, 날씨가 따뜻해지면 동네는 더 아름다워진다. 꽃 때문이다. 곳곳마다 별의별 꽃들이 만발한다. 정원 앞이든 길거리든 생경한 꽃들이 동네를 가득 채운다. 발길을 멈추고 보게 된다. 그래서 이맘때 독일엔 쉼표가 많다. 여름을 앞둔 독일은 행인의 발걸음을 멈추게 만든다.

집과 길거리를 채우는 꽃들을 보면서 독일 사람들이 식물을 정말 좋아하는 것 같다고 생각했다. 물론 모든 국민이 식물과 꽃을 가꾸는 건 아니겠지만, 많은 집들이 창가나 문 앞에 꽃을 세워둔다.

사실 이런 분위기가 가능한 것은 꽃 가격 때문인 것 같기도 하다. 물론 꽃의 종류에 따라 가격이 달라지겠지만, 한국과 비교했을 때 굉장히 저렴했다. 학원 인근에서 망고 튤립 10송이를 샀는데, 가격이 4유로였다. 한화로 5~6천 원이다. 나중에 마트에서도 꽃을 산적이 있는데, 화병 두 개에 나눠서 꽂아야 할 정도로 많은 꽃을 샀음에도 3.5유로인가밖에 안 했다. 극장 가는 길이었던 것 같은데 다른 꽃집에선 장미 10송이에 4유로에 팔았다.

한국에서 내가 갔던 꽃집은 장미꽃 한 송이 2~3천 원, 프리지어 몇 가닥 3천 원, 안개꽃 조금 4천 원 등이었다. 당연히 망고 튤립 10송이를 살 생각은 해보지도 않았다. 가격 부담으로 한두 송이를 절박하게 샀던 시기랑 비교해 보면, 베를린은 정말 신세계였다.

어렸을 때 꽃다발을 선물 받은 엄마가 "비싸게 이런 건 왜 샀어."라고 말하는 걸 듣고 자라서 그런지 나 역시 한국에서 꽃 사는 걸 부담스럽게 생각했다. 정말 특별한 날 아니면 잘 사지 않고 받지 않는 분위기가 '개인적으로' 있었다. 여전히 꽃 가격은 조금 부담스럽다.

그런 내게 독일에서 경험은 앞으로 경험하기 힘든 큰 선물이었다. 귀국 후, 나는 많진 않아도 종종 꽃을 사게 됐다. 누군가에게 꽃을 줄 때도 기분이 정말 좋아졌다. 최근엔 오랜만에 만난 소중한 사람에게 꽃을 선물하기도 했다. 꼭 특별한 날이 아니어도 기쁘게 주고, 때론 받기도 한다. 집안 한편에 놓인 꽃을 바라볼 때마다 꽃과 숲으로 둘러싸인 베를린의 동네가 떠오른다.

내가 살던 독일 집에서 딱 한 발자국만 뗐을 뿐인데, 독일 동네 문화가 광활하게 펼쳐졌다. 꽃과 식물을 일상 속에 두고, 정원 속엔 집주인의 상상력이 가득하다. 부활절 기간에 동네 곳곳에 형형색색 달걀이 넘실거린다. 집 형태가 단일주택이라 폐쇄적인 것 같지만 사실 이웃과 더 열린 구조다. 저 풍경 속에 빠져 살고 싶은 마음이 들 수밖에 없다. 베를린의 우리 동네가 정말 그립다. 내일은 꽃 한 송이 사러 가야겠다.

언어를 못 하면 겪게 되는 상황들

펑펑펑. 플릭 버스(FlixBus)에서 나는 거의 언어맞다시피 하는 중이었다. 버스 의자에 앉아 있었는데, 내 뒤에 앉은 외국인이 발로 의자를 계속 찼던 것이다. 다리를 움직이다가 가끔 툭툭 치는 것이 아니었다. 대놓고 쾅쾅 치고 꾹 밀고 그랬다. 처음에는 깜짝 놀라서 내가 뭘 잘못 느꼈나 싶었다. 하지만 아니었다. 베를린에서 폴란드로 가는 내내 폭력은 계속됐다. 내 뒤에 앉은 사람은 혼자가 아니었다. 총 4명이었다. 그들은 10대 정도로 보였다. 주로 영어로 대화했지만, 원어민은 아닌 듯 보였다.

나의 의자를 샌드백 치듯 발로 내리치던 그 소녀는 화장실을 다녀오는 길에 나를 쳐다봤다. 나와 눈이 마주쳤다. 2~3초가량 짧은 순간이었지만 정말 길게 느껴졌다. 나도 그 소녀가 던지는 시선을 피하지 않았다. '네 앞에 사람이 앉아 있어. 그러니 발로 의자를 의도적으로 차는 것은 멈춰줘'라고 눈으로 말하고 싶었기 때문이다. 분명히 앞에 사람이 있다는 것을 확인했을 텐데 그 소녀의 폭력은 계속됐다. 아랑곳하지 않고 저들끼리 낄낄거렸다.

이후 그 무리는 버스에서 내렸다. 어퍼컷이 사라진 좌석에 홀로 덩그러니 앉아 도대체 나에게 무슨 일이 일어난 건지 상기했다. 왜 내가 샌드백을 맞아야 했던 건지 알 수 없었다. 시간이 상당히 흐른 지금도 나는 생각한다. 나는 왜 그들에게 말 한마디 못했을까.

이유는 여러 가지가 있었다. 일단 겁쟁이 기질이 발휘됐다는 점, 낯선 타국에서 문제를 일으키고 싶지 않았던 점, 무리의 언어 중엔 욕설과 비속어가 종종 섞여 있어서 무서웠던 점, 그들은 4명이었고 나는 혼자였던 점, 언젠간 발길질을 멈추겠지 생각하며 그들을 믿고 기다렸던 점, 그렇다고 자리를 이동하면 왠지 내가 지는 것 같은 기분이 들었던 점 등 복합적인 이유가 있었다.

하지만 2019년이나 2021년이나 가장 큰 이유는 하나였다. 바로 언어 문제였다. 나는 버스 의자를 사이에 두고 계속 맞고 있을 때도 생각했다. 독일어로 이 상황을 어떻게 말할 수 있을까. 이렇게 말하는 게 맞는 걸까. 이런 문장으로 말하면 쟤들이 알아들으려나. 비웃으려나. 그러면 영어로 말해볼까. 'Don't kick the seat'이라고 말하면 되려나. 'Please'를 안 붙이면 무례하다고 생각하려나. 'Please'를 붙여서 말하면 괜찮겠지. 머릿속으로 문장을 구성하고 연습을 했지만, 결국 나는 말 한마디 못했다.

어떤 어학원을 가야 하나?

만일 영어든 독일어든 언어가 안 된다면 베를린에서 억울함도 2배, 분함도 2배, 답답함도 2배가 된다. 그래서 언어는 정말 중요하다.

독일 출국 전 독일어를 좀 배우고 가는 게 나은지, 배운다면 어디까지 마치고 가는 게 좋은지, 궁금해하는 사람도 있을 것이다. 독일의 어떤 학교(어학 기준 및 입학 시기)에 들어가는지, 머무는 기간(단기, 장기)은 얼마나 되는지에 따라 기준도 미묘하게 달라질 것 같다. 일단 목적과 기간을 확실히 정하는 게 좋을 것이다.

하지만 독일어를 미리 공부한다고 해서 손해 볼 것은 없다. 나 역시 한국에서 퇴근 후에 1시간 30분가량 독일어 저녁 수업을 들었고, 출퇴근 지하철에서 인터넷 강의를 청취했다. 그렇게 알파벳과 대략적인 문법을 정리하고 출국했다.

한국식 문법 교육의 한계를 독일에서 절감하게 됐지만, 어쨌든 준비했던 공부들이 독일에서 도움은 됐다. 가령, 선생님이 수업 시간 내내 독일어만 사용하셨는데, 한국에서 한국어로 공부했던 독일어 문법 내용을 이미 숙지하고 있었기 때문에, 그나마 독일에서 독일어로 진행되는 수업도 이해할 수 있었다. "아! 지금 선생님이 현재완료를 설명 중이시구나!"하고 말이다.

출국 전 아베체데(ABCD)와 기본 문법을 숙지하는 것은 독일어에 대한 부담감을 줄여준 일이었다. 그래서 추천하고 싶다. 독일 생활의 첫발 격인 어학원에서 독일어에 부담을 느끼고 잔뜩 움츠리게 된다면 좋을 게 하나도 없기 때문이다.

어떤 어학원을 선택해야 할지도 정말 고민됐다. 특히 베를린에는 어학원이 많았기 때문이었다. 위치와 가격대도 천차만별이었다.

일단 Goethe-Institut, CDC, GLS, F+U, Neue Schule, BSI 등 개인적으로 다니고 싶거나 집에서 멀지 않은 학원들을 모아봤다. 그리고 해당 학원들에 대한 학생들의 후기를 찾아보고 읽었다. 학원 후기는 사람의 생김새

만큼 다양했다. 같은 학원에 대해 좋다고 한 사람도 있었지만 별로였다고 한 사람도 있었다. 또한, 대부분 좋다고 칭찬한 학원이지만 가격이 내게 비싼 곳도 있었다. 이렇듯 후기를 통해서 학원에 대한 분위기를 대략 감지할 수 있었지만, 더 혼란스러웠다. 도대체 어디를 가야 하는가.

그러다가 어학원을 선택하게 된 결정적인 배경이 있었다. '후기는 정보일 뿐이다. 후기에 너무 의존하지 말자. 그리고 학원 가격대에 편견을 갖지 말자. 내가 열심히 하면 된다'라는 생각이었다.

이 한 줄의 생각만으로 어학원을 쉽게 결정할 수 있었다. 내가 다녔던 학원은 가격별로 따지면 저렴한 축에 속하는 곳이었다. 저렴한 학원을 원하면서도 정작 '가격이 너무 저렴하면 커리큘럼은 별로일까'라는 모순적인 생각이 내게 있었다.

하지만 어느 학원에 가도 본인이 열심히 하지 않으면 소용없다는 생각으로 이 학원을 택했다. 그리고 선택은 적중했다. 여기에 운까지 따라서 정말 은인 같은 선생님을 만났다. 서울에 위치한 몇몇 어학원부터 대중적으로 알려진 인터넷 강의까지 들어봤지만, 가장 편견이 있던 독일 어학원에서 잘 가르치는 것은 물론이고 외국인의 마음을 잘 이해해주는 선생님을 만난 것이었다. 편견을 벗어던지면 때때로 행운이 따라온다. 우리 어학원 동기들끼리는 여전히 이렇게 말한다. "그를 만난 건 정말 행운이었어. 그렇지?" 그는 독일어에 불안함을 느끼는 우리의 정서적인 아버지였다. 그리고 가장 친한 친구였다. 귀국한 지금도 독일어에 대한 감각을 놓치지 않고 즐겁게 공부할 수 있었던 것은 그의 덕분이기도 하다.

돌이켜 생각해보면, 외국어는 나와 불가분의 관계였다. 중학생 때 영어 과목을 참 좋아했다. 장래 희망을 적으라고 하면 무조건 영어 선생님이라고 적을 정도였다. 고등학교 2학년 땐 제2 외국어로 불어를 선택했다. 한 고등학교에서 열린 불어 말하기 대회에 참가해본 경험도 있다. 그리고 대학생때 전공과목은 중국어였다.

외국어와 인연은 깊었지만, 그 중 어느 하나도 유창하게 해내는 것이 없다. 특히 영어는 초등학교 4학년 때부터 접했음에도, 말하는 것에 어려움을 느낀다. 그래도 나는 내가 초등학교 수준의 영어는 할 거라고 생각했다. 그래서 독일에서 만난 외국인에게 '나는 초등학교 수준의 영어밖에 못한다'고 말했는데 설명을 잘못했다는 것을 깨달았다. 자신도 초등 영어를 한다고 했던 친구들은 영어로 유창하게 말을 했기 때문이다. 그 정도가 초등학교 영어 수준이라니, 그럼 난 뭔가 싶었다. 결론적으로 나의 영어 실력은 초등학교 실력도 안 되는 것이었다. 지금은 유치원 수준이라고 말하는 것도 겁난다. 한국에서 교육과정 동안 형형색색 분필을 이용해 문법의 구조를 공부했던 과거들이 주마등처럼 스쳐 지나갔다. 문법을 알지만, 입으론 한마디도 못 했던 과거들이다.

영어를 24년간 접했음에도 실패했던 이유를 독일에서 알게 됐다. 독일에서 한 독일어 공부는 한국에서 해온 공부와 완전 다른 방식의 공부법이었다. 지금 하는 이야기는 독일어를 잘하는 법에 관한 이야기일 수도 있지만, 독일어를 재밌게 오래 할 수 있는 방법에 대한 이야기일 수도 있다. 영어 24

베를린에서 열린 언어·문화 박람회 'Expolingua Berlin'. 세계 각국의 언어와 관련된 정보를 얻을 수 있다.

년과 독일어 1년. 무슨 차이가 있었을까.

　요즘엔 누구나 인터넷으로 '외국어 잘하는 방법'을 찾아볼 수 있다. 듣기 잘하는 법, 말하기 잘하는 법, 24시간 외국어에 노출되는 법 등 정말 많다. 모두 도움이 되는 말이라고 생각한다. 나도 도움을 받긴 했다.

　하지만 가장 중요한 것은 동기다. 그것도 아주 강력한 동기부여다. 강력한 동기는 영혼을 끌어모아서 독일어를 잘하기 위한 모든 방편을 스스로 찾아내게 만든다. 독일어를 잘하기 위해서 물불을 가리지 않게 된다고 해야 할까. 나 역시 강력한 동기부여가 나를 이렇게 만들 거라곤 상상하지 못했다.

　10대, 20대 때도 없었던 강력한 동기를 30대 때 맛봤다. 중간고사와 기말

고사를 위해서, 실기시험을 위해서, 수능을 위해서, 학점을 위해서 등 어떤 사회적 기준에 맞추기 위한 동기가 아니었다. 내 안에서 스스로 원하는 동기들이었다. 생각만으로 마음이 설레는 것, 잠 안 자고 밤새 하고 싶은 것, 오늘 했는데 내일 또 하고 싶은 것, 독일에서 단 1년만 있을 수 있다는 건강한 강박, 앞으로 이런 기회가 없다는 절박함, 모국어가 아닌 외국어로 대화가 통한다는 신기함과 쾌감, 멋진 악센트, 독일 문화를 더 알고 싶다는 호기심 등 다양한 이유가 강력한 동기부여로 작동했다. 특히 매너리즘에 빠지기 쉬운 30대, 이맘때 나는 정말 이글거렸다.

이런 강력한 동기는 나를 스스로 움직이게 만들었다. 정말 조금이라도 독일어를 할 수 있는 기회를 열어가고 있었다. 그 방법들은 애플리케이션 및 SNS를 이용해 독일어 말하기 모임에 참여하기, 지역 커뮤니티에 가입해서 함께 취미 생활 즐기기, 탄뎀 친구 사귀기, 한국에서 못 했던 댄스 학원에 방문하기, 언어 박람회 가보기, 방과 후 남아서 친구들과 독일어 말하기, 독일 드라마 필사해서 계속 따라 하기 등 수없이 많다.

여기에 한 가지 더 추가하고 싶은 방법이 있다. 최근 언어를 잘 습득하는 방법 중에서 가장 인상 깊은 조언을 들었는데, 바로 불안이 없는 상태를 만들라는 것이었다. 정말 공감했다. 이 상태는 대화 자체가 즐거워서 너와 내가 쓰는 외국어를 망각하게 되는 그런 상태를 말한다. 외국어를 말하고 있다는 느낌이 아니라 내가 하고 싶은 말을 하고 있다는 느낌이랄까. 물론 처음부터 이런 상태에 이를 수 있는 것은 아니었다. 하지만 외국인 친구를 만날 때 완벽한 문법을 구사하겠다는 각오를 내려놓고 '오늘도 얘랑 재밌게 놀아야지'라고 생각하니 마음의 불안이 좀 사라졌다. 대화 자체가 재밌어서 말이 툭툭 나왔던 기억이 난다. 외국인이고 독일어 초보자니까 못 할 수 있다는 너그러운 마음을 가지고 '논다'는 생각이 도움이 됐다.

늘어난 독일어 실력보다 독일어를 제대로 공부할 방법을 깨달은 게 더 기쁘다. 독일에 가지 않았다면 절대 배울 수 없는 교육 방법이다. 무엇보다 이 방법은 이제 내 안에 완벽히 흡수됐다. 동시에 한국에서도 활용 가능하다는 것이 마음을 든든하게 만든다.

다만 아쉬운 점도 있다. 내가 존경하고 따르는 한 선배는 독일에 가기 전 독일어 공부를 제대로 해 놓고 가라고 조언을 해주신 바 있다. 틈틈이 공부한다고 했는데, 결국 기본기만 다지고 출국했다. 그래서 막상 독일에선 놓친 게 많았다. 언어를 못 해서 독일 문화나 역사를 이해하기 어려웠다. 못하는 영어 실력으로 공연 내용이나 유적지 설명을 희미하게 더듬을 수 있을 뿐이었다. 영어라도 잘했다면 저 거대한 문화유산을 얼마나 더 깊고 풍성하게 받아들일 수 있었을까, 하는 생각에 아쉬웠다. 왜 선배가 그런 말씀을 하셨는지 뼈저리게 이해하게 됐다.

독일에서 많은 것을 얻었지만 부재도 상당하다. 이러한 부재는 갈망과 욕망을 일으켰다. 독일어를 더 잘하고 싶다. 그리고 독일을 더 알고 싶다. 나의 동기는 아직 마침표를 찍지 않았다.

독일에서 만난 연극

4.48
사이코시스

분열된 자아 속에서 건진
순도 100%의 진실

　액션 혹은 추격 영화를 보면 정말 많이 등장하는 장면이 있다. 주인공이 악당들에게 진실을 캐묻는 장면이다. 주인공은 비밀이 무엇인지, 악당 두목은 어딨는지 등 질문을 쏟아낸다. 악당에게 총이나 칼을 들이밀기도 하고 옥상이나 난간에 올라 마치 떨어뜨릴 것처럼 위협하기도 한다. 그러면 악당들은 버티고 버틴다. 그러다가 정말 죽을 것 같은 위기에 처했을 때 악당들은 바들바들 떨면서 애원한다. '모두 털어놓을 테니 목숨만 살려달라'고 말이다. 그리고 진실을 모두 털어놓는다.

　주인공이 악당에게 들은 정보대로 가보면 정말 해답이 있다. 어떤 주인공은 잃은 딸을 찾기도 하고, 또 다른 주인공은 악당 두목을 발견하기도 한다. 누군가는 보물도 발견하고, 중요한 문서를 찾기도 한다. 죽음의 공포 앞에 선 사람의 말은 진실일 경우가 많다.

　이런 장면 덕분에 추격 영화에 날개가 달린다. 하지만 나는 주인공들이 결국 물건이나 사람을 찾았다고 이야기하려는 것은 아니다. 정말 쾌감이 있고 박진감이 넘치는 장면이었다고 말하고 싶은 것도 아니다. 유감이지만 그런 감정은, 영화가 종결된 후 쥐도 새도 없이 증발해 버린다.

오히려 영화를 보면서 인상 깊었던 것은 죽음 앞에 놓인 자가 진실을 말하는 순간들이었다. 의리 혹은 팀원을 위해서 버티고 버티던 사람들도 정말 죽을 것 같으면, 할 말 못 할 말 가리지 않고 구구절절 다 털어놓는다. 죽음에 잠식당한 뇌와 심장이 순도 100%의 말들을 꺼내놓는다. 거기엔 어떤 논리도 없고 거짓도 끼어들지 않는다. 그 깨끗하고 군더더기 없음에 눈이 휘둥그레질 정도다. 위선도, 가식도, 계산도, 오기도, 계획도 없다. 단어 하나, 문장 하나, 모든 말들이 참으로 치열하다. 뭐랄까. 마지막 한 모금의 숨이 남아있을 때 할 수 있는, 단 한마디의 말을 하는 것 같달까. 죽기 직전의 인간만이 내다볼 수 있는 아주 찰나적 혜안들도 느껴진다.

그래서 상상해봤다. 죽음 앞에 놓인다면, 나는 어떤 말을 하게 될까.

가장 먼저 몸이 이상 증세를 느끼게 될 것이다. 평소와 다르게 가슴이 답답해, 느낌이 이상하다는 기분을 감지할 것이다. 그리고 생전 경험해 보지 못한 피나 구토가 나오면서, 내가 심각한 병에 걸렸다는 것을 인지하게 될 것이다. 이불에 몸을 파묻고 생각할 것 같다. '나 무슨 죽을병에 걸린 건가? 아니겠지?'라고 하면서 스스로 결정 내리고 부정하기를 반복할 것 같다. 증상이 계속 반복되면 공포에 떨 것이다. 무서워할 것 같다. 그러다가 왜 하필 나냐고 신에게 푸념할 것 같기도 하다. 엄마와 아빠한테 못 해준 게 생각나서 눈물이 날 것 같기도 하다. 아직 젊은 나이인데 못 해 본 것들이 생각나 억울할 것 같기도 하다. 이 생각들은 반복과 분열을 거듭하며 나의 시간을 지배하게 될 것 같다.

그렇게 모든 사념이 흘러간 후, 마지막에 하고 싶은 말은 바로 '나는 정말 죽고 싶지 않아요'일 것 같다. 살고 싶다는 생각뿐일 것 같다. 시간이 더 주어진다면 커튼을 열어 세상을 더 보고 싶다는 생각이 들 것 같았다.

사라 캐인의 마지막 연극 '4.48 사이코시스'

그러다가 영국 극작가 사라 캐인의 작품 '4.48 사이코시스'를 만났다. 정말 놀랐다. 이 작품엔 앞서 내가 언급한 감정과 비슷한 말들이 녹아 있었다. 온갖 욕설과 신에 대한 저주, 못난 자신에 대한 한탄, 자살 충동, 삶에 대한 욕구, 사랑 고백, 자아 성찰, 병으로 인한 신체의 변화, 복용 중인 약물 고백 등 죽음 앞에 놓여 있던 말들이었다. 벼랑 끝에 내몰렸을 때 쏟아낸 말들이었다. 오염되지 않은 사라 캐인의 언어들이었다.

실제 사라 캐인은 수년간 심각한 우울증에 시달렸다고 한다. 분명 고통받았을 것이고 분투했을 것이다. 죽고 싶었을 것이고 살고 싶었을 것이다. 세상을 미워하고 싶었을 것이고 동시에 더 사랑하고 싶었을 것이다. 그러던 그는 결국 1999년 생을 마감했다. 그의 나이는 겨우 28살이었다.

한국에서도 사라 캐인의 4.48 사이코시스를 보고 싶었다. 하지만 볼 기회가 없었다. 그러다가 우연히 독일 베를린에서 사라 캐인의 작품을 보게 됐다. 공연 시간표 목록에 '4.48 사이코시스'라는 제목을 보자마자, 망설임 없이 티켓을 구매했다. 도이체스 테아터 무대에 오른 작품으로, 독일 연출가 울리히 라쉐 (Ulrich Rasche)가 연출을 맡았다.

무대엔 많은 것이 자제돼 있었다. 화려한 배경이나 소품도 없었고 배우들의 의상도 절제됐다. 특히 그들은 신체가 고스란히 드러나는 옷을 입고 있었다. 의상 색깔도 밝은 계열과 어두운 계열뿐이었다. 그래서인지 무대에 흑과 백만 존재하는 느낌도 들었다. 마치 두 개로 분열된 사라 캐인의 정신 세계를 표현한 것처럼 말이다.

그리고 배우들은 사라 캐인의 분열된 정신으로 대체되어 뜨겁고 절규 서린 말들을 토해냈다. 말들이 정말 계속 이어졌다. 뜨거운 말, 아픈 말, 나쁜 말, 필요한 말, 이해 안 되는 말, 날이 선 말, 애원하는 말 등 정말 말의 잔치였다.

이처럼 무대는 사라 캐인의 말 자체에 집중하고 있는 것처럼 보였다. 왜냐하면, 발화되는 대사와 이 대사를 풀어내는 배우의 몸 때문이었다. 발화되는 대사들은 특정한 리듬을 갖고 있었다. 물론 이 리듬에 맞게 배우들의 몸도 리듬감 있게 움직였다. 음악성을 가진 말과 리듬을 가진 몸의 조합이었다.

이 조합은 알 수 없는 힘을 일으켰다. 배우들의 말은 감정이 삭제된 것처럼 보였지만, 계속 듣다 보니 감정이 확실하게 느껴졌다. 가장 뚜렷하게 느낄 수 있었던 감정은 대사와 대사 '사이'에서 찾을 수 있었다. 그 짧은 순간, 배우의 '스읍' 혹은 '흡' 하는 호흡이 느껴졌는데, 마치 그것은 단말마 같았다. 숨을 겨우 쉬고 있거나, 숨이 끊어지기 전의 모습 같았다. 이 음악성을 가진 말과 리듬을 통해서 사라 캐인의 호흡을 느낄 수 있었다. 우울증 때문에 호흡이 불가능한, 하지만 호흡을 하려고 애쓰는 캐인의 잔상이 느껴졌다.

이외에도 무대에는 정말 중요한 장치가 있었다. 러닝머신처럼 계속 돌아

DEUTSCHES
THEATER
BERLIN

4.48
PSYCHOSE

LASSER SICH

AUM

von Sarah Kane

연극 '4.48 사이코시스' 포스터

Mit: Elias Arens, Katja Bürkle, Thorsten Hierse,
ani Jessen, Jürgen Lehmann, Kathleen Morgeneyer,
ustus Pfankuch, Linda Pöppel, Yannik Stöbener
ve-Musik: Carsten Brocker, Katelyn King,
ela Mastnak, Thomsen Merkel

egie: Ulrich Rasche

Foto: Arno Declair

가는 무대장치였다. 그 위에서 배우들은 계속 걸어야 했다. 속도에 미묘하게 변화가 있었던 것 같지만 걷는 일은 계속됐다.

처음엔 걷기에 대해서 별생각이 없었다. 하지만 걷기의 지속성과 반복성은 폭력으로 둔갑했다. 단순한 걷기가 절대 멈추지 못하는 걷기로 바뀐 것이었다. 그런 배우들의 모습은 삶에 대한 열망이든 죽음에 대한 욕구든 멈추고 싶어도 멈추지 못하는 상태를 표현해냈다. 우울증에서 벗어날 수 없는 고행길처럼 보이기도 했다. 죽음을 향해 걸어 들어가는, 혹은 삶을 계속 살아보려는 느낌도 들었다. 그런 기분이 들자, 마치 캐인의 의식 속에 놓여 있는 기분이 들었다.

무대 위에서 만나는 사라 캐인의 말들은 서사도 없고 줄거리도 없었다. 말들은 짧고 담백하게 끊어지길 반복했다. 많은 말들 가운데 자학하고 비난하는 말들이 귀에 꽂혔다. 또 그를 괴롭혔던 약물의 종류와 중량도 언급됐다. 이로 인한 식욕부진과 불안감, 체중 감소가 그의 상태를 말해주고 있었다. 서서히 어둠 속으로 잠식되어 가는 캐인의 세계였다.

무대에서 만난 분열된 자아, 캐인의 세계

그러면서 나중엔 카메라를 든 사람이 등장해, 배우들의 얼굴이나 몸을 촬영했다. 그리고 조각난 형상이 영상 배경으로 나타났다. 추후 무대를 장악한 영상은 강력한 힘을 느끼게 만들어줬지만, 한편으론 으스스하고 기괴한 느낌도 들게 만들었다. 뭐랄까. 결국, 캐인의 생각이 스스로 육신을 잡아먹은 것 같은 형상이랄까. 거기서 벗어나려는 듯 배우들은 선언하듯 목소리를 높이기도 했다.

온전한 정신이 들다가도 다시 나를 잃어버리는 시간, 4시 48분. 물리적·수치적으로 이 시간대가 갖는 의미보다, 더 중요한 것이 있다고 생각한다. 바로 이 시간이 존재한다는 것, 바로 그 자체다. 평범한 사람 속엔 존재하지 않는 4시 48분을 캐인은 가지고 있었다. 분열된 시간, 분열된 존재, 분열된 생각들 말이다.

그것들을 만나는 시간은 인간을 가장 고통스럽게 만드는 것이 무엇인지 알게 만들어줬다. 사회를 볼 수 있는 눈과 감각을 잃어버리게 되는 공포, 나에 대해서 아무것도 모르면서 제멋대로 평가하고 떠들어대는 사람들, 분명하고 깨끗한 생각을 잃어가는 것, 사랑과 온기를 잃는 것, 나를 점점 잊어가는 것, 생물학적 리듬의 불균형, 희망 없음, 그리고 죽음을 앞둔 것. 바로 그런 것들이었다.

하지만 아이러니하게도 나는 그 속에서 삶에 대한 의지를 느꼈다. 커튼을 열고 다시 한번 저 멀리 펼쳐진 풍경을 온전한 정신으로 보고 싶어 하는 마음이 느껴졌다. 혹여 삶을 끝내게 될지라도, 자신이 사라지는 모습을 천천히 바라봐 주길 바라는 마음을 알 수 있었다. 살고 싶다고, 나를 봐달라고, 나를 좀 사랑해 달라는 목소리가 들렸다.

보통 사람들은 살아가면서 삶이든 심리든 이야기든 어떤 한 면만 보면서 살아간다. 그 뒷면이나 다른 면은 별로 생각하면서 살지 않는다. 눈앞에 보이는 삶만 보이고, 삶 바로 뒷면에 붙어 있는 죽음에 대해서는 별로 생각하지 않는 것처럼 말이다. 죽음이 멀리 떨어져 있는 게 아니라, 우리 뒤통수에 대롱대롱 매달려 있는데도 말이다. 사실 어떤 현상이나 문제의 이면을 볼 기회도 적은 것 같다.

하지만 이번 연극은 그 기회를 제공해 줬다. 사람이 닿을 수 없는 영역을 풀어내 줬다. '4.48 사이코시스'는 우리를 의식 안과 밖으로 안내했다. 정신과 정신 사이의 경계를 모험하도록 했다. 인간 심리의 열려 있는 공간과 폐쇄된 공간까지 넘나들 수 있었다.

그러한 공간을 분방하게 돌아다녔던 시간은 자유의 시간을 제공했다. 진정한 자유였다. 동시에 추상적으로만 느껴졌던 자아를 만져보고, 촉감을 구체적으로 느껴볼 수 있는 시간이기도 했다. 무대는 하나의 거대한 정신세계였다.

또한, 작품을 보면서 긍정과 부정을 구분하고 정상과 비정상을 나누기보다 우리 안에 있는 양면성 혹은 다면성을 만날 수 있었다. 어둡고 혹은 밝게 치부되는 것들은 사실 삶의 연장선 위에 함께 녹아 있는 것임을 알 수 있었다. 4시 48분을 경계에 두고 연극을 봤지만 사실 그것은 무의미했으며 오히려 명암과 흑백의 경계를 흐려지게 만드는 시간이었다.

공연이 끝난 후, 밤길을 걸으며 생각했다. 죽음의 성전 앞에 세워진 진짜 말들을 하나씩 복기시켜봤다. 모두 소중하고 거짓이 없었다. 자신을 행복하게 만들어주는 것과 자신을 불행하게 만드는 것에 대해 꾸밈없이 털어놓는 캐인의 말들은 빛이 났다. 슬프게 반짝거렸다. 죽음의 위기에 처하지 않는 이상 나오지 않는 본능적이고 순수한 말들을 그는 무작위로 다 털어놓은 것이다. 살아가면서 우리는 그런 말을 단 한 번이라도 꺼내 볼 수 있을까.

그러니 어찌 그것이 아름답지 않을 수 있을까. 그러면서 나는 내가 살아오면서 했던 말들을 떠올려 봤다. 진심이 있었나, 그만큼 절박했나. 모르겠다. 그렇다면 앞으로 나는 무슨 정신을 가지고 어떤 말들을 해야 할까.

죽고 싶은 욕망도 자살하고 싶은 마음도 없다면서, 마지막으로 커튼 좀 열어달라고 말하는 사라 캐인의 말을 생각해본다. 검은 강물 사이를 걸어, 다리 끝에 도달해 갈수록 내 머릿속엔 그 말만 계속 맴돌았다.

5부
독일 마무리

여행의 마지막은 늘 그렇듯 놀고먹고 마시기다.
독일의 술 문화와 놀이 문화에 대한
이야기를 담아봤다.
내가 사랑하는 도시에 대한 이야기도 넣었다.
독일인과 나눈 우정과 유럽에서 겪은
인종 차별에 대한 에피소드도 담겨 있다.

일상을 흔드는 인종 차별

베를린 포츠담 광장 역에서 전철을 타고 집으로 돌아가는 길이었다. 주중 퇴근 시간이라서 평소보다 사람이 꽤 있는 편이었다. 전철 속 시민들은 조용히 퇴근의 환희를 맞이하고 있었다.

신랑과 나는 잠깐이라도 앉아서 가는 것을 택했고 남은 자리에 노곤한 몸을 앉혔다. 얼마 지나지 않았을까. 뒤에 앉은 독일 청소년들이 과장되고 시끄러운 목소리로 새 소리를 냈다. 그러더니 코와 목구멍을 이용해 킁킁 들끓는 소리를 냈다. 만화영화에 나올 법한 말투로 계속 큰소리로 무언가를 말했다. 이어 이들은 내 뒤편에 의자를 손으로 팍 내리쳤다. 이 때문에 나는 깜짝 놀랐다. 내가 깜짝 놀라는 순간 건너편에 앉은 어떤 여성과 눈이 마주쳤는데 이 여성도 놀란 것 같았다.

남편은 정면 유리로 반사된 청소년들의 모습을 지켜봤는데 우리를 전혀 쳐다보지 않고 자기들끼리 말하는 것 같았다며 내게 기분 나빠하지 말라고 했다.

하지만 나는 어쩐지 마음이 불편했다. 왜 우리가 자리에 앉자마자 저들의 거칠고 격앙된 말투가 시작됐을까. 정말 별일 아닌 걸까. 내가 너무 예민한 걸까. 내가 오해한 걸까.

사실 불안함을 느꼈던 것은 베를린만이 아니었다. 일주일이라는 짧은 기간 동안 베를린을 포함해 프라하, 빈을 다녀와 본 결과 하루에 한 번은 비슷한 상황을 마주했다.

빈에서 만난 칼 든 남자

첫 유럽 여행. 우리에겐 두 가지 선택이 있었다. 첫째. 빈, 프라하, 베를린 순서대로 이동하는 경우가 있었다. 둘째. 베를린, 프라하, 빈, 다시 베를린으로 돌아오는 경우였다.

베를린에서 1년 동안 머물러야 했기 때문에 이미 내겐 큰 트렁크 두 개와 작은 트렁크가 있었다. 짐을 들고 이동해야 한다는 부담감이 있었지만 우리는 첫 번째 경로를 택했다. 그렇게 처음 만난 유럽은 베를린이 아니라 오스트리아 빈이었다.

빈은 한국인들에게 구스타프 클림트로 잘 알려진 나라다. 그중에서 벨베데레 궁전은 한국인들을 포함한 전 세계인들의 인기 관광코스다. 물론 궁전 속 미술관에서 구스타프 클림트의 작품을 감상할 수 있었다.

우리는 트램을 타고 벨베데레 궁전에 도착했다. 하지만 실수가 있었다. 정문에 가야 하는데 후문에서 내린 것이었다. 우리는 다시 정문을 찾아 좁은 도로를 거슬러 올라갔다. 내가 도로 안쪽, 남편이 도로 바깥쪽에서 걸었다. 신랑은 나를 보고, 나는 신랑을 보고 이야기하며 올라가고 있었다. 그러다가 나는 도로에 세워진 트럭 속 남자와 눈이 마주쳤다. 순간 그는 칼을 쑥

올려 보이며 씨익 웃었다. 정말 0.5초 혹은 1초도 안 되는 순간이었다. 순간 뺨과 팔에 소름이 돋았다. 정오가 다 되어 가는 시간, 그것도 사람들이 다니는 길거리에서 예상할 수 있는 일이 아니었다. 일반적이지도 않았고 상식적이지도 않은 행동이었다. 두꺼운 구름층이 하늘을 짙게 가리고 무거운 습도가 숨통을 짓누르는 날이었다.

일반적으로 사람들은 내게 관심이 없다. 내가 뭘 먹든 누구를 만나든 어디를 가든 이들은 내게 관심이 없다. 인종차별도 전 국민이 하는 게 아니다. 그중 아주 일부의 사람이 할 뿐이다.

그렇다고 해서 인종차별이 작은 문제일까. 아니다. 아주 중차대한 문제다. 왜냐면 아주 사소한 인종차별도 당하는 외국인에게 큰 위협으로 느껴질수 있기 때문이다. 실제 인종차별과 혐오는 한 사람 혹은 여러 사람의 목숨을 앗아가기도 한다. 차별과 혐오를 멈춰달라는 목소리는 높아지고 있지만 조지 플로이드 사망 사건 같은 일은 계속 벌어지고 있다. 아시아인을 대상으로 한 혐오 범죄도 자주 보도되고 있다.

한국에도 분명 차별받는 사람과 차별하는 사람이 존재한다. 한국에선 한국인이라는 이유로 인종차별을 경험하지 못했던 것 같다. 지금 생각해보면 한국에 사는 한국인으로서 인종차별을 '피할 수' 있었다.

하지만 독일에선 다르다. 이곳에서 나는 외국인일 뿐이다. 한국에서 피할수 있었다면 독일에선 피할 수 없다. 쉽게 차별받는 대상이 될 수 있다. 실제 많이 당하기도 했다. 그래서일까. 차별과 혐오에 대해서 깊게 고민하게 됐다. 그리고 그것이 타인의 문제만이 아니라는 것도 깊게 깨닫게 됐다.

정말 별의별 인종차별과 혐오를 경험하면서 '이건 확실히 인종차별'이라고 단정 지을 수 있는 일도 있었지만, 방금 일어난 일이 인종차별인지 아닌지 헷갈리는 일도 있었다. 뭔가 내가 겪을 필요가 없어 보이는 감정적 불쾌함을 느끼긴 했는데, 단순히 오해로 비롯된 상황인지 혼동이 오는 경우였다.

한 번은 체코 프라하의 한 식당에 갔다. 우리가 들어가기 전부터 가게엔 중년 여성 두 명이 차를 시켜 놓고 담소를 나누고 있었다. 한 명의 찻잔은 이미 비워진 상태였다. 다른 여성은 담배를 여러 차례 태운 듯 재떨이에 담배가 몇 개비 있었다. 우리가 식당에 들어와서 자리를 잡고 메뉴판을 살펴보고 음식을 주문하고 음식을 먹고 맥주를 두 잔씩 마시는 동안 그 여성들은 우리가 처음 본 상태 그대로 있었다.

이 여성이 기억나는 이유는 멋진 프라하 거리와 담배를 안주 삼아 커피 한잔을 마시며 아무 방해도 받지 않을 수 있다는 점 때문이었다. 그 여성은 직원을 필요로 하지 않았고, 어떤 직원도 그녀를 방해하지 않았다. 직원이 그녀에게 간 것을 한 번도 보지 못했다.

신랑과 나는 두 중년 여성들 뒤에 앉았고 햄버거, 스파게티, 그리고 맥주 두 잔을 주문했다. 식사는 정말 만족스러웠다. 우리는 너무 빠르지도 느리지도 않은 즐거운 식사를 했다. 앞에 앉아 있던 두 여성 중 한 명은 우리가 식사하는 중에 먼저 가버린 모양인지 계속 돌아오지 않았다. 남은 한 여성은 평화롭게 계속 담배를 태우며 한가로운 프라하의 오후를 만끽하고 있었다.

신랑과 나는 건배를 외치려고 했다. 바로 그 순간이었다. 우리의 건배사를 딱 끊고 이 가게의 직원이 영어로 "다 먹었어?"라고 물었다. 우리는 잔을 멀뚱멀뚱 들고 있다가 얼떨결에 그렇다고 했다. 직원은 접시 하나를 챙겨갔다. 직원이 휙 떠나고 우리는 건배를 했다. 신랑은 맥주가 조금 남아있었고 나는 상당히 남아있던 상황이었다.

나는 생각했다. 다음 음식이나 후식이 나올 상황이 전혀 아니고, 음료도 아직 마시고 있는데 '너희 식사 다 끝났지'라고 묻는 게 일반적인 상황인 걸까? 아직 식사가 끝나지 않았을 땐 보통 필요한 거 있냐고 묻지 않나? 우리가 가게로 들어오기 전부터 앉아 있던 저 여성은 내버려 두고 왜 우리한테만 재촉하는 느낌이 드는 걸까? 다 먹었으면 빨리 나가라는 뜻인가? 음료를 더 먹을 건데 영수증을 가져다주는 것은 아니겠지? 설마 이 가게는 영수증을 알아서 주는 건가? 테이블이 거의 텅텅 비었는데 바쁜가? 그런 생각을 하고 있을 때 즈음, 방금 상황을 지켜봤던 다른 직원이 곧장 우리에게 다가왔다. 그리고 물었다. "너희 더 필요한 거 있어? 맥주?" 우리는 그 질문이 정말 반가워 곧장 답했다. "응, 우리 맥주 한 잔씩 더 부탁해."

유럽 식당에서 식사 중에 보통 직원으로부터 '식사 어땠어?', '더 필요한 것 있어?'라고 들었기 때문에 '다 먹었지? 그럼 영수증 갖다준다'는 식으로, 다 먹었으면 빨리 나가라는 뉘앙스로, 질문을 들은 것은 그곳이 처음이었다. 또 우리에게 매섭게 물어봤던 그 직원은 나의 어눌하고 틀린 영어 문장을 노래형식으로 따라 부르기도 한 직원이라 '식사가 끝났냐'는 그의 앞뒤 없는 질문이 더 기분 좋지 않게 느껴졌다.

이 일화처럼 기분이 나빴는데 이것을 인종차별로 봐야 할지, 아닐지 잘 모르는 상황들이 존재했다. 나 혼자 예민하게 구는 것인지, 아니면 정말 그 사람이 나를 차별적으로 대한 것인지 혼동됐다. 그리고 어디부터 어디까지 가 인종차별이고 인종차별이 아닌, 화를 내야 하는 상황인지 참아야 하는 상황인지 모르는 순간도 많았다.

어쨌든 프라하의 이 여성은 우리가 식당을 나갈 때까지 빈 잔들을 앞에 두고 평화롭게 앉아 직원에게 방해받지 않는 시간을 보내고 있었다. 문득 궁금해지는 것. 이 여성분은 얼마나 앉아 있었던 걸까.

아시아인이라서

베를린에서 지내면서 별의별 인종차별을 경험했다. 위협이 될 정도의 인종차별도 있었고, 위협이 되지 않을 정도의 인종차별도 있었다. 베를린에서 1년은 차별 없이 자유를 누리는 시간이기도 했지만, 동시에 차별을 온몸으로 경험한 기간이기도 했다.

한 번은 베를린에서 한국 유학생들끼리 모이기로 한 적이 있었다. 역사 내에서 세 명 정도가 모여서 나머지 한 명을 기다리고 있었다. 우리는 대화를 나누고 있었다. 그런데 어떤 여성이 우리 곁을 휙 지나가면서 '니하오!'라고 인사를 했다. 중국어였다. 우리 세 명은 동시에 그 여성을 쳐다봤다. 딱 봐도 반가움의 인사가 아니었다. 그 여성은 함께 있던 여성과 기분 나쁘게 낄낄거리며 우리를 쳐다봤다. 순간 무슨 일이 일어난 건가 싶어서 멍했다. 한 친구가 말해주길 "동양인들끼리 모여있으면 더 저런다."고 했다.

학살된 유럽 유대인을 위한 기념물

    인종차별인지 캣콜링인지 알 수 없는 불쾌한 경험도 있었다. 아시아 여성 끼리 있을 때였다. 빅토리아 공원 인근에서 일본인 친구(여성)랑 거리를 걷는데 승용차에 탄 남성들이 경적을 울리며 우리에게 야유인지 추파인지 모를 소리와 행동을 취했다. 그 친구와 나는 깜짝 놀랐지만 당황하지 않고 모른 척했다.

    또 한번은 카이저 빌헬름 기념교회 인근에서 한국인 친구(여성)랑 길을 찾기 위해서 지도를 보고 있었는데, 한 남자애가 우리 사이에 얼굴을 들이 밀더니 빽 소리를 지르고 지나갔다. 킥킥거리면서 보란 듯이 우리를 쳐다보고 있었다. 10대 애들이었다. 내가 독일어로 "뭐라고요?"라고 했는데도 자기들끼리 낄낄거리며 사라졌다. 그때는 너무 황당해서 아무 말도 못 한 게 후회된다. 아니면 조용히 넘어간 게 차라리 잘된 일인 걸까?

한국에서 살 때 인종차별은 단순히 개념적으로만 감각할 수 있는 사회적 이슈였다. 뉴스에서만 접할 수 있는 문제, 나의 삶을 크게 흔들지 않는 문제였다. 체감의 깊이가 얕아서 인종차별에 대한 지식도 얕았다.

하지만 베를린에서 살면서 인종차별은 일상의 문제였고, 넓게 보면 삶의 질을 결정하는 문제이기도 했다. 다른 한편으론 생존의 문제이기도 했다.

더 나아가 인종차별이 베를린에 살던 나만의 문제가 아니라, 한국에 가서 살게 될 나의 문제이기도 한 걸 알게 됐다. 그리고 우리 모두의 문제임을 깨닫게 되었다. 세계는 진작에 개방됐기 때문이다. 세계와 우리는 이미 구석구석 연결돼 있다. 심지어 독일에는 수많은 한국인이 살고 있고, 한국 학생들도 꿈과 학업을 위해 독일로 떠날 준비를 하고 있다. 독일과 한국, 세계와 한국, 그 연결망은 불가분의 관계다. 그 관계망에 인종차별과 혐오가 스며들어선 안 된다.

베를린이 멋진 이유는 그 속에 무지갯빛을 품고 있기 때문이다. 인종부터 문화까지 다채로운 색깔이 넘실거린다. 그것을 보고 있으면 마음속 세계도 풍요로워진다. 높은 산에 올라가 아래를 바라보는 것처럼 모두가 똑같이 빛나고 아름다워 보이게 된다. 그곳에 혐오와 차별이 낄 자리는 없다. 그래서도 안 된다.

베를린이 심심하다고 말하는
당신을 위한 레시피

독일은 심심한 나라라는 이야기를 많이 들었다. 베를린에서 조금 벗어난 카르베(Karwe)라는 곳에서 2박을 해본 나로선 맞는 이야기라고 생각한다. 내가 묵었던 집 주위에 다른 집들이 상당히 떨어져 있었고, 슈퍼에 가려면 차 타고 얼마나 나가야 할지 알 수 없을 정도로 상업적인 색채가 지워진 곳이었다. 한국처럼 집에서 편의점, 맥주 가게 등을 바로 갈 수 없었다. 그 대신 예쁜 집들 사이에 울창한 숲과 야생말들을 볼 수 있었고 한적한 호수만 흐를 뿐이었다. 이런 조용한 도시들이 모여서 '독일은 심심하다'는 말을 만들어낸 것은 아닐까 싶다.

하지만 나는 이 건강한 심심함이 좋았다. 심심하다 보니 자꾸 새로운 것을 생각해보고 찾아보게 됐다. 자전거를 타고 동네 한 바퀴를 돌며 나무숲도 탐험하고, 호수 속에서 거대한 잉어를 발견하곤 경악하기도 했다. 함께 한 친구와 더 대화를 많이 나눴고 평생 하지도 않는 수영도 많이 했다. 자연스럽게 머리가 맑아지고 건강해졌다. 내가 독일을 더욱 좋아하게 된 이유는 심심할 여유가 생기고 이로 인해서 하고 싶은 게 많아져서다. 한국의 삶이 빼앗은 나의 상상력이 날개를 달았다.

누군가는 그렇게 말할 수도 있다. "하루 이틀은 좋겠지, 매일 그렇게 살아봐라. 지루해서 못 살걸?" 맞는 말일 수도 있다. 그렇다 해도 나에겐 느리게 흘러가는 삶이 필요했다. 왜냐면 나는 평생 지루함을 못 느낄 정도로 바쁜 유년기와 청년기를 보냈기 때문이다. 모든 일상이 쏜살같이 지나가다 보니 나는 심심할 겨를도 다른 무엇을 생각해 볼 겨를도 없었다. 대학을 졸업하자마자 구직준비를 하고 인턴에서 정직원이 되는 '바쁘고 빠른' 일정을 소화했다.

나는 어느덧 재미없는 인간이 되어가고 있었다. 28살인가 29살 때 처음으로 일본 여행을 다녀온 후에도, 30살에 가보고 싶었던 러시아를 다녀온 후에도 크게 달라진 것은 없었다. 여행도 정신없이 일정을 소화하는 일과 중 하나였다. 여행 후 회사로 복귀했고 다시 업무와 출퇴근에만 모든 시간을 쏟는 무감각한 인간으로서의 여정을 반복했다.

이렇게 감각을 닫고 살다가 독일에서 모든 감각의 문이 열렸다. 나는 오히려 해방된 느낌이 들었다. 생전 안 해보던 일도 해보고 싶었고 근교 여행도 떠나보고 싶었다. 내 삶에만 집중하느라 돌아보지 못했던 친구와 타인의 삶이 궁금해졌다. 독일 특유의 역사와 문화를 더 깊게 이해하고 싶어지기도 했다.

발달한 공원문화

나는 작정하고 멍을 더 때리기로 했다. 이런 여유를 더욱 만끽하고 싶었다. 그렇게 해서 생각해 낸 것이 독일의 다양한 공원을 다녀보는 것이었다.

독일엔 정말 아름다운 공원이 많다. 기본적으로 나무와 풀이 울창하고, 때론 호수도 끼고 있었다.

혹여 집과 공원이 조금 멀리 떨어져 있더라도 자전거 문화가 발달해 있는 독일에선 걱정 없었다. 자전거를 타고 길을 따라 슬렁슬렁 공원으로 가면 된다. 공원 가는 길도 얼마나 예쁜지 모른다. 공원으로 가는 길엔 예쁜 집들이 줄지어 서 있어서, 카메라 셔터를 마구 누르고 싶어진다.

처음엔 공원이 너무 예뻐서 많이 다녀보고 싶다는 생각뿐이었다. 하지만 다양한 공원을 다녀보니 깨닫게 됐다. 독일은 정말 공원 문화가 발달 돼 있다는 것을 말이다. 외적인 측면으로나 내적인 측면으로나 모두 그렇다.

우선 외적으로는, 공원이 하나의 생태계를 이루고 있다. 자잘하고 거대한 나무들이 울창하게 들어서 거대한 삼림을 이룬다. 여기에 봄과 여름이 되면 형형색색의 꽃까지 만발해 초록색 배경에 수를 놓는다. 누군가가 인위적으로 가꿔 놓은 것이지만 인위적이지 않달까? 한국의 일반적인 공원과는 느낌이 다르다.

내적인 측면으로는 공원을 채우는 사람들의 문화가 남다르다는 점이다. 일단 공원을 채우는 연령대가 아기부터 노년 세대까지 다양하다. 무엇보다 젊은이들이 정말 많다. 한강에도 젊은 사람들이 많긴 한데 치맥을 먹고 노는 분위기랑 전혀 딴판이다.

때는 6월 금요일 오후 5시 30분경, 장소는 빅토리아 공원이었다. 만나기로 한 친구가 한 시간이나 늦을 것 같다고 해서, 나는 공원이나 천천히 구경하자는 마음으로 벤치에 걸터앉았다. 초록 잔디를 돗자리 삼아, 초록 나무

빅토리아 공원

를 베개 삼아 삼삼오오 모여 대화를 나누고 있는 젊은이들의 모습이 눈에 들어왔다. 그리고 나는 시선을 시계로 내려, 친구가 도착할 시간이 얼마나 남았나 확인하다가 놀랐다.

우선 평일 5시 반에 공원에 있는 내 모습에 놀랐다. 아마 태어나서 처음인 것 같다. 주중에 공원에서 놀고 있다니 말이다. 주중에 연차를 낸다고 해도 집에만 머무르며 체력보강을 했던 나다. 각자 떨어져 사는 친구들과 겨우 연락을 잡아 만나기로 한 공원도 보통 한강 공원이었다. 치맥 먹고, 한강 구경하다가 헤어지는 게 대부분이었다.

또 다른 놀라운 점은 5시 반에 이렇게 공원에 앉아 있는 젊은이들을 내가 본 적이 있었나 싶어서다.

일단 내 또래 30대들은 5시 반엔 모두 일하고 있거나 지옥철을 타고 있다. 보통 '칼퇴'는 기대하기 어려우니 주중 이른 저녁 시간에 저렇게 잔디에서 쉬는 게 기대도 상상도 어렵다. 20대도 마찬가지다. 인천과 경기도에 살 때도, 내가 다녀본 다양한 공원에서 20대들이 잔디에 앉아서 기타를 치고 요가 하는 모습을 쉽게 보지 못했다. 물론 주말 한강 공원엔 많은 사람이 몰려들겠지만 말이다.

초록 잔디 위에서 세상 편한 자세로 책을 읽는 사람들, 기타를 홀로 연습하는 소녀, 웃통을 벗은 채 요가를 하는 남자, 부메랑을 날리며 강아지와 달리는 여성의 모습 위로 나는 내 또래 30대와 20대 한국인의 모습을 교차시키게 됐다. 이 아름다운 공원을 아름답게 채우고 있는 독일 사람들의 모습이 부러웠다. 공원과 사람들은 서로의 삶을 윤택하게 만들어주고 있었다.

공원에서 만난 베를리너들

공원의 놀이문화 역시 독일이 한국보다 더 다양했다. 공원에서 노는 사람들을 보면서 정말 놀 수 있는 것들이 저렇게 많았나 싶을 정도였다. 지금 그 풍경들을 머릿속에 떠올리는 것만으로도 마음의 여유가 차오른다.

잔디밭에 누워 아무것도 안 하는 사람, 호수 인근에 혼자 앉아 책 읽던 여자, 친구들과 둘러앉아서 기타를 치고 감상하는 사람들, 호수를 바라보면서 이야기를 나누던 친구들, 생일 파티를 하던 무리, 사람들 무리에서 살짝 벗어난 곳에서 음악을 틀어 놓고 클럽인 양 춤추는 젊은이들, 젠가로 게임을 하는 사람들, 언어교환과 문화교환을 하기 위해서 모인 사람들, 저글링을 연습하는 소년, 요가복을 나란히 입고 요가 동작을 함께 수행하는 젊은 커플, 부메랑을 던지는 아빠와 아들, 자전거 타는 사람들, 미니 골프를 치는 할아버지들, 나무토막 맞추기 게임을 하는 청년들, 수영복 입고 광합성 하는 연인들, 맥주를 홀짝거리는 히피들, 휴대용 그릴을 가져와 간단히 소시지를 구워 먹는 가족들, 차차차와 룸바를 배우는 사람들, 수영하는 사람들, 산책하는 사람들, 연 날리는 아이들, 탁구 치는 중년들, 해먹 속에서 잠든 사람, 비치 발리볼 하는 청년들 등 공원 속엔 무수히 다양한 얼굴들이 있었다.

가장 인상 깊었던 것은 이들 손에 휴대폰이 들려 있지 않다는 것이었다. SNS를 사용할 수 있는 전자 기기에서 홀연히 벗어나, 사람 대 사람으로 스킨십을 하고 눈을 마주치는 모습이 보기 좋았다. 얼마나 인간적인 모습인가!

시간을 보내는 사람들의 모습. 날이 따뜻해지면 야외로 나와 식사도 하고 음료도 마신다.

한국에서 살 때 공원은 운동하는 곳이었다. 만남의 장소이거나 놀이를 하거나 무언가를 나누고 교감하는 장소는 아니었다. 적어도 내게는 말이다.

한국의 공원은 실용적이면서 인위적인 느낌이 있다. 내가 다니던 동네 공원의 경우, 사람들이 걷거나 자전거를 탈 수 있는 평평한 트랙이 타원형으로 깔려 있다. 거기서 사람들은 뱅글뱅글 돈다. 그 근처엔 보통 농구코트나 축구장이 있었다. 나무나 풀들이 드문드문 있긴 했다. 물론 어떤 공원은 숲처럼 조성돼 있기도 하지만 독일 공원과 비교해 봤을 땐 좀 부족한 느낌이 많다.

이에 반해 독일 공원은 더 자연과 가까운 느낌이다. 그냥 자연이다. 숲길이 있고 잔디도 정말 많다. 마라토너들이 쓸 만한 타원형 트랙보다, 사방으로 탁 트여 자연에 있다는 기분이 강하다. 어린 시절 한국에서 '잔디를 밟지 마세요'라는 팻말을 자주 봐서 그런지, 처음엔 독일 잔디에서 눕고 뒹굴고 여가를 즐기는 것이 어색했다. 하지만 지금은 온통 푸른 풀밭 천지인 독일 공원이 그립다.

물론 여름에 덥고 습한 한국에선 잔디밭에 계속 앉아 있는 것이 불가능하다. 하지만 여름철 독일은 한국처럼 찜통더위는 아니었다. 게다가 그늘 속으로 들어가면 시원한 편이었다. 무엇보다 습하지 않아서 불쾌지수가 낮았다.

그 뜨겁고 청량한 여름철, 우리는 종종 이런 대화를 했다.

"얘들아, 우리 어디에서 만날까?"

"공원에서 보자."

"이번엔 어느 공원에서 만날까?"

독일 공원이 주는 자유로움과 방대한 놀이문화를 체험한 후, 현재의 나는 공원에서 하고 싶은 게 정말 많아졌다. 독일에 있는 동안 친구들을 만날 때에도 공원에서 자주 만났다. 한번은 정말 멋진 공원에 갔다. 장소는 템펠호프 공원이었다. 이 공원은 과거에 공항이었다. 하지만 2008년 템펠호프 공항이 문을 닫은 후, 지금은 공원으로 탈바꿈돼 가족과 친구들이 소풍을 즐긴다.

과거 공항이었던 만큼 넓은 부지가 장점이라, 자전거나 보드를 연습하기 제격이다. 독일에서 자전거를 타고 싶었던 나는 자전거를 대여해 이곳에서 신나게 타기도 했다. 정말 넓어서 누구랑 부딪힐 걱정이 하나도 없었다. 여

동네 인근 호수에서 수영을 즐기는 사람들

기서 자전거 맛에 들린 나는 남편에게 2020년 생일 선물은 자전거를 갖고 싶다고 말하기도 했다.

한국에서도 아름다운 공원에 가보긴 했다. 하지만 그것들이 독일처럼 삶 가까이에서 일상적으로 펼쳐진다는 느낌은 못 받았다.

누군가 독일에 장기 여행을 가게 된다면 공원이나 정원을 꼭 가보라고 추천하고 싶다. 독일에는 유명한 공원이 많을 뿐만 아니라 그들의 여가 생활을 경험할 수 있기 때문이다.

정말 아름다운 곳이 많긴 한데 몇 군데를 소개하자면, 템펠호프 공원(Tempelhofer Feld), 티어가르텐(Tiergarten), 빅토리아 공원(Viktoriapark), 샤로텐부르크 성(Schloss Charlottenburg), 몬비주 공원

(Monbijoupark), 훔볼타인(Humboldthain), 루스트 정원(Lustgarten) 등이 있다. 아름다운 공원·정원·산책로들이다.

공원은 아니지만, 뮈겔 호수(Müggelsee)를 찾아가는 길도 멋졌다. 호수 입구로 가기 위해 지나치게 되는 집들 사이로 모습을 내비치는 호수의 자태는 넋을 빼놨다. 몇 시간이라도 걸을 수 있을 것 같았다. 개인적으로 슈프레(Spree)강을 따라 걷는 길도 참 좋았다. 걸어도 걸어도 안 지루하고, 길을 잘못 들었는데도 짜증이 안 났다.

공원이 다양해 봤자 거기서 거기라고 생각할 수 있다. 하지만 그렇지 않다. 독일의 공원들은 제각각 다른 풍경과 개성을 가지고 있다.

내가 만난 독일인과 K-문화

독일에 가면 꼭 하고 싶은 일이 있었다. 절친 3명을 만드는 일이었다. 어렸을 때 그런 말을 들은 적이 있다. 살면서 정말 친한 친구 3명이 있다면 그 사람은 성공한 사람이라는 이야기였다.

어쨌든 한국에선 '살면서' 3명이었지만, 독일에서 '1년' 만에 3명을 사귀고 싶었으니까, 인간관계에 더 많은 노력이 필요한 것은 자명했다. 애정을 갖고 연락하고, 고통에 함께 아파하고, 추억을 같이 가꾸어 나가는 일 말이다. 새싹이 잘 크게 하려면 물도 주고 햇빛도 비춰줘야 하는 것처럼 우정을 키우는 일도 정성을 들여야 한다.

사실 한국에선 회사와 집만을 오가며 그런 감각을 잊어가고 있었다. 정말 그리웠던 감각이었다. 사람과 사람에 대한 촉감. 얼굴과 얼굴, 눈과 눈의 대화. 언제부턴가 그런 것들이 내게서 지워지기 시작했다. 출퇴근에 치이고, 일에 치이고, 자기개발에 치이면서 회색 인간으로 변하고 있었다. 이렇게 인간관계의 폭이 줄어들던 때 절친 3명 만들기는 기분 좋은 희망을 되살리는 일이었다.

하지만 장벽이 많았다. 일단 어른들의 세계에선 아이들처럼 쉽고 빠르게 관계를 건설하기 쉽지 않다. 게다가 여긴 독일이다. 언어 장벽이 생길 수밖에 없다. 무엇보다 '독일인들은 차갑다'는 이야기를 들었던 터라 애초에 겁을 먹기도 했다.

독일인이 매 순간 나를 놀라게 만든 이유

어학원에서 만난 외국인 친구들도 공감했다. 러시아, 브라질, 페루, 콜롬비아, 일본, 폴란드, 이집트, 터키, 중국 등 다양한 국적에서 온 친구들이었는데, 나와 친했던 친구들 역시 독일인은 좀 차가운 것 같다고 했다. 또 한 모임에서 만난 터키 친구도 터키 사람들은 처음 만나도 테이블 붙여서 같이 놀자고 할 정도로 친화력이 좋은데 독일 사람은 안 그런 것 같다고 했다.

이러한 이야기는 독일에 머문 지 얼마 안 됐을 때 들은 이야기였다. 그들도 독일에 산지 아직 1~2년밖에 안 됐다. 다 개인적인 경험에 근거한 생각일 테고, 얄팍한 편견에 기댄 고정관념일 수도 있다. 시간이 상당히 흐른 지금, 이들이 생각하던 독일인의 이미지가 얼마나 바뀌었을지 궁금하다.

분명한 것은 나는 생각이 바뀌었다. 그것이 편견임을 알게 됐다. 독일과 독일인에게서 일반적으로 풍기는 어떤 전형성이 아예 없다고 할 순 없다. 하지만 그 전형성이 개개인을 대체할 수 없다는 것을 알게 됐다. 이런 전형성은 생각보다 빨리 깨졌다.

첫째, 독일인은 차갑다는 의견. 성격이 차갑다는 것에 대해 각자 추상적으로 감각하는 부분들이 있을 것이다. 마음을 쉽게 안 연다거나, 성격이 냉정하거나, 지나치게 이성적일 경우, 차가운 성격이라고 생각했다. 또 친구

들과 종종 이야기했던 부분은, 독일인의 '그건 네 문제지 내 문제가 아니야'
라는 마인드랄까.

1년 동안 깊게 혹은 얕게 독일인들을 만나왔다. 짧은 기간이었고 수백 수
천 명을 만나본 것은 아니었기 때문에 내가 만난 독일인이 독일 전체를 대
변할 순 없다. 독일에서 오래 살더라도 규정할 수 없는 문제인 것 같다.

나 역시 독일인에게서 '차갑다'는 느낌을 안 받아 본 건 아니다. 냉정한 성
격을 가진 사람도 분명히 있다. 하지만 대부분 만난 친구들은 그 '차갑다'는
것과는 거리가 멀었다. 한국에서 나를 사랑해주는 친구나 가족 못지않게 나
를 정성스럽게 챙겨줬다. 귀국 전, 집에 초대해서 멋진 식사를 대접해 준 친
구도 있었다. 어떤 친구는 레스토랑에서 아시아 음식을 사주기도 했다. 아
시아 문화에 관심이 많은 이 친구는 내가 한국으로 돌아갈 때 공항까지 데
려다주기도 했다. 직접 만든 수제 잼(Rote Johannisbeere)을 트렁크에 함
께 넣어주면서 말이다. 한국에 돌아와서 맛보니 새콤한 맛이었다. 한국에
서 새콤달콤을 먹을 때마다 그 친구가 생각난다. 멋진 친구다.

언어 박람회에서 알게 된 친구들도 있었다. 그 친구 중 루이자라는 친구
와 정말 친해졌다. 우리는 수영장도 같이 갔다. 나는 비키니를 입었고, 이
친구는 한국인들이 수영장에서 많이 입는 래시가드를 입고 캡 모자를 썼다.
정말 내가 한국에서 입던 스타일이었다.

탈의실에서 나온 우리는 서로 수영복 스타일을 확인한 후 깔깔깔 웃음을
터뜨렸다. 그 친구는 내게 '세운, 넌 독일인'이라고 했고, 나는 친구에게 '루
이자, 넌 한국인'이라고 말했다. 수영복 스타일을 보면, 각 국가가 가지고

있는 고유의 분위기가 있는 것 같기도 하다. 아마도 독일 수영장에서 내 친구는 유일하게 래시가드를 입은 사람이었을 것이다.

루이자를 만난 일은 정말 특별한 경험이었다. '독일 사람은 이런 것 같다'는 이야기에 편견을 가진 것도 아니지만, 어쨌든 전형성에 대한 생각을 완전히 깰 수 있었기 때문이다. 물론 고유의 분위기나 전형성이 있을 수도 있다. 하지만 그 일반성을 국민의 전체적인 이미지라고 생각하는 것은 옳지 않다. 무수히 많은 비 전형성도 존재하기 때문이다. 그래서 한국 예능 프로그램에서 외국인들이 '우리나라는 좀 이러이러한 부분이 있다'라고 말을 할 때 '아 그렇구나' 하고 이해하면서 동시에 다양한 비 전형성도 생각해본다. 막상 그들의 세계에 몸을 담그고 살게 되면, 정말 별의별 유형의 사람을 만나게 되기 때문이다. 독일이든 한국이든 그 어디든 다 같은 사람이 사는 세상이다.

둘째, 독일인은 약속 시각을 잘 지킨다는 이야기가 있다. 대부분 친구는 약속을 다 잘 지켰다. 아예 미리 나와서 기다리던 친구도 있었다. 물론 예외도 있었다. 지하철 때문에, 혹은 일이 늦게 끝나서 조금 늦는 경우도 있었다. 기분 좋지 않은 경험도 있었다. 본인이 약속 날짜를 바꾸더니 나와의 약속을 잊고 있던 친구도 있었다.

셋째, 간접적으로 돌려서 말하지 않고 직접 이야기한다는 점이다.

20대 때를 생각하면 나 역시 에둘러 표현하는 경우가 많았다. 안 괜찮지만 '괜찮아요', 널 죽도록 미워하지만 '괜찮아요', 너랑 만날 시간 없지만 '괜찮아요', 지금 그 일을 도와줄 수 없지만 '해줄게요' 등 정말 많았다.

베를린에서 친해진 루이자. 그는 한국 문화를 사랑하고 존중한다. 우리는 베를린에 있는 한국 식당에서 빙수를 함께 나눠 먹었다.

나이가 들어가면서 나도 직접 말하는 스타일이 돼가고 있지만, 확실히 독일 친구는 자신이 원하는 점을 비교적 직접적으로 말하는 것 같았다. 특히 만남을 약속하는 부분에 관해서 그랬다. 한국인들은 '언제 밥 한번 먹자'라며 기약 없는 약속(안부를 묻는 역할로도 말하곤 함)을 하는 편인데, 독일인들은 그런 게 없었다. 보면 보는 거고, 못 보면 못 보는 거다. '한번 만나자, 보고 싶다'고 하면 거의 바로 시간과 장소가 정해졌다. 5월에는 집수리, 페인트칠, 구직준비 때문에 6월에 다시 연락하겠다고 대놓고 말하는 친구도 있었다. 그리고 정말 딱 그때 연락을 했다.

어떤 수식들을 덕지덕지 붙이지 않은 말하기 방식이 개인적으로 좋았다. 깔끔한 진심, 단정한 화법. 에둘러 말하지 않아도 포용 가능한 솔직함. 거절

275

해도 문제없는 쿨함. 물론 직접적으로 말하지 않는 독일인도 있었다.

10대 독일인과 50대 독일인

독일인들을 만나면서 강하게 느낀 것은 K-문화였다. 해외에서 한국 문화의 강력한 영향력을 문자로만 인지하다가 피부로 감지하게 된 것은 베를린에서다. 해외에서 현지인들이 한국 문화를 정말 좋아하는 것을 보고 놀랐다.

특히 친구 하자고 연락한 10대 친구들은 K-팝에 정말 관심이 많았다. 몬스타엑스, 세븐틴 등 내가 잘 알지 못하는 한국 아이돌 그룹도 그들은 줄줄 꿰고 있었다. 그리고 BTS는 정말 막강했다. 13살 소녀는 내게 인사를 하고, 몇 살이냐고 물은 후, 바로 BTS를 아냐며 본론으로 들어갔다. 또 다른 소녀도 비슷했다. 독일 카르베(Karwe)라는 곳에서 집주인 친구의 10대 딸을 만난 적이 있다. 내가 한국인이라고 소개하자 그의 눈이 갑자기 초롱초롱 빛났다. 딸이 BTS의 열광적인 팬이라는 것을 알고 있던 그의 엄마도 깜짝 놀라며, 딸에게 '가서 말을 걸어보라'는 제스처를 취했다. 배탈이 나서 홀로 누워있던 내게 다가온 그는 수줍게 인사를 건넨 후, 자신이 BTS를 얼마나 좋아하는지 설명해줬다. 나는 그의 진심에 정말 감동을 받았다. 우리는 함께 "I purple you."라고 말하며 키득키득 웃었다. 이 말은 BTS 멤버 뷔가 아미들에 대한 사랑을 표현하기 위해 만든 말이라고 한다. 보라색이 무지개의 마지막 색깔인 것처럼 마지막까지 사랑하자는 의미라고 알려져 있다.

베를린자유대학교에서 만난 대학생 친구들 역시 K-팝에 대해서 잘 알고 있었다. 신인 아이돌이 아닌 슈퍼주니어, 엑소, 빅뱅, 투애니원 노래에 애정을 가지고 있었다. 여기서 만난 몇몇 친구들과 노래방에 가서 빅뱅 노래를 부르기도 했다. "다 꼼짝 마라. 다 꼼짝 마. 오늘 밤 끝장 보자 다 끝장 봐. 오늘 밤 끝장 보자."라고 떼창을 한 후 약속이라도 한 듯 다 함께 "빵야 빵야 빵야." 베를리너들과 부르는 한국 노래. 잊지 못할 추억이다.

내가 만난 30~50대 독일인들은 한국 드라마나 영화에 관심이 많았다. 이들과 나누는 한국 드라마 이야기는 대화의 공통분모를 찾기 위한 소소한 주제와도 같았다. 한국 드라마 한 편만 가지고도 한국어−독어를 사용해 다양한 이야기를 나눌 수 있으니 말이다.

하지만 어느 날 나는 한국 콘텐츠의 영향력이 커진 만큼 드라마나 영화를 제작할 때 주의를 기울여야겠구나, 하는 생각을 했다. 왜냐면 친구가 던진 질문 때문이었다. 이 독일인 친구는 자신이 본 한국 드라마 이야기를 하다가 내게 물었다. "세운, 그런데 한국 학생들은 자살을 많이 하니? 공부할 때 스트레스를 많이 받니?" 그 친구의 표정은 정말 심각했다. 나는 대답을 어떻게 해야 할지 정말 난감했다. 맞고 틀리고를 떠나서, 부수적으로 어떤 말들을 덧붙여 설명해줘야 할지 복잡했다. 괜히 설명을 잘 못해서 한국에 대한 오해가 생기는 건 싫었다. 심지어 우린 거의 100% 독일어로만 대화했기 때문에 안 되는 독일어로 그 질문에 대한 대답을 해주기도 쉽지 않았다.

한국 드라마에서 여성 주인공이 애교를 부리는 장면을 많이 본 모양인지 한국 여성의 애교에 대해 물어본 친구도 있었다. 한국에서만 살아서 나도 감지 못했던 것들을, 타지에 나와 객관적으로 바라보게 되니 새롭게 느껴졌다.

2020년 전 세계를 강타한 코로나 팬데믹으로 OTT의 위상은 그 어느 때보다 높아졌다. 친구에게 뭐하냐고 물으면, 넷플릭스 본다는 대답이 당연했던 시절이었다. 당시 넷플릭스는 확장세를 이어갔고, 그 확장세 속에서 한국 콘텐츠를 접하는 세계인들의 수도 늘었을 것이다.

최근 중국풍 소품과 역사 왜곡 논란으로 폐지 수순까지 밟게 된 SBS 드라마 '조선구마사', 한국 비빔밥을 굳이 중국 기업 용기에 담아 먹어 논란이 된 tvN 드라마 '빈센조' 등을 지켜보며 걱정이 더 앞서게 된 이유다. 드라마 한 편, 영화 한 편을 보고 "와! 저게 바로 '진짜' 한국이구나!" 하는 사람은 없겠지만 그래도 콘텐츠가 가진 영향력은 무시할 수 없다. 절대 무시해선 안된다.

나 역시 마찬가지다. 내가 만난 독일인들이 독일 전체를 보여주는 것은 절대 아니지만, 거기서 나 역시 영향을 받았다. 물론 문화를 계속 쌓아나가고 배우며, 편견에서 벗어나기도 하고 가능성을 모색하기도 했다.

독일을 떠나기 전 마지막 순간이 아직도 생생하다. 종종 만남을 가져왔던 50대 독일인 친구가 차로 나를 테겔 공항까지 데려다줬다. 이런저런 이야기를 나누다가 나는 뒷좌석에서 롱보드를 발견했다. 나는 그가 20대 아들이 있는 것을 알고 있었기 때문에 "이거 아들 거야?"라고 물었다. 그의 대답은 "아! 그거 내가 타는 거야."라고 말했다. 신선한 충격이었다. 나야말로 편견 덩어리였을지도 모른다. 50대 여성은 절대 롱보드 같은 건 타지 않을 거라고 말이다. 물론 독일의 모든 50대 여성이 롱보드를 타진 않지만, 분명한 것은 독일인의 건강한 에너지에 매료됐다는 점이다. 나도 저렇게 편견 없이 하고 싶은 일을 하면서 살고 싶어졌다. 한국에서 고비를 맞이할 때마다, 그 감사한 에너지는 여전히 힘을 주고 있다.

독일에서 꼭 먹어야 하는 술

"자 선택해, 빨간 약이냐 파란 약이냐." 독일에서 만나 알게 된 동생이 두 술병을 내밀며 우리에게 물었다. 우리는 말했다. "이거 완전 매트릭스는데?" 빨간 약은 진실을 알게 되는 것, 파란 약은 믿고 싶은 것만 믿고 보고 싶은 것만 볼 수 있는 것. 장난스러운 질문인데 나는 꽤 진지했다. 당시 무슨 색을 선택했는지 기억이 잘 나지 않는다. 어차피 선택 여부를 떠나 모든 술은 우리 입속에 들어갔으므로.

빨간 약 혹은 파란 약. 영화 '매트릭스'를 본 사람이라면 누구나 한 번쯤 해봤을 고민이다. 독일에 있든 한국에 있든 나는 늘 빨간 약을 선택할 것이다. 구질구질한 현실이라도 진실을 알아야 할 것 같다. 부정하려 해도 그게 우리 삶이기 때문이다. 빨간 약을 택한 후 끔찍한 현실 세계를 본 네오와 달리, 내가 본 독일의 일상은 낭만과 평화가 가득했다. 여유가 가득한 세계. 빨간 약이 아니라 파란 약을 먹은 후 볼 수 있는 세계 같다.

나는 이 세계를 충만하게 물들이는 어떤 단어를 배웠다. 그 단어를 친구들과 수십 번 외쳤다. 이 단어가 발화되는 순간, 나의 고단함과 너의 억울함이 눈 녹듯 녹아내린다. 낯선 땅에서 외국인으로 버텨내야 했던 강철같은 마음이 앙상하게 말라갈 때 즈음, 이 단어는 우리를 살린다. 오늘도 고생했어! 즐기자! 여긴 독일이잖아! 건배(Prost)!

마법의 단어, "건배(Prost)!"

'프로스트(Prost)'는 독일인이 건배할 때 쓰는 말이다. 사실 한국말로 건배를 독일말로 하는 것뿐인데, 왜 이 단어가 좋았을까. 딱딱한 단어에 깃든 정서 때문이었다. 독일 친구가 말해줬다. 독일 사람은 건배할 때, 눈을 본다고 한다. 각자 맥주 한 병씩 들고 건배도 그렇게 자주 하지 않는다고 했다. 건배를 다시 하게 된다면 다시 한번 눈을 마주치고 프로스트를 말한다. 반면, 한국 사람은 건배할 때 눈이 아니라 잔을 보는 것 같다고 했다. 건배도 자주 하는 것 같다고 했다. 독일 친구에게도 나에게도 한·독 술 문화는 새로운 것이었다.

처음에 나는 이 이야기를 듣고 놀랐다. 지금껏 잦은 술자리를 가졌는데, 내가 건배할 때 잔을 본다고 생각하지 못했기 때문이다.

근데 그건 사실이었다. 기억을 떠올려 보면, 한국 술 문화 속엔 소주잔이 있었지 사람의 얼굴은 없었다. 복분자, 백세주, 막걸리 등 다른 술을 마실 때도 마찬가지였다.

모든 독일인이 눈을 마주 보고 건배를 하는 것은 아닐 것이다. 어쨌든 이 문화는 내게 매력적이었다. 건배할 때 술을 보는 것과 상대의 눈을 보는 것은 미묘하게 다른 분위기를 풍겼다. '우리 둘은 지금 여기에 함께 있다'는 기분이 들게 했다. 눈을 바라볼 때마다 그런 생각이 들었다.

이런 문화가 익숙하지 않았기 때문에 좀 더 감미롭고 특별하게 느껴졌는지도 모른다.

그래서 나는 귀국 후 맥주를 마실 때, 신랑과 프로스트를 외치게 됐다. 우리는 개구리 왕눈이처럼 눈을 동그랗게 뜨면서 서로를 바라봤다. 킁킁 웃음을 참기도 했다. 프로스트라는 언어 뒤에 생긴 마법이었다. 퇴근 후 즐겼던 맥주 시간에 그간 생략됐던 유쾌한 웃음이 하나 추가됐다.

둘 혹은 단체로 술 마시는 분위기에서 빠져나오면 또 다른 독일 술 문화가 보인다. 베를린에선 봄, 여름, 가을, 겨울 할 것 없이 손에 맥주 든 사람들을 심심치 않게 볼 수 있다. 벤치, 지하철, 길, 난간, 야외 테라스, 공원 등 다양한 풍경 속에 맥주를 든 사람들이 있다. 독일에 잠깐만 살아도 맥주를 즐기는 독일인의 모습을 쉽게 만날 수 있었다.

맥주를 물처럼 마시는 사람들의 모습이 특별하게 다가온 이유가 있다. 문화 차이 때문이다. 한국 사람 중에도 맥주를 좋아하는 사람은 많지만, 밤낮없이 길거리 곳곳에서 맥주를 마시는 사람을 흔하게 볼 수 있는 것은 아니다. 한강 공원, 편의점 앞, 혹은 특정 여행지면 모를까.

독일에 머물면서 자주 했던 생각이 있다. 최고의 풍경 속에서 맛있는 맥주를 저렴한 가격으로 마실 수 있다는 기쁨이었다. 맥주를 좋아하는 사람으로선 최고의 환경이었다. 갓 짜낸 듯한 신선한 공기 속에서 푸른 잔디를 방석 삼아 좋아하는 사람들과 마시는 맥주 맛은 지금도 잊을 수 없다. 독일 맥주가 질적으로 특별한 이유 이외에도 내가 독일 맥주를 잊을 수 없는 이유다.

돈 없이 최고의 맥주를 즐기는 방법

독일 거주 예산 중 중요했던 것은 식료품 예산이었다. 식료품 예산도 넉넉히 잡은 편이었다. 독일 식료품 중 일부 품목은 정말 많이 저렴했지만, 그렇다고 해서 외국에서 먹는 거로 돈을 아끼고 싶지 않았다. 결국, 한국에서의 습관대로 아끼고 아끼게 됐지만 말이다.

예산을 잡을 때 크게 생각하지 못한 게 외식 비용이었다. 친구들을 만나면 카페든 레스토랑이든 외식을 해야 할 텐데, 이 부분은 생각하지 못했다. 심지어 베를린은 정말 다양한 인종이 함께 살고 있었고 동시에 인도, 터키, 한국, 일본, 네팔, 그리스 등 다양한 음식점도 존재했다. 베를린에서 네팔 음식을 먹어볼 거라고 생각도 못 했다. 가볼 식당이 정말 많았다.

어쨌든 친구들과 다양한 식당을 다니면서 외식비가 꽤 나가겠구나, 깨닫기 시작했다. 매일매일 친구들이랑 놀고 싶은데 경제적인 부분이 조금 걱정이 됐다. 친구를 만나러 나가는 길목부터 돈 걱정을 하던 20대 김세운이 문득 소환됐다. 돈 없어도 재밌었던 시절이지만 한편으론 돈 때문에 신경 쓸 일도 많았던 시절이었다. 하루 벌어 하루 생활을 하고, 여기에 추억도 만들어야 했던 시절이었다.

하지만 독일에 점점 적응하면서 걱정이 없어지기 시작했다. 친구들은 나에게 큰돈 들이지 않고도 함께 놀 수 있는 법을 알려줬다. 그냥 그런 분위기들이 자연스럽게 체화됐다. 우린 예쁜 실내 카페보다 멋진 다리 위에 걸터앉아 맥주를 마셨다. 비싼 레스토랑이 아닌 폐공항에서 각자 싸 온 도시락을 나눠 먹었다. 보석을 뿌려 놓은 것 같은 호수를 바라보고 그 근처에 돗자리만 턱 깔면 끝이다. 쿠키와 빵을 구워온 친구도 있었고 샐러드와 과일을 가져온 친구도 있었다. 베를린에선 매일 매일 소풍이 가능했다. 그래서 우리는 이야기 했다. 독일에선 정말 돈이 없어도 재밌게 놀 수 있다고 말이다. 아무리 호화스럽게 꾸며놓은 레스토랑도 순도 100%의 자연 풍경을 따라올 순 없었다.

이런 분위기를 점점 느끼게 된 것은 독일어 말하기 모임을 하면서였다. 독일어를 배우고 싶어 하는 외국인들과 나는 멋진 공원에 둘러앉곤 했다. 어린 시절 수건돌리기 할 때처럼 동그랗게 앉아서 인생 얘기, 고민거리, 자기소개 등을 쏟아냈다. 자기가 원하는 맥주를 한 병씩 손에 쥐고 말이다. 어디서 구매했는지, 종류는 무엇인지에 따라 맥주 가격도 달라지지만, 평균 1~2유로면 충분하다. 그러면 맥주 한 병 가지고 종일 수다를 떨 수 있다. 독일어, 영어, 몸짓을 마구 섞어 대화하는 사이에 독일어 실력도 쑥쑥 큰다. 재밌어서 집에 가기 싫다.

다른 나라 문화도 순식간에 배우게 된다. 춤을 사랑한다는 페루 청년이 술 피스코(Pisco)를 소개해준다. 에콰도르에서 온 친구는 얼마 전에 한국인 여자친구랑 헤어졌다며 씁쓸해한다. 에콰도르 친구는 서울도 와봤단다. 그래서 나는 물었다. "서울 멋지지?" 그는 괜히 "도쿄가 더 멋져."라며 치기부린다. 이집트 친구는 한국 소주에 대해서 물어본다. 얼마 전에 룸메이트랑 소주를 먹어봤다며 나를 반가워한다. 맥주 한 병을 두고 다양한 문화가 꽃핀다. 얘네들은 맥주 한 병만 갖고도 정말 재밌게 잘 논다.

또 한 가지 술과 관련된 재밌는 추억이 있다. 친구들이랑 베를린 동물

베를린 마트에 있는 맥주 코너. 각종 맥주가 비치돼 있다. 가격대도 1유로부터 그 이상까지 다양하다.

원역(Bahnhof Zoologischer Garten) 인근에서 치킨을 먹은 후 리큐어(Kräuterlikör)를 마셨다. 그때 마셨던 리큐어는 20mL(35도) 작은 병에 담긴 독한 술이었다.

한 친구가 "(리큐어를) 다들 입에 물어!"라고 말하며 한입에 털어 넣자고 했다. 하나, 둘, 셋 하고 다들 한입에 털어 넣었다. 나는 못 했다. 한 번에 털어 넣다가 목에 걸려서 캑캑거릴까 봐 그냥 홀짝홀짝 마셨다. 30도 이상의 독한 술이라서 먹기 힘들 줄 알았는데 맛있어서 깜짝 놀랐다. 어쨌든 작고 독한 술 하나로 재치 있는 무언가를 만들어내는 20대들의 기발함이 귀엽고 신선했다.

다음에 유럽에 가면 꼭 용기를 내서 한 번에 털어 넣고 싶다. 독일의 리큐어를 떠올릴 때마다, 이 작고 진한 술은 나를 베를린 동물원 역으로 데려간다. 그날의 술맛부터 흥분까지 기억나게 만든다.

독일의 맥주 맛만큼 더 그리운 것이 있다. 바로 유럽 센터(Europa-Center)에 있는 아이리시 펍이다. 이곳 흑맥주 맛 역시 엄청나다. 흑맥주를 입에 문 순간 향이 뇌를 점령한다. 풍미가 걸쭉하고 진하다.

맥주 맛만큼 좋았던 것은 라이브 밴드 무대를 볼 수 있다는 것이었다. 밴드 무대가 정말 다양했다. 나는 머리가 희끗희끗한 중년 밴드들이 미소를 가득 머금은 채 기타를 치고 건반을 두드리는 게 참 좋았다. 젊은 밴드들 무대도 봤었다. 중년 밴드와 또 다른 느낌이 있었다. 힘이 넘치고 음악적 감각도 폭발했다.

내가 이 펍을 좋아했던 이유는 음악을 중심으로 모든 사람이 어우러질 수 있다는 점 때문이었다. 여기에 정말 다양한 세대가 다 온다. 20대부터 70대까지 같이 맥주를 마신다.

핼러윈 기간에 갔을 땐 분위기가 정말 엄청났다. 이 기간에 방문한 사람들은 다 함께 춤을 추기도 했다. 할아버지도 젊은이도 함께 흥을 나눴다.

한번은 여기서 영국 여행객들과 인사를 나누다가 술을 먹게 됐다. 이 영국인들은 동료 관계라고 했고 독일어를 못한다고 했다. 반대로 우리는 영어를 못했다. 밴드의 음악 소리는 안 그래도 잘 안 되던 우리의 소통을 더욱 방해했다. 많이 시끄러웠다. 그런데도 우리는 이들과 엄청나게 웃고 즐겼다. 그 영국인들은 우리의 멋진 베를린 생활을 응원한다며 맥주를 한잔 씩 사주기도 했다.

유럽 센터에 있는 아이리시 펍의 모습. 전 세대가 함께 맥주를 마신다. 기네스 맥주와 라이브 연주를 함께 즐길 수 있다.

이 밖에도 가볼 곳은 많다. 슈퍼에서 파는 맥주도 거의 다 맛있지만, 기회가 된다면 호프브로이 베를린(Hofbräu Wirtshaus Berlin)과 바이엔슈테파너 베를린(Weihenstephaner Berlin)도 추천하고 싶다. 호프브로이 베를린은 세 번이나 갔다. 에셴브로이(Eschenbräu)는 주말이든 평일이든 사람이 항상 많아서, 자리 찾는 게 힘들었다. 격식 없는 분위기에서 편안하게 맥주를 마실 수 있다.

다른 지역에 가게 된다면, 쾰른의 쾰슈(Kölsch) 비어를 경험해 봐도 좋다. 직원이 작은 맥주잔들을 들고 돌아다니며, 맥주를 원하는 사람에게 바로바로 내주는 구조가 흥미로웠다. 맥주를 신선하게 먹으라고 작은 잔에 따라주는 것도 특기할 점이었다. 내가 간 곳은 쾰른 성당에서 멀지 않은 가펠

유명 맥줏집
바이엔슈테파너 베를린에서
마신 맥주들

암 돔(Gaffel am Dom I Kölsches Brau-und Wirtshaus)이었다. 넓은 실내를 알록달록 채우는 멋진 장식과 디자인은 덤이었다.

맛있는 맥주를 먹을 때마다 기억해 두려고 사진을 찍었다. 떠올려 보면 모두 특색이 있고 맛있었다. 그때는 몰랐고 지금에서야 느끼는 것이지만 맥주보다 더 멋진 것은 맥주를 둘러싼 베를린의 일상들이었다. 친구들과 나눴던 문화와 삶에 관한 이야기들이었다.

베를린으로 돌아가기 싫어지게 만든 도시들

라이프치히를 다녀왔다. 라이프치히를 선택한 이유는 단 하나다. 귀국이 한 달도 안 남은 상황, 시간과 여유가 없는 상황에서 물리적으로 가까운 곳이면서도 귀에 익히 들어 알고 있던 도시를 가고 싶었기 때문이었다.

베를린에서 버스를 타고 달리고 달려 라이프치히 중앙역에 도착했다. 오전이라서 그런지, 버스에는 사람이 별로 없었다. 라이프치히가 별로 인기 없는 도시인가 싶었다. 심지어 오늘은 금요일인데 말이다. 라이프치히 중앙역을 벗어나기 전까지 나는 이곳이 이렇게 아름다운 도시라는 것을 알지 못했다.

간단히 아침을 해결하는 게 낫겠다 싶었다. 구시가지 일대를 돌아다니며 장소를 물색했다. 레스토랑 야외 테라스엔 사람들이 정말 많았다. 쏟아지는 햇볕을 휘장처럼 등에 입고 파스텔 색조의 건축물이 뿜어내는 분위기 속에서 풍요로운 아침 식사를 하는 유럽인들의 모습은 인상 깊었다. 활달하게 대화를 나누고 방금 막 점원이 가져다준 커피 한 모금을 홀짝거린다. 커피와 함께 아드레날린이 이글거린다. 그 호르몬의 발광을 라이프치히 거리가 더 부추긴다. 나이프와 접시의 부딪침이 음악성을 더한다. 거리 위를 물들인 하나의 멋진 그림 같다.

음악 도시 라이프치히

마르크트 광장에선 장이 열린 모양이었다. 신선한 채소, 꽃, 먹거리, 과일 등이 판매되고 있었다. 그 인근 레스토랑은 사람이 너무 붐볐다. 사람이 별로 없는 곳에 가서 휴식을 취하고 싶었다. 간단한 디저트와 커피를 마시면서 말이다.

이날 아침에 나는 정말 일찍 일어나서 피곤했고 커피가 간절했다. 배도 정말 고팠다. 그냥 눈에 들어오는 카페에 가야겠다 싶었다. 그래서 한가롭고 자리도 넓은 '아무' 카페에 들어갔다. 그리고 카페라테와 '아무' 샌드위치를 시킨 후 자연스럽게 야외 테라스에 시선을 던졌다. 자리가 있었다.

커피로 몽롱한 정신을 흔들어 깨우고, 빵으로 허기진 배를 채우니 정신이 돌아오기 시작했다. 마침 건너편에서 뮤지션이 색소폰을 불기 시작했다. 라이프치히의 화려한 건물들 사이로 색소폰 소리를 들으니 진짜 라이프치히에 왔다는 것이 실감됐다. 샌드위치 하나 먹는데도 이렇게 아름다운 풍경과 멋진 음악을 들을 수 있다니 절로 풍요로워지는 느낌이 들었다. 어떤 곳에 가도 라이프치히는 아무렇지 않게 빛나는 순간들을 주었다.

색소폰 연주자가 사라지자, 다른 연주자가 아쉬움을 채워줬다. 금발 머리 위에 신사 모자를 살짝 눌러쓴 젊은 음악가가 바이올린을 켰다. 깊고 얇은 선율이 거리를 똑똑 두드렸다. 거리가 들숨과 날숨으로 숨을 쉬는 것 같았다.

라이프치히의 역사박물관 앞에서 악기를 연주하는 뮤지션들. 라이프치히는 음악으로 가득하다.

이 바이올리니스트를 지나서 성 토마스 교회, 니콜라이 교회, 역사박물관 등을 갈 때도 음악가들을 만났다. 특히 라이프치히 역사박물관 앞에선 젊은 뮤지션 세 명이 익숙한 곡들을 연주해 기억이 선명하다. 일본 애니메이션 '하울의 움직이는 성' OST였다. 날씨도 좋아서였을까. 거리 위에 비눗방울이 방울방울 떠 있는 것 같고, 그 위에 무지개가 내리쬐는 느낌이 들었다. 그 속을 파고들며 한 꼬마 아이가 양팔을 휘저으며 춤을 췄다.

라이프치히를 여행하면 온종일 멋진 풍경과 거리 음악을 즐길 수 있다. 펍 같은 곳에 안 가도 된다. 도시 자체가 하나의 음악이기 때문이다. 나는 이날 거리 음악가들에게 10유로 정도 준 것 같다. 한화로 1만 3천 원 정도 할 거다.

라이프치히 아우어바흐 켈러 입구에 놓인 '파우스트' 조각상

버스를 타야 할 시간이 점점 다가오고 있었다. 베를린으로 돌아가기 점점 싫어졌다. 아쉬움을 뒤로 한 채 마지막 명소를 가보기로 했다. 그곳은 바로 라이프치히에서 유명한 비어홀 '아우어바흐켈러(Auerbachs Keller Leipzig)'였다. 독일의 대문호 괴테가 쓴 대작 '파우스트'에 이 가게가 등장한다고 한다. 이를 알려주려는 듯 입구엔 커다란 파우스트 조각상이 놓여 있었다.

내부는 전반적으로 은은하고 포근한 분위기였다. 홀을 감싼 그림과 장식은 고풍스러운 분위기를 뿜어냈다. 내 자리 왼편엔 거대한 통이 놓여 있었다. 통 위엔 두 인형이 앉아 있었다. 마치 파우스트와 메피스토 같았다. 박사모를 쓴 게 파우스트 같은데, 파우스트가 앞자리에 앉은 메피스토를 의심의 눈초리로 바라보고 있는 것 같았다.

대부분 식사를 하는 분위기였다. 그래서 간단히 맥주만 먹어도 되나 싶었는데, 이윽고 들어온 사람들도 맥주만 주문했다. 여기서 먹은 맥주는 독일에서 먹은 맥주 중 가장 강하고 독특한 맛을 냈다. 평범한 맛은 아니었다.

파우스트와 메피스토의 대화를 상상하며, 이곳에서 파는 진귀한 맥주로 목을 축였다. 문득 파우스트 명대사가 떠올랐다. "멈추어라, 너 정말 아름답구나!" 지상 세계의 모든 아름다움과 쾌락을 경험한 뒤 마침내 깨달음을 얻은 파우스트가 꺼내놓은 말이었다. 정말 만족스러운 시간이었다.

항구 도시 함부르크

라이프치히가 준 황홀함은 나를 다른 도시로 또 이끌었다. 바로 함부르크

294

였다.

인천 출신인 나는 월미도에 자주 갈 수 있었다. 가까운 곳에 바다가 있다는 것은 자연의 풍요로움을 쉽게 손에 쥘 수 있다는 것을 의미했다. 소금기 머금은 묵직한 여름 공기, 파도와 바위가 살결을 섞는 소리, 웃는 사람들, 투박하게 꾸며놓은 놀이기구들. 그 속에서 파생된 해묵은 과거와 현재는 상당히 또렷한 기억으로 내게 남아 있다. 바다가 가진 힘이다.

함부르크에 꼭 가볼 것을 추천하는 이유는 그래서다. 베를린에도 아름다운 호수가 있지만, 바다를 보긴 어려웠다. 물론 위쪽으로 계속 올라가면 바다를 볼 순 있다. 그러나 지역적으로 프랑스, 네덜란드, 벨기에, 스위스, 오스트리아, 체코, 폴란드 등에 막혀 있어서 한국보다 바다를 찾기는 쉽지 않았다.

함부르크 여행이 부담 없었던 또 다른 이유는 슈투트가르트, 쾰른, 뒤셀도르프, 뮌헨 등에 비해서 가까웠기 때문이다. 물론 베를린에서 함부르크가 가깝다고 말하기도 어렵지만, 그렇다고 당일치기를 못 할 거리도 아니다.

여행지에서 나쁜 기억은 좋은 기억보다 향이 오래간다. 좋았던 기억은 나쁜 기억보다 휘발성이 강한가 보다. 그래서 함부르크를 떠올리면, 몸이 쑤셔온다. 그날 나의 몸 상태는 최악이었다. 허접한 영양 상태와 독일 잔존 욕구는 몸에 스트레스를 누적시켰다. 게다가 무리한 일정으로 피로도 쌓여 있었다. 몸 상태가 바닥을 치던 때였지만 나는 지금 아니면 함부르크에 못 갈 거란 생각이 컸다.

고속도로를 달리는 버스 속에서도 몸이 피로를 진하게 체감하고 있었다. 가는 내내 이런 몸 상태로 가는 게 맞는 건가, 생각도 했다.

그러다 훌쩍 내다본 독일 풍경은 진통제처럼 아픈 몸을 어루만져줬다. 아직도 기억이 난다. 푸른 초원에 트럭을 세운 현장 노동자들이 일을 시작하는 모습이었다. 장비들이 등장하고 노동자들의 표정은 진지했다. 사람 사는 건 다 똑같구나 싶었다. 삶의 풍경을 안주 삼아 나는 안넨마이칸테라이트(AnnenMayKantereit)의 노래들을 들었다. 그리고 속으로 들썩였다. "오! 파나마! 제니, 제니!" 흥겨운 멜로디에 몸살 기운은 잠시 잊혔다.

시내가 보이기 시작하자 버스정류장에 금방 도착했다. 내리자마자 든 생각은 '햄버거'를 먹자는 마음뿐이었다. 친구들이 맛있는 햄버거가 많다며 꼭 먹어보라고 추천해줬기 때문이었다.

이미 널리 알려진 유명 맛집에 가도 되지만, 무작위로 정해서 가고 싶었다. 그게 여행의 묘미다. 실패해도 기억에 남지만, 성공하면 더 깊게 기억에 남는다. 정해진 길대로, 누가 알려준 곳으로, 정직하게 가보는 건 좀 재미없다. 모르는 곳을 들쑤시고 다니는 와중에 원석이 발견되는 법이다. 생 날것의 여행이라는 원석.

그렇게 해서 한 햄버거 가게에 들어갔다. 사실 좀 후회되는 점은 돈 아끼겠다고 가게 앞에 붙어 있는 저렴한 가격만 보고 들어가 버렸다는 점이다. 함부르크에서 생애 단 한 번의 햄버거가 될 텐데 그냥 가격 생각 안 하고 먹을 걸, 후회된다.

당시 내가 먹은 햄버거는 작은 새우가 가득 들어간 햄버거였다. 적당히

함부르크에서 먹은 햄버거와 맥주

짭조름한 새우가 유럽 빵의 풍미를 살려줬다. 굉장한 맛이라기보다 새우와 빵이 각자 역할을 잘 해낸, 깔끔하고 담백한 맛이랄까. 맥도날드 햄버거처럼 뇌를 찌릿찌릿 자극하는 소스 맛은 없었다. 새우 맛도 빵 맛도 강했다. 그 풍미가 입가에 사라질 때 즈음 맥주로 목을 적셔줬다.

햄버거 맛은 일반적이었지만, 가게 분위기는 마음에 들었다. 입구에 들어서자마자 오른편에 배 그림이 놓여 있던 것으로 기억한다. 마치 "여기는 항구 도시 함부르크입니다."라고 말해주는 것 같았다. 점심시간 전후였는데 한산했다. 중년층, 노년층만 있었다. 혼자 온 할아버지가 햄버거 하나를 시켜놓고 자를 준비를 했다. 접시 옆엔 이미 조금 마신 맥주가 놓여 있다. 회색 머리를 한 노부부도 음식을 시켜놓고 조곤조곤 대화했다. 앞에 앉은 중년층들은 비즈니스 관계일까. 조금 사무적으로 보였다. 그러다가 남자가 나가버렸다. 홀로 남은 여자는 커피를 좀 마시며 잠시 혼자 멍하니 앉아 있다가 이윽고 나가버렸다.

햄버거를 앞에 두고 다양한 인생이 흘러간다. 햄버거를 먹으며 여유를 즐기는 독일인들이 좋다. 그 여유를 지켜보는 여유 있는 나도 좋다. 다음 일정도 잊은 채 그 여유에 푹 취해버렸다.

햄버거 가게를 빠져나와 바다가 보이는 쪽으로 걸어갔다. 붉은 벽돌 건물 사이로 혈관처럼 바닷물이 스며들어 있다. 물 위에 건축물이 세워졌다는 것 자체가 익숙하지 않았다. 아니면 건축물이 세워진 후 물이 들어온 것일까? 모르겠다. 바닷물 바로 위에 창문이 있다니! 바닷물과 가장 가까운 1층에 사는 사람은 어떤 느낌일까. 아침에 눈을 뜬 후 창문을 열어 풍경을 바라보

비틀스가 연주했다는 클럽들이 함부르크 거리에 모여 있다.

는 사람의 모습을 상상해 본다. 나는 물 위에 세워진 이름 모를 신전을 바라보듯 한동안 풍경을 바라봤다. 정말 이건 함부르크가 아니면 표현할 수 없는 풍경이었다.

독일에서 살면서 가장 좋은 점은, 웬만한 거리는 걸어도 지루하지 않다는 점이다. 오래된 건물 사이를 걷는 것만으로 낭만적인 여행이 된다. 한국의 일반적인 거리에선 절대 찾아볼 수 없는 이색적인 그라피티는 흥을 돋운다.

그렇게 걷고 걸어 도착한 곳은 세계적인 그룹 비틀스가 함부르크에 있을 때 연주했다는 클럽들이었다. 내가 돌아본 곳은 인드라 클럽과 카이저켈러 클럽이었다. 두 클럽은 서로 멀지 않은 곳에 있었다. 이곳에서 실력을 갈고 닦던 비틀스의 모습을 상상해봤다. 그리고 젊은 비틀스의 음악으로 시끌벅적했을 클럽 거리도 떠올려봤다. 지금 이 거리에 비틀스는 없지만, 그들의 젊은 시절과 영광은 강하게 뿌리 내린 것 같았다.

카이저켈러 클럽이 보이는 야외 바에 자리를 잡고 모히토를 시켰다. 왜 거기서 먹은 모히토 맛이 아직도 기억나는지 모르겠다. 모히토가 얼마 안 남았을 때 서걱서걱 설탕이 씹혔던 기억이 난다. 너무 목말랐고 지쳤다. 비틀스가 돌아다녔을 거리 위로 어둠이 내리기 시작하자 문득 깨달았다. 이날 난 몸살 기운이 있었다는 것을. 함부르크의 아름다움이 나를 지탱시킨 거였다.

연극 공부하러 독일 갔다 세상 공부하고 돌아왔다

무작정 독일

초판 발행 2021년 7월 12일

글·사진 김세운
편집 이동권
표지 일러스트 이동환
경영지원 김대영

펴낸이 윤원석
펴낸곳 민중의소리
전화 02-723-4260
팩스 02-723-5869
주소 서울시 종로구 삼일대로 469 서원빌딩 11층
등록번호 제101-81-90731호
출판등록 2003년 1월 1일

값 15,000원 ⓒ민중의소리   ISBN 979-11-85253-87-9

알렉산더 광장